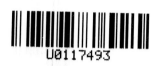

陳福成著作全編

陳福成編

第六十冊 最後一代書寫的身影

文史哲出版社印行

國家圖書館出版品預行編目資料

陳福成著作全編 / 陳福成編. -- 初版. --臺北
市：文史哲,民 104.08
頁： 公分
ISBN 978-986-314-266-9（全套：平裝）

848.6 104013035

陳福成著作全編

第六十冊 最後一代書寫的身影

編 者：陳 福 成
出 版 者：文 史 哲 出 版 社
http://www.lapen.com.tw
登記證字號：行政院新聞局版臺業字五三三七號
發 行 人：彭 正 雄
發 行 所：文 史 哲 出 版 社
印 刷 者：文 史 哲 出 版 社
臺北市羅斯福路一段七十二巷四號
郵政劃撥帳號：一六一八〇一七五
電話886-2-23511028・傳真886-2-23965656
全 80 冊定價新臺幣 36,800 元
二〇一五年（民一〇四）八月初版

ISBN 978-986-314-266-9 08981

陳福成著作全編總目

壹、兩岸關係

①決戰閏八月
②防衛大台灣
③解開兩岸十大弔詭
④大陸政策與兩岸關係

貳、國家安全

⑤國家安全與情治機關的弔詭
⑥國家安全與戰略關係
⑦國家安全論壇。

參、中國學四部曲

⑧中國歷代戰爭新詮
⑨中國近代黨派發展研究新詮
⑩中國政治思想新詮
⑪中國四大兵法家新詮：孫子、吳起、孫臏、孔明

肆、歷史、人類、文化、宗教、會黨

⑫神劍與屠刀
⑬中國神譜
⑭天帝教的中華文化意涵
⑮奴婢妾匪到革命家之路：復興廣播電台謝雪紅訪講錄
⑯洪門、青幫與哥老會研究

伍、詩〈現代詩、傳統詩〉、文學

⑰幻夢花開一江山
⑱赤縣行腳・神州心旅
⑲「外公」與「外婆」的詩
⑳尋找一座山
㉑春秋記實
㉒性情世界
㉓春秋詩選
㉔八方風雲性情世界
㉕古晟的誕生
㉖把腳印典藏在雲端
㉗從魯迅文學醫人魂救國魂說起
㉘六十後詩雜記詩集

陸、現代詩（詩人、詩社）研究

㉙三月詩會研究
㉚我們的春秋大業：三月詩會二十年別集
㉛中國當代平民詩人王學忠
㉜讀詩稗記
㉝嚴謹與浪漫之間
㉞一信詩學研究：解剖一隻九頭詩鵠
㉟囚徒
㊱胡爾泰現代詩臆說
㊲王學忠籲天詩錄

柒、春秋典型人物研究、遊記

㊳山西芮城劉焦智「鳳梅人」報研究
㊴在「鳳梅人」小橋上

㊵我所知道的孫大公
㊶為中華民族的生存發展進百書疏
㊷金秋六人行
㊸漸凍勇士陳宏

捌、小說、翻譯小說

㊹迷情・奇謀・輪迴、
㊺愛倫坡恐怖推理小說

玖、散文、論文、雜記、詩遊記、人生小品

㊻一個軍校生的台大閒情
㊼古道・秋風・瘦筆
㊽頓悟學習
㊾春秋正義
㊿公主與王子的夢幻、
51 洄游的鮭魚
52 男人和女人的情話真話
53 台灣邊陲之美
54 最自在的彩霞
55 梁又平事件後

拾、回憶錄體

56 五十不惑
57 我的革命檔案
58 台大教官興衰錄
59 迷航記、
60 最後一代書寫的身影
61 我這輩子幹了什麼好事
62 那些年我們是這樣寫情書的
63 那些年我們是這樣談戀愛的
64 台灣大學退休人員聯誼會第九屆理事長記實

拾壹、兵學、戰爭

65 孫子實戰經驗研究
66 第四波戰爭開山鼻祖賓拉登

拾貳、政治研究

67 政治學方法論概說
68 西洋政治思想史概述
69 中國全民民主統一會北京行
70 尋找理想國：中國式民主政治研究要綱

拾參、中國命運、喚醒國魂

71 大浩劫後：日本 311 天譴說
日本問題的終極處理
72 台大逸仙學會

拾肆、地方誌、地區研究

73 台北公館台大地區考古・導覽
74 台中開發史
75 台北的前世今生
76 台北公館地區開發史

拾伍、其他

77 英文單字研究
78 與君賞玩天地寬（文友評論）
79 非常傳銷學
80 新領導與管理實務

總序：陳福成的一部文史哲政兵千秋事業

陳福成先生，祖籍四川成都，一九五二年出生在台灣省台中縣。筆名古晟、藍天、司馬千、鄉下人等，皈依法名：本肇居士。一生除軍職外，以絕大多數時間投入寫作，範圍包括詩歌、小說、政治（兩岸關係、國際關係）、歷史、文化、宗教、哲學、兵學（國防、軍事、戰爭、兵法），及教育部審定之大學、專科（三專、五專）、高中（職）等各級學校國防通識（軍訓課本）十二冊。以上總計近百部著作，目前尚未出版者尚約二十部。

我的戶籍資料上寫著祖籍四川成都，小時候也在軍眷長大，初中畢業(民57年6月)，投考陸軍官校預備班十三期，三年後（民60）直升陸軍官校正期班四十四期，民國六十四年八月畢業，隨即分發野戰部隊服役，到民國八十三年四月轉台灣大學軍訓教官。到民國八十八年二月，我以台大夜間部（兼文學院）主任教官退休（伍），進入全職寫作高峰期。

我年青時代也曾好奇問老爸：「我們家到底有沒有家譜？」

他說：「當然有。」他肯定說，停一下又說：「三十八年逃命都來不及了，現在有個鬼啦！」

兩岸開放前他老人家就走了，開放後經很多連繫和尋找，真的連鬼都沒有了，茫茫無垠的「四川北門」，早已人事全非了。

但我的母系家譜卻很清楚，母親陳蕊是台中縣龍井鄉人。她的先祖其實來台不算太久，按家譜記載，到我陳福成才不過第五代，大陸原籍福建省泉州府同安縣六都施盤鄉馬巷。

第一代祖陳添丁、妣黃媽名申氏。從原籍移居台灣島台中州大甲郡龍井庄龍目井字水裡社三十六番地，移台時間不詳。陳添丁生於清道光二十年（庚子，一八四〇年）六月十二日，卒於民國四年（一九一五年），葬於水裡社共同墓地，坐北向南，他有二個兒子，長子昌，次子標。

第二代祖陳昌（我外曾祖父），生於清同治五年（丙寅，一八六六年）九月十四日，卒於民國廿六年（昭和十二年）四月二十二日，葬在水裡社共同墓地，坐東南向西北。陳昌娶蔡匏，育有四子，長子平、次子豬、三子波、四子萬芳。

第三代祖陳平（我外祖父），生於清光緒十七年（辛卯，一八九一年）九月二十五日，卒於（年略記）二月十三日。陳平娶彭宜（我外祖母），生光緒二十二年（丙申，一八九六年）六月十二日，卒於民國五十六年十二月十六日。他們育有一子五女，長子陳火，長女陳孌、次女陳燕、三女陳蕊、四女陳品、五女陳鶯。

以上到我母親陳蕊是第四代，到筆者陳福成是第五代，與我同是第五代的表兄弟姊妹共三十二人，目前大約半數仍在就職中，半數已退休。

寫作是我一輩子的興趣，一個職業軍人怎會變成以寫作為一生志業，在我的幾本著作都詳述（如《迷航記》、《台大教官興衰錄》、《五十不惑》等」。我從軍校大學時代開始寫，從台大主任教官退休後，全力排除無謂應酬，更全力全心的寫（不含為教育部編著的大學、高中職《國防通識》十餘冊）。我把《陳福成著作全編》略為分類暨編目如下：

壹、兩岸關係

①《決戰閏八月》②《防衛大台灣》③《解開兩岸十大弔詭》④《大陸政策與兩岸關係》。

貳、國家安全

⑤《國家安全與情治機關的弔詭》⑥《國家安全與戰略關係》⑦《國家安全論壇》。

參、中國學四部曲

⑧《中國歷代戰爭新詮》⑨《中國近代黨派發展研究新詮》⑩《中國政治思想新詮》⑪《中國四大兵法家新詮：孫子、吳起、孫臏、孔明》。

肆、歷史、人類、文化、宗教、會黨

⑫《神劍與屠刀》⑬《中國神譜》⑭《天帝教的中華文化意涵》⑮《奴婢妾匪到革命家之路：復興廣播電台謝雪紅訪講錄》⑯《洪門、青幫與哥老會研究》。

伍、詩〈現代詩、傳統詩〉、文學

⑰《幻夢花開一江山》⑱《赤縣行腳・神州心旅》⑲《「外公」與「外婆」的詩》、⑳《尋找一座山》㉑《春秋記實》㉒《性情世界》㉓《春秋詩選》㉔《八方風雲性情世界》㉕《古晟的誕生》㉖《把腳印典藏在雲端》㉗《從魯迅文學醫人魂救國魂說起》㉘《60後詩雜記詩集》。

陸、現代詩（詩人、詩社）研究

㉙《三月詩會研究》㉚《我們的春秋大業：三月詩會二十年別集》㉛《中國當代平民詩人王學忠》㉜《讀詩稗記》㉝《嚴謹與浪漫之間》㉞《一信詩學研究：解剖一隻九頭詩鵠》㉟《囚徒》㊱《胡爾泰現代詩臆說》㊲王學忠籲天詩錄。

柒、春秋典型人物研究、遊記

㊳《山西芮城劉焦智「鳳梅人」報研究》㊴《在「鳳梅人」小橋上》㊵《我所知道的孫大公》㊶《孫大公思想主張手稿》㊷《金秋六人行》㊸《漸凍勇士陳宏》。

捌、小說、翻譯小說

㊹《迷情・奇謀・輪迴》㊺《愛倫坡恐怖推理小說》。

玖、散文、論文、雜記、詩遊記、人生小品

㊻《一個軍校生的台大閒情》㊼《古道・秋風・瘦筆》㊽《頓悟學習》㊾《春秋正義》㊿《公主與王子的夢幻》51《洄游的鮭魚》52《男人和女人的情話真話》53《台灣邊陲之美》54《最自在的彩霞》55《梁又平事件後》。

拾、回憶錄體

56《五十不惑》57《我的革命檔案》58《台大教官興衰錄》59《迷航記》60《最後一代書寫的身影》61《我這輩子幹了什麼好事》62《那些年我們是這樣寫情書的》63《那些年我們是這樣談戀愛的》64《台灣大學退休人員聯誼會第九屆理事長記實》。

拾壹、兵學、戰爭

65《孫子實戰經驗研究》66《第四波戰爭開山鼻祖賓拉登》。

拾貳、政治研究

(67)《政治學方法論概說》(68)《西洋政治思想概述》(69)《中國全民民主統一會北京行》(70)《尋找理想國：中國式民主政治研究要綱》。

拾參、中國命運、喚醒國魂

(71)《大浩劫後：日本311天譴說》、《日本問題的終極處理》(72)《台大逸仙學會》。

拾肆、地方誌、地區研究

(73)《台北公館台大地區考古・導覽》(74)《台中開發史》(75)《台北的前世今生》(76)《台北公館地區開發史》。

拾伍、其他

(77)《英文單字研究》(78)《與君賞玩天地寬》（別人評論）(79)《非常傳銷學》(80)《新領導與管理實務》。

我這樣的分類並非很確定，如《謝雪紅訪講錄》，是人物誌，但也是政治，更是歷史，說的更白，是兩岸永恆不變又難分難解的「本質性」問題。

以上這些作品大約可以概括在「中國學」範圍，如我在每本書扉頁所述，以「生長在台灣的中國人為榮」，以創作、鑽研「中國學」，貢獻所能和所學為自我實現的途徑，以宣揚中國春秋大義、中華文化和促進中國和平統一為今生志業，直到生命結束。我這樣的人生，似乎滿懷「文天祥、岳飛式的血性」。

抗戰時期，胡宗南將軍曾主持陸軍官校第七分校（在王曲），校中有兩幅對聯，一是「升官發財請走別路、貪生怕死莫入此門」，二是「鐵肩擔主義、血手寫文章」。前聯原在廣州黃埔，後聯乃胡將軍胸懷，「鐵肩擔主義」我沒機會，但「血手寫文章」的

「血性」俱在我各類著作詩文中。

人生無常，我到六十三歲之年，以對自己人生進行「總清算」的心態出版這套書。

回首前塵，我的人生大致分成兩個「生死」階段，第一個階段是「理想走向毀滅」，年齡從十五歲進軍校到四十三歲，離開野戰部隊前往台灣大學任職中校教官。第二個階段是「毀滅到救贖」，四十三歲以後的寫作人生。

「理想到毀滅」，我的人生全面瓦解、變質，險些遭到軍法審判，就算軍法不判我，我也幾乎要「自我毀滅」；而「毀滅到救贖」是到台大才得到的「新生命」，我積極寫作是從台大開始的，我常說「台大是我啟蒙的道場」有原因的。均可見《五十不惑》、《迷航記》等書。

我從年青立志要當一個「偉大的軍人」，為國家復興、統一做出貢獻，為中華民族的繁榮綿延盡個人最大之力，卻才起步就「死」在起跑點上，這是個人的悲劇和不智，正好也給讀者一個警示。人生絕不能在起跑點就走入「死巷」，切記！切記！讀者以我為鑒！在軍人以外的文學、史政有這套書的出版，也算是對國家民族社會有點貢獻，對自己的人生有了交待，這致少也算「起死回生」了！

順要一說的，我全部的著作都放棄個人著作權，成為兩岸中國人的共同文化財，而台北的文史哲出版有優先使用權和發行權。

這套書能順利出版，最大的功臣是我老友，文史哲出版社負責人彭正雄先生和他的夥伴們。彭先生對中華文化的傳播，對兩岸文化交流都有崇高的使命感，向他和夥伴致上最高謝意。

台北公館蟾蜍山萬盛草堂主人　陳福成　誌於二〇一四年五月榮獲第五十五屆中國文藝獎章文學創作獎前夕

最後一代書寫的身影
——陳福成往來殘簡殘存集

目 次

自序——出版動機

人絕大多數有一種不好的習性，即眼前現有的都不知道珍惜，乃至無知無覺無感其可貴！人其實也絕大多數活的很悲哀，而不自知，更無自覺！

有錢，揮霍金錢，窮的剩下錢！

有時間，揮霍時間，行屍走肉般過日子！

有父母，揮霍父母，把父母當奴才般用！

等到金錢、時間、父母都失去了，才來大嘆當初爲何不怎樣！要怎樣！生命將逝，爲時已晚！無可挽回了！

就是擴展到其他領域，人的習性也好不了多少，鮮有能養成珍惜「現有」的好習慣。

按我數十年的觀察，窮人家較能養成「珍惜、惜福」，尤其珍惜「現有」的好習慣，可能是因爲「缺」的緣故。舉我爲例，小時候家窮，小學六年都是赤腳上學，全班只有一位小朋友有鞋可穿，有的過新年買一雙新鞋，只有春節那幾天穿，上學又赤腳走路，而把鞋子掛在脖子上，說給現代都市小孩聽，都不相信或當成笑話。每個現代小孩，幾乎都有幾十雙各種鞋，何須珍惜？

我生長在懂得珍惜現有的年代和窮人家庭，我有珍惜現有的好習慣。即是如此，回顧自己走過那六十多年，深切檢討，仍發現許多該珍惜、保存的「寶物」，在不知覺中，流失、遺失、散佚或當垃圾丟了。開始有警覺的時候，很多東西已不知去向，把剩下的整理出來，如這本「殘簡殘存集」。

我何時有警覺？爲何要整理這些殘簡？有何價值？爲何要保存？爲何要出版？

大約六、七年前，台灣大學總圖書館開始收集作家手稿（任何稿件，只要是手寫的，僅限台大教職員作品稿。）我即送一批手稿給台大圖書館，我仍不太清楚圖書館典藏這東西有多少重要性！頂多就是給人參觀吧！尚有多少意義？

大約二、三年前，國家圖書館也成立典藏手稿的地方，特藏組的杜立中先生向我說明典藏這一代作家手稿的用意，我亦送一批手稿給國家圖書館。

接著，我知道大陸也有圖書館收集作家書簡、手稿，詩刊、雜誌發表詩人、作家的原稿作品。乃至各類書簡、手稿，凡用手寫，都有人收集、典藏、運用。

綜合以上現象，我得出一個結論：「我是末代書寫者」。我這一代人（現在約六十左右），是能夠以自己手提筆寫字寫文章的最後一代，中國文字七千年書寫史，到我這一代劃下句點，以後世代的人不會拿筆寫字寫文章了。因此，我要留下這一代人的「書寫身影」（見字如見人），雖已是「殘簡殘存」集，我仍感值得。（台北公館蟾蜍山萬盛草堂主人陳福成　二〇一三年冬。）

序詩

美丽的彩虹 （组诗）

五十年前 历史的剪刀一挥
咔嚓 把一段疼痛剪落在两岸人的心头
整条海峡是一湾浓浓淡淡的血泪
呜咽的波涛 昼夜呐喊着
粘接的夙愿

五十年间 一只龙舟
在两岸人的心灵间穿梭
太阳与月亮是两只高悬的鼓槌
把深深浅浅的海峡 擂打得
心潮起伏

五十年后 恍然彻悟

15×20＝300 第 1 頁

当年剪断的那条脐带
是一弯美丽的彩虹
何时 踏虹把酒朝天阙
泯没山水的距离

岛　与　岸

岛与岸 原本一块母土
历史 是分割的刀俎
岛的挥别 令人惋惜
断绝之举让人心灵疼楚

离开了岸 岛 是一片漂泊的孤叶
没有了岛 岸 少了掌上的明珠

9 序詩

为了协调两岸　云在空中握手
为了两岸对话　风在海峡鼓与呼
为了沟通两岸　浪花昼夜奔波
为了撮合两岸　船载重托忙竟渡
为了黏接两岸　亲人的泪水早已流得干枯

鸟在岛与岸之间传递信息
鱼在岸与岛之间频传尺素
水在岛与岸之间通融感觉情
虹在岸与岛之间架设通途

岛与岸　在向心力的牵引下
凝聚成一个坚强的民族！

海峡泪

我的泪弹在了你的信笺上
我是个爱流泪的男儿
我是个流了五十年苦泪的男儿呀

我的泪流在昨天
流在风急浪高的海峡里
我把我的泪全部赠给了海峡
你该能想像得到
海水为什么是咸的
那海底的珍珠是怎样形成的

我的泪流在今天
流在你的千里之外

15×20=300 第 4 頁

在你的信笺上穿出两个疼痛的小洞
两个疼痛的小洞连着长长的海峡呀
你该能听得到
耄耋之泪烫沸的涛声
亿万肝胆补天裂的誓言

我的泪 还会流在明天吗？

日 与 月

分离时 日月破碎成残片
岸是凝固的呼声
水是液态的情感

隔海相望时

太阳是一碗思亲的血
月亮是一碗思乡的泪

团聚时
太阳是一碗醇郁的红酒
月亮是一碗烈性的白酒

鄭贵勤

安徽砀山东北内环路10—1
235300

先父，約民國六十幾年，在台中縣中興嶺眷村果園旁。

母親和大妹，民六十五年春節。

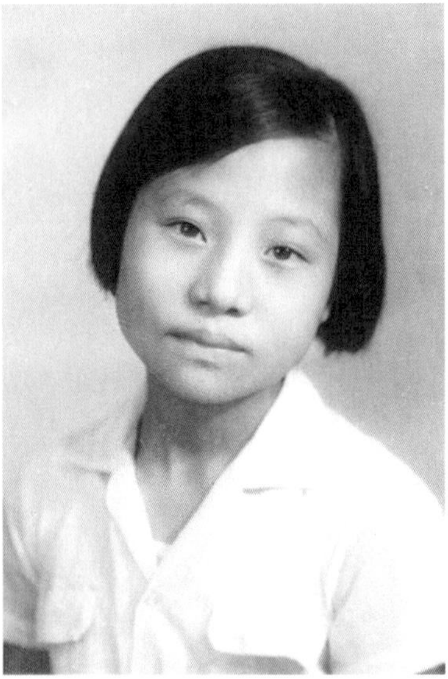

小妹秀梅，現在是三個孫的阿嬤

母親、妻、長子，約民 73 年

他們現在已是為人父母了

台大退聯會武陵農場遊，2013.9.12

台大退聯會桃源仙谷，2013.3.6

頹廢的年代、頹廢的人，約民62年，南部某水庫。

穿黑西裝的是黃杰，其他的想不起是誰，每一個受校學兵都像我，約民57或58年，陸軍官校預備班。

台大退聯會辦公室幹部會餐，2013、3、19。

台大退聯會，宜蘭香草菲菲 2013.6.19

台大退休教官聯誼餐會，2013.10.23

台大校慶晚會，退聯會組合唱團演出，2012、11、8。

「大人物」作家群像，在吳家業（右三）新竹寶山的農園，2012、11、3。

同上

這是出席【秋水四十周年慶】的詩人們的留影：第一排左起：劉宗慧、莫野、關雲、楊慧思、鄭雅文、黃安祖、席因飛、顏廷叡、羅行、李立柏、洪揚、洪揚、塵心。第二排左起：台客、紀海珍、陳欣心、朵思、涂靜怡、古月、張默、丁文智、綠蒂、麥穗、辛鬱、詹蛟、金劍、雪飛、魯竹。第三排左起：作者、丁穎、謝輝煌、劉正偉、金筑、吳元俊、林子、向明、陽荷、亞嫩、俞梅、廖娟娟、倪雲、宋后穎、曾美玲、曾美霞、琹川、龔華、林煥彰、林錫嘉。最後排左起：趙化、彭國英、張台瓊、邱志郁、蔡信昌、老爺、楊啟宗、靈歌、愷文、落蒂。

大陸詩人古遠清教授（前排右）來訪，詩友在國軍英雄館歡迎他，2013、6、11。

葡萄園詩友餐聚，前排左起：李再儀、紫楓、金筑、莊雲惠；後排左起：台客、邱淑嫦、白靈、作者、賴益成。

與妻、小女，太平山夢幻農場，民90、11、24-25。

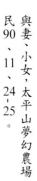

與吳信義學長夫婦，2013、9、11，武陵農場。

在金防部政三組當監察官，陪長官遊太武山，民74年。

一輩子的朋友，一個先走了！懷念他！

岳父走了，岳母也失智了，一個時代即將結束

與妻在苗栗某民宿浪漫，很久以前，有點年紀了！

輯一：丁潁的春秋大業

年青時代的丁潁

年青時代的丁穎

早年的丁潁

壯年時期的丁潁

有點年紀的丁潁

「青年老人」時期的丁潁

壯中年時期的丁潁，在台中公園

丁穎在北京人民大會堂，接受人大副委員長傅鐵山頒授中華英才獎

一九八八年，丁穎帶團到峽西祭黃陵，與峽西省長留影紀念，是海峽兩岸阻隔40年的破冰之旅。

丁穎在北京人民大會堂與中共領導人對話。

丁潁與作家陳邦燮將軍留影，南京中山陵。

丁潁與河南大學教授沈威威博士合影於河大校園，二〇〇〇年。

丁潁與詩人高準。

丁穎與作家李敖合影。

丁穎與文學評論家陶保璽教授。

丁穎與作家許希哲及王中原教授。

丁潁與開封大學副校長石志明及東吳大學教授曾祥鐸合影於宋太祖陳橋兵變教址。

丁潁祭黃留影

丁潁在北京頤和園

福成兄：

三月論會研究那么一部大書，你說寫很快就完成了。所收資料又那么豐富，實令人敬佩。其中寫到弟於臺佑家兄那封信的往事，那是六十多年前來台灣時我們年青時的往事，那時台灣環境很差，人民都很苦，我們又人地生疏生活非常苦，想弄份差事也不那么容易，信中的「它」序指導所言。於「公」什事業，想有碗飯吃就不容易了，還談什么事業？我的作品都是二十五歲到卅五歲十年間寫的居多，卅五歲後，正如你說有事業他也多不順利，每天忙着「軌頭」過「為錢奔走」。那時又办报，办雜誌，即使寫東西也都是寫些應景的社論、經評，或雜文之類東西，現在想之真是很費生命。我來台灣在東遠社閩台記者，同健康閩你到山裡去休養，我在山中寫的東西最多，如「紙」、如「空谷微語」是寫給周伯乃兄的信，你談到的「決題」小詩也是那時寫的，其中有「把流土的三角慕，交給歷史的審判者」之句，即是指國共兩黨爭江山的戰爭，誰是誰非，只有歷史才能審判。還有篇「三分春色一分愁」也是那時寫的。這幾篇東西我認不如「紙」好，卻被收在空中[illegible]大學「文藝」一書作為國文教材。當時兩岸還沒有來往，我不知道那短文他們從那裡尋到的？我回鄉探視時，才從一個朋友女兒的課本上看到，我當時把它印影下來，及五十年前我編一個選集的目錄一並寄給你，我手邊沒有書，此目錄是從電腦印下的。因它是台灣第一本文藝選集，你將來也許有些用。函寄有幾篇談詩的短文，可發見弟對詩的看法。

肅此順頌

春安

弟 丁穎拜啟

民國百年三月廿日

第　　頁

福成詩兄：

你在「新文壇」介紹弟的文章已拜讀，非常謝謝你的溢美。大作將來如收入三月詩會廿年選集，祈能略加改動。弟近日知悉舊書攤得此孤本，為報救挑撥李之誼，权將此孤本奉贈吾兄以作將來出書之參考。此書由你收存比在我處更有用些，因為你年歲比我少很多，同時你又是重視文學史料的作家。

此書惟不足之處就是沒有三月詩會諸詩友作品。原因是書中所選之作品都是作者自己所選，他（她）們知我的書僅來往現尚存一代部份三月詩會的朋友，只有麥穗與佑華與我較熟，但當時不知他們住址而未向他們邀稿，此為我唯一的遺憾！此書出版頗不容易，自約稿、編輯、找出版社，前後歷時三年。而且因此書我生平第一次與人訴訟打了一場官司，原因是出版社曾允諾有稿費，（我

吟如

約稿時的作者亦言有稿酬，誰知此書出版後，而出版社食言，不給稿酬了。弄得我無法向作者們交待，我不得已提出告訴，但亦不了了之。因那時年輕不識世故，和出版社只是口頭約定並未簽書面文字。後來出版社答應給每位作者一本這套書，就這樣結案了。那時我住南部而每次開庭我都要從南部大市到台北，那時經濟狀況並不好，來回旅費都花了我一大筆，現在想起來當時怎會有編此書的勇氣？這些小說家朱夜有關，因她一再縱容才有此勇氣。轉眼這是五十多年了，那時英氣照人的青年，如今已是雙鬢皆白的老翁了。回顧已往不勝感慨系之！說到現在的青年衣暖食飽對文學沒有興趣，而我們那個年代，物質缺乏而對文學的熱愛那是現在青年難以知道的。那時書寫的都用手寫鋼筆。現在的年輕人真是太幸福了。寫了就

丁穎拜啟
民國百年十月

第　頁

福成兄：

台北回來重讀你的大作「西安」一詩，同時想到我第一次遊西安的往事。又看你詩後為「三月詩會廿週年紀念集要請每個人寫資料，你說說自己的千秋大業事跡不好自己說由你來說、我只知你我都為國家統一所做的個人努力貢獻的心血金錢算不算是「春秋大業」之事：還說的自己功業績不好自己向人家說說。也正因此從未說過自己做的一切。既然兄要說下我們這一代個人的雪泥鴻爪，現把我個人經歷略述梗概供兄參考。希望詩會後我們找家咖啡館好好聊聊。

我第一次遊西安是這樣的：八八年五月我以盟統監委個人身份訪北京。那時蔣經國剛準老兵返鄉探親」兩岸還沒有什麼來往」我以探親的名去到北京。是由全國政協祖國統一委员会主任刘宗汉先生接待，住在鲁迅书院招待所。我要看的朋友是在北大教书的陈鼓应教授，及从台湾过去的黄顺兴。他在全国人大当常委。刘主任马上给我连络。第二天下午他在黄寓给我电话，说他现在黄家，要我和黄直接通话。我说除见你还想教书。黄说我有了教书没有事，明天上午我去北大接鼓应，一同去看你。第二天上午由刘主任陪同到书院看我。老朋友多年不见，两岸隔绝音讯全无，见面非常高兴亲切。他们问了一些台湾的情况。因他们都是从台湾过去的，对台湾还是很关切。黄在台时曾当过立委及台东县长，陈是由台湾到美国做学术访问研究，护照到期台湾当局不准返台，他又不愿入美国籍做美国公民。北京当局为统战欢迎他去北大教书。当时我曾在「扫荡周刊」写了篇

「國民黨專門製造敵人，製造的都打不倒的敵人」總副題是「從陳鼓應到北大教書說起」。我說的敵人包括李敖。陳鼓應在台大教書，是忠實國民黨員，只因要選國大不聽黨的話、國民黨就開始打壓他。李敖沒有什麼野心，也不曾反國民黨，只想研究所畢業到中央研究院當個研究員。只因一場中西文化論戰，而他當時主編的《文星》老闆是蕭孟能，蕭的老爸蕭同茲是陳誠一派的，與蔣經國爭權，國民黨內部政爭就殃及池魚李敖。這不都是國民黨自己造出的敵人嗎？我和陳北京見面把文章給他。因他不曾看到。我們談到中午，一齊吃飯拍照留念。次日由全國政協常委民革中央副主席賈亦斌在全國政協大禮堂接見，中午宴請。賈亦斌曾是蔣緯國副手，蔣當局長時賈是少將副局長，原為蔣緯國紅人印書館來台。他一口一聲問「經國」怎么樣，表示甚為關切他口口聲聲經國長經國短的叫着，不稱其官或先生，想是他們當年私交是不錯的。餐後劉主任問我除自行向北京還想到那裡看看？我說天熱想回老家。他說離開大陸這多年應該到全國各地看看大陸的發展。他再三勸我到西安看看剛出土的兵馬俑。那時兵馬俑只開掘一个坑洞。不好再違逆主人盛意只好答應。第二天他事先買好軟臥車票來接我，把我送上到西安的火車。我記得非常清楚那天是五月節天已很熱。我夜間大概十一二點到西安。車到站時早有西安政府官員拉着白布綫在站上等候，寫着歡迎丁穎先生蒞臨西安。來接的人是西安台辦主任。一談白髮。我在北京買了一箱子書非常重，因接我小汽車不能開到月台，都出站口還有一段路他非要代我提着箱子，他很吃力的樣子，我非常感動。言談中得知他是國民黨高級將領關麟徵的內弟。接我住的地方，是原西安政要南三一楊虎城的公館。次日上午接待我的是陝西省政協主席，同時也是陝西文聯主席魏明中。同時安排參觀西安各地。第一天參觀東路，就是秦始皇陵及兵馬俑。最使我懷念的就是童閣的銀杏、香、甘、甜，連杏核都可同時吃。兄如有机会再去西安一定要在五月杏子成熟季去品嚐一下童閣的銀杏，才不負去西安一趟。弟家鄉也出產杏子，但從來沒有吃过如此美味的。第二天參观西路及是乾陵，就是武則天墓。及茂陵。以及王三姐的寒窯，以秦之世墓。然後由西安到重慶下三峽，閣老家一路上都由全國、政協安排。這是我第一次遊西安。似乎比千秋大業無圖下面我再談與統一有關的事。

連戰帶團訪問大陸，媒体稱為破冰之旅。其實破冰之旅的不管是私人組團或政治社團，第一次訪問大陸的都不是連戰，只是連戰官大，聲也大罷了。先說第一次民間組團訪問大陸：弟由大陸回台的友人談及回大陸的事情，我有一位外友人，雖然他已剃度，但仍關心國事，由其國家的統一。他和我商議組團訪問大陸。但那時還沒有什麼交流。別說政治、經濟、就是文化交流也沒有，也不準。那麼我們以什麼名組團呢？後來我們想到去黃陵掃祭祖。同時在那邊加法會為兩岸人民祈福宗教交流。可是關於宗教又是那邊禁忌。經過多方聯絡交涉，那邊才答應。可是組團前經費要錢。聲明說錢由他籌備，關於那邊接洽交涉辦手續，這找人一切事事情都有我負責。那時組團兩岸手續都難辦。連這邊找人參加就是一切費用包括來往機票住宿都由我負担。還是沒人敢參加。後來找到統盟林書揚副主席又是教授、紀的友王曉波教授對我都是主張國家統一的朋友。幾費週折才於八九年清明節前往西安。聖維是出家人不能出面帶團，要我當團長帶團。我因自己是發起人一切又都有撥款，也恐別閒語只好謙讓請王曉波當團長。那次祭黃陵不僅是台灣胞第一次組團祭黃陵，幾十年來全世界黃子孫、包括大陸沒有人前往祭過黃陵。大陸文革破四舊連清明節都不過。所以這是中共統治大陸，所有的黃子孫不都曾祭過黃陵，因此那祭陵我們要旅遊去礼聘太牢乳來祭。非常隆重。當地居民圍觀，他們過去從沒見過。由西安政協主席鍾申中、副省

長及黃陵縣長陪祭。會上魏主席看到我兩人握手都難以信
熱淚盈眶。因去年他接待我，這次帶團去出他意外。四十
年兩岸隔絕如今說到下句点。因此後參觀西安各地、第一站
是扶風法門寺。就是供奉佛指的法門寺。由方丈接待，給
我們剛也曾參拜佛指。我想台灣人第一個看見佛指的應該
是我吧。前幾年佛指來台灣轟動全台幾十萬人參拜。西安
祭祖之後，我們就赴上海龍華寺，作了一場法會為兩岸人民
祈福。然後幾位有宗教信仰的團友及亞嫩由聖明帶着去南
海普陀山參拜南海觀音。我則留在上海等他們。王道循先返台。
這次所化費五萬多美金，因結緣我們有此捐獻。這是台灣民間
團訪大陸。北京中央電視台將派遣一組記者採訪這次祭祖盛
事，拍製了一集記錄片。在中央電視台向國內外播放半月

之久。不知道這算不算破冰？再說政治社團訪問大陸，中
國統一聯盟全體執監委於八〇第二年（九一年）初春由第
一屆主席陳映真領團訪問北京，我是第一屆監委亦隨團前
當時台灣幾大報聯合、中時等報亦派記者隨團採訪。
當我們抵達北京機場一下飛機，讓我嚇一跳中外媒體記者上
百人等著採訪，當時在機場有一記者會由陳映真團長致詞
簡短新聞稿只表答後幾句此次訪北京目的。當下（晚）榻釣魚台
國賓館，次日由江澤民中共總書記國家主席在人民大會堂接見
我團是團體中年歲最大的安排坐在最前面陳映真旁邊的位
澤民也最近，所以陳映真和江澤民對答談話我每句都聽得
很清，他們先寒暄問候開場然後進入正題記得他們先談戰
時期談起，後話鋒一轉談到兩岸問題，說兩岸離幾十年今後

秋間我多次溝通增進彼此的瞭解，當時我們還提出對六四民運份子不要秋後算帳，說他們都是中國的精英，還有兩岸繁体字於簡体字，希望大陸能恢復繁体字，兩岸文字統一文化溝通更為方便。江澤民居然說，对六四從沒有秋後算帳，如你們不信可以問北大的學生，問問他們那一個遭到秋後算帳關於繁体字，他說我江澤民三个字從來都用繁体字，從不寫簡体字。今後教科書也慢慢改用繁体字。這是江澤民親口說的答話我每一句都聽得很清楚。江澤民家鄉他說他是揚州中學畢業後去念上海交大。江澤民說話常加帶英文單字，因他念教會學校。他說到史可法，並隨口念出史可法墓前一副對聯「數点梅花孤臣淚，一輪明月故臣心」。並歡迎我們到揚州去觀光。他的這些話台灣報紙都有報導。但我現在手頭沒有這些報紙。

我們還訪問了統戰部，當時部長王兆國不在，由副部長萬紹芬接待、座談，我們提出統戰這兩個字，應該改改，好像海外的中國人都要報你們統戰。果真的他們對外的機構都改為聯誼會了。如台灣同胞聯誼會，簡稱台聯，以及港澳台辦公室等。但全國政協主席在人民大會堂宴請我們。與我同桌的有三錢之一的錢偉長等中共高級領導。錢偉長、王兆國的明片現在我還存著。我們在北京三天參觀了好幾個部門，也舉行文化座談會，我一首「祖國」的小詩當時就刊登在北京文藝報上。參觀中央製片廠，看放映記錄片。我沒去看毛，因是不忍去看死的魔頭，害中國人。離北京飛西安，住一夜，次日由西安政府官員陪同乘車赴黃陵縣祭黃陵。如上次我帶團祭黃陵一樣，用太牢禮由那地官員陪祭。不同的是黃陵改像整修了一下，不像我留第一次去那裡荒蕪了，墓前清理了一片黃土地。一些雜草都割除了。這是我第二次到西安。西安市還是沒有變化，我陳舊落後，僅有全國古城牆西安保存的最完整，沒遭文化大革命破壞。當時西安沒有飛南京的班機，省政府特為我們自[illegible]了一架專機，專機很小的，在我們只六十幾位人。亦由政府接待由官員陪同前往中山陵謁陵。參觀中山先生遺体，但那遺体並不是真体，而是替代品。由南京飛上海，轉回台北。這算不算政治組團的破冰？兩次破冰第一都[illegible]。當時連戰以國民主席身份訪問大陸，是多年以後的事了。國民黨當時是在野黨，連戰是在野身份，沒有政權，國民黨一個人民社團而已。如果說他是破冰，我們又算什麼？我第三去西安，是為邀參加黃陵重建工程破土典禮，因他發覺黃陵是可歸的地方。從我八九年祭陵，近幾每年海外華人的台灣同胞組團回去祭陵的人多起來，他們也開始重視宣傳自動邀請海外華人團体回國觀光。我在西安所看到的西安和过去想象大不同了。就是兵马坑道已多了好幾個別說其他的改變了。它已成了現代化的大都市！明年的花博在西安办，屆時當又是一翻盛況吧！

前天詩歌藝術学会接待福建省文藝界参訪团，承林静勤会長之邀來参加会。被邀請名单亦有吾兄惜未出会。会中他們都說自己对两岸文化交流作貢献多大多大。静勤助理了良英名發言。他每人都介紹一翻，对他們為两岸文藝交流出錢出力做了很多事。对弟的介紹只两句話："五六十年代有名作家。"静勤先只看到後来两岸交流的情況，因後来这幾年两岸來往沒有什么禁忌了，大家一窩蜂的往大陸跑。弟所做的事情他們知道。那拿文化交流來說，當年在五六十年代，那時還在戒嚴期，大陸作家選集全集，巴金全集，茅盾全集，甚或大學用書，馮友蘭哲學史，都是當年在台灣印的。我之所以冒為匪宣傳的罪名風險印這些書，主要目的，我認為台灣被日本殖民五十年，台灣人民根斷絕了祖國文學（說文化也可以），所學的都是日本文學，台灣已被皇民化。勝利後沒有幾年政府遷來台灣，兩岸又隔絕了。台灣揚逵稱為是亞細亞的孤兒，離開祖國母親懷抱太久了。我為着不使台人民與母親的臍帶割斷，讓這根臍帶永遠和母親連繫在一起，所以才冒殺頭坐牢之險來出版大陸作家的書，一般人根本不知道我之用心之苦。八八年我去北京才與馮友蘭等見面，把版費給他們，並簽了台灣出版授權書，並說明當初印他們的書不經告訴他們是不得已的事，開放前我的文章被那些大學拼命教科書教材，開放後我的詩由北京友誼出版公司在大陸印行。大陸新界紀雲的詩集「悉狼」由蔡主編的藍燈公司出版，這是大陸詩人在台灣出版的第一本詩集。西安黎陵圖書我的友人創辦「統一日報」後因此友人私心太重乃分手，我友殷宏俊創世界論壇報」，我擔任發行人，這是台灣唯一反台獨主張統一的日報，先為三大張後因經費改為每日一張，前些年一直在大陸投資常住大陸，幾次與北京當局接洽希望允許「論壇報」在大陸發行。近幾年我因建康關係發行人讓給社長廖天所兄擔任。我在報社名譽董事長都辭了。因我太老了。我在大陸出資以台灣第的藍燈公司出版「華人叢書」，則兩岸叢家及海外人士作品，同時發行兩岸及港澳台三地。到現在還在出版。第做的這一切算不算文化交流和貢獻了？

最後附帶一提的是：第一批統盟朋友訪問北京與江澤民見面者，先去北京連繫的是統盟秘書長劉國基，現在北大和人民大學當教授。劉國基念台大研究所時因搞統一被捕坐了多年牢。他被捕那天晚上我和高逐車他商量一份宣揚統一的刊物，創辦我們新聞組家裏不到數小時他就被捕了，同案還有戴華光等五人。

我也常被警備總部叫去問話。有一天我在台大門前送書給學生，突然被補送台北警察局訊問，關了一天，問不出什麼，只好把我交保釋放，因我不願找保人。可見那時搞統一是要付出代價的。那裡像現在可以公開搞統一。那時搞統一和搞台獨是同樣罪名。我當年是被限制出境。拉雜寫了這些，希望你能有時間讀完。祝

著安

丁穎拜啟

建國百年辛卯端午

於台中寓所

福成詩兄：

新著「我們的春秋大業」一書，我當天在開完會歸途的車上，即一口氣讀完。書中對弟著墨頗多，非常感謝。讀後掩卷沉思，感想與感慨都多。三月詩會諸君子，如果將來能在歷史的洪流裡，留下一點雪鴻泥爪，也要感謝你的貢獻及有心。在目前這個社會空氣中，你還能留心到一些小人物的行止並寫下來實屬難得。關於李敖與陳鼓應，他倆既不在也不獨，都是大統派，所以我說他們是國民黨製造出來的敵人，因為他們都不是國民黨的敵人，他們不過有一些自由思想的學者，而且陳還是國民黨員。從李敖最早寫「播種者胡適」可以看出他思想的走向。如果是現在，李、陳都成不了國民黨的「敵人」，因那時政治環境不同而造成的。

關於兄書中提到基督教是資本主義，弟全與兄意見相左。也許吾兄所言而有所本，我信奉基督教國家大多是偏資本主義，我沒有研究過各國政治思想史我不敢斷言。但我們人對耶穌的体驗、我覺得他本人不是資本主義，倒有點像我國的墨家。我來台後曾讀過短時間的神學思想史。墨子講兼愛、非攻、耶穌講博愛、兼愛敵人。我覺得多少都有些社會主義的味道。「飛鳥有巢，狐狸有洞，人子都沒有枕頭的地方」。你想耶穌像資本家嗎？

致於你談到現在的年青人對文學如此陌生，這不僅於社會環境有關，也於我們的教育有關。現在的教育只重知育不重德育，只有功利主義，而不注重德育及心靈的培養，於文學藝術更是漠視以對。我對現下教育是非常失望的。

耑此順頌

著安

丁穎拜啟

中華民國一〇一年八月於台灣

第　頁

輯二：詩壇文友書簡

她是誰？在我身邊50年！

台大退聯會遊淡水，2012.3.7

陈社長、陈主编：

《中國春秋》一、二、三期均收到，勿謝。

現奉上準備出版中的拙著評論文學的自序《一代人才飄零錄》、及半年前所選定的詩選序文，又大陸詩人黃光曙的詩選對拙著另一种的評文各一篇，都並沒發表過的，為表對貴刊的支持，一並奉上，願能利用，並祈勿刪改為感。

黃光曙兩文均未發表過，我先利用二、另一篇再作刊行可。他是大陸傑出青年詩人，有已出版著作數种，現居深圳，但據說下個月可能要遷居，而貴刊要七月才出，所以待下個月得到他確地址後當再相告，屆時請將他的刊物直接寄給他。

未寫定先生之文也是接受校對代為排整去的，他的地址是《中國畫》雜誌編輯社。

如何之處，盼見示知。即頌

編安

高準 2006.4.19

又：本期貴刊中刊序文說文中找到我的名字都排出簡化字的"准"。在台灣沒有人會去這樣指我，今后我名字的準字不可用簡化字排呀。

福成先生

寄上收在《异议的声音—文学与政治社会论评》中拙文三篇，不是要讨你转载，是请您看一看，希望听到您的看法。其中前两篇还是很多年前写的，但谈的是国家统一的一种根本性的问题，这些问题台湾也好像都很少有人讨论。

我当然一贯主张中国统一的，但也始终认为"一国两制"是完全缺乏理想性的方案，也无实际可行性。统一之所以迟迟不能推进，主要原因之一也正是由於中共坚持以"一国两制"为言之故。吾兄著作丰富，总为好学深思之士，所以很希望听到您的观点。

我想我们应有机会可以谈谈，何时有便，聚一起喝喝咖啡聊一聊。可先电话连络。

即颂

万事如意

高準 2006.7.27

又，下附陈黄光赠一文外，未知可否一并列入否？

陈先生

看来你对我批评《葡萄园》很不高兴，要明白是被《葡萄园》挤出来的，你不知道吗？我是同情他支持他的，能笔会上也只有他以前编的那段时水准较好，不知你当年看过没？

校对你们负责，很好。但每期都要负责，有错字就应归到葛的错误，否则怎么叫负责呢？文章刊出不只是刊物的事，也是作者的事，这点道理你是应该要明白的，总要有点责任心才是。

你前时谈及台湾学界一般对《中国哲学家的曲》的评析，我当时就特打电话告诉了他们，他大概已在撰写。

我即将去旅行，过不久回信。

葛华 2006.11.2

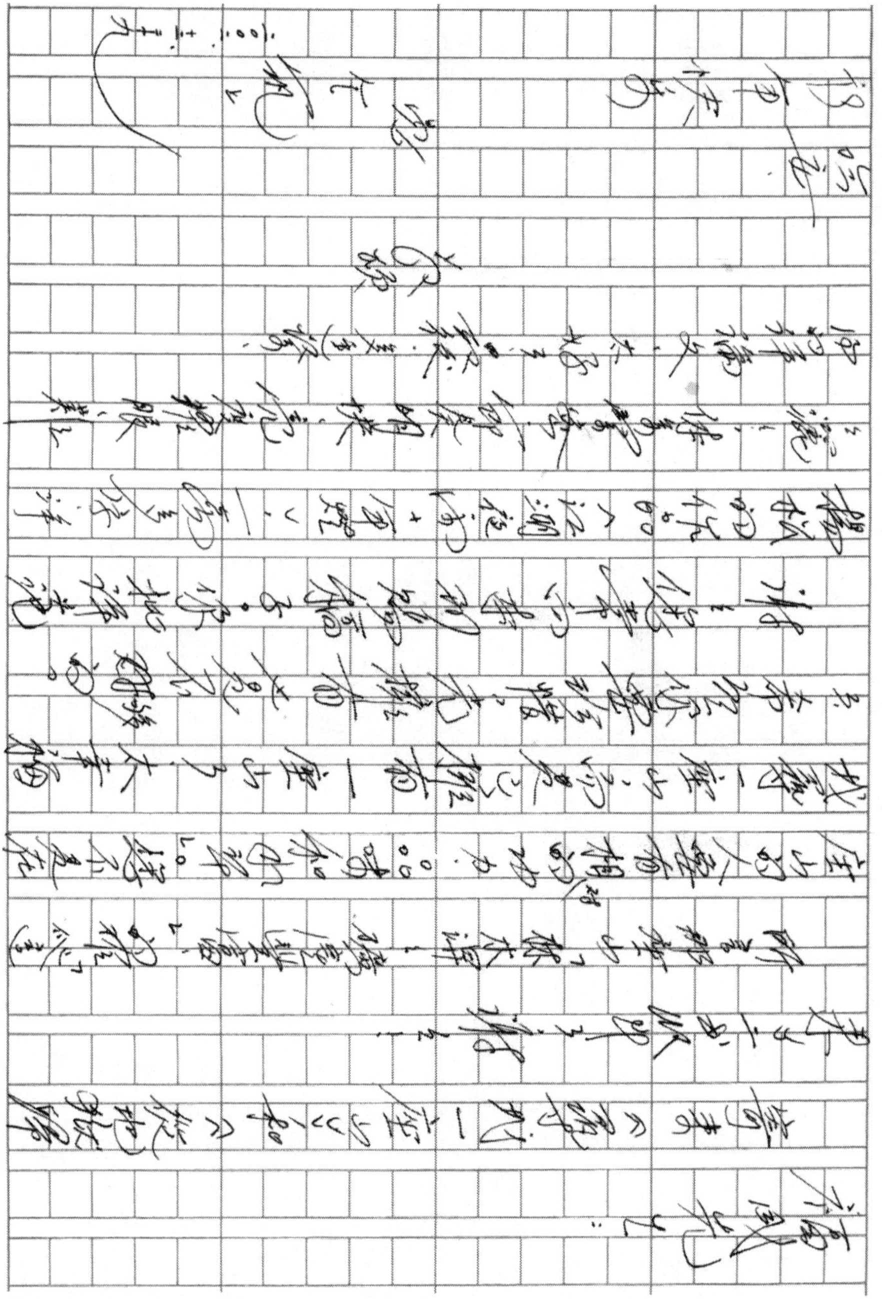

雨風先生：

寄來《尋找一座山》和《從地獄歸來》二書收到了，謝謝！

所言那座山，林木深深、瀑泉[illegible]、[illegible]，座山的人要有相對的功力、品味和水平。尋不是在找尋一座山，而是已擁有一座山了，太幸福了！希望你要珍惜，先擁有也是有後難的。

謝謝您常向我們邀稿，你批評詩揚我的作品入《江湖夜雨十年燈》一書，多多謝謝。

[illegible]，作家寫意、[illegible]明快、充滿雅緻、[illegible]的詩論文，太好了，再次感謝。

敬頌

時安、

新年快樂

忠仁　敬上

二〇〇二．十二．二十九

重庆出版社

陈凤娇先生：

您好。

从《葡萄园》诗刊见到《华夏春秋》的约稿启事，就每天抒了八首小诗，都是回忆父母和童年生活（除最末一首），奉上请审处。如蒙发表，当不胜感激。

我也常写评论文章。因未见过贵刊，不知写哪些题材为好。将来如蒙发表，见到样刊就好下笔了。

此致，并颂

编安

澤畧 九月十二日

通信处：重庆袁家岗重庆出版社（400016）

电 话：(023)68893683

CH002·122·859

紹鐵吾兄：

報道你從合大紙廠官退休，即將修養生

無羨殊偉，因為能出任合大紙廠官，職幹

中我不到幾個人，能當此各位。從前以權貴

者處身能使故遊以助人，又令錢威財使的為

人遊織的一面，更濟人等矣，猶其繼命儀

你也揭古道，捷騰講義氣才的人已不多見

。其多接友，威財無限，慨然成效等。

也隨遇而安，評判有心，諧紅紅山，何曲兩首。請指

正。另兩本版本手出，遊戲稍為編者已校，我又權威險嘉

，如果沒有清掉，我再請他到郵局查借

你要求我的亡友遺文兩首比較成熟一點。

至於「風流」一詞是用於往昔描繪的風雅莊

嚴的紀念堂風流則於錢，第八節移除改以念

請主書無關，請找到後再刊登並請改為

。崇此　敬頌

撰安

女史

瘦雲王璞　敬留

元　廿五

江苏省作家协会主办 扬子江 诗刊

陳福成先生：

先生在中国春秋上刊出了我的二篇散文，十分感谢。

可惜的是我本来不知道有可能刊出，没有思想准备，所以给你的是简体字稿子，致使与整个刊物在字体上不合谐，这是我的责任，在此向你致歉。

今再寄一篇散文稿，是用繁体字写的，请斟酌。

又：你的大作，已编入《绿野》。不过这是一个民办的小刊物，一年只出1或2期，届时会另寄样刊给你。匆匆，问

文安

卓琦培

The Yangtze River

南京市颐和路2号扬子江诗刊社 电话/电传:(025)83731479 邮编:210024

江苏省作家协会主办　揚子江诗刊

文：我已于2006年5月1日前后搬了家，附名片一张，今后寄信联系或寄刊物，请按名片地址寄：

210038

南京市和燕路438号

城市绿洲花園：9幢504室

025—

住宅电话：　85235290

手机：　13851475922.

韋琦培

江苏省作家协会主办 揚子江

陳福成 先生：

大作《陽台上的曇花》已發《綠野》7期，奉上一冊，並盼今後多聯系。

匆匆，即問

文安

[illegible]

2004.12.3.

江苏省作家协会主办　揚子江诗刊

陳福成先生：

感谢你常常寄赠《中国春秋》，每期都有好文章，内容豐富，視野開闊，謝謝。

我目前主要在《揚子江》詩刊任编辑工作，上午在编辑部上班，下午在家。今寄上刊物一册（双月刊，这是最近一期），互相交流，请提宝贵意见。

又：我前不久已搬，新宅址是：

210038
南京市和燕路438号，城市绿洲花園9幢504室。宅電：025—85235290

如蒙賜函或寄刊，請改用以上新址。

地址:南京市颐和路2号扬子江诗刊社　电话/电传:(025)83731479　邮编:210024

江苏省作家协会主办　扬子江诗刊

另附名片一张，以便今后联系。名片中宅址及宅電，都是新的。

又：随信寄近作散文二题，供先生指正。

匆匆，問

文安

[illegible]

2006.7.20.

地址:南京市颐和路2号扬子江诗刊社　电话/电传:(025)83731479　邮编:210024

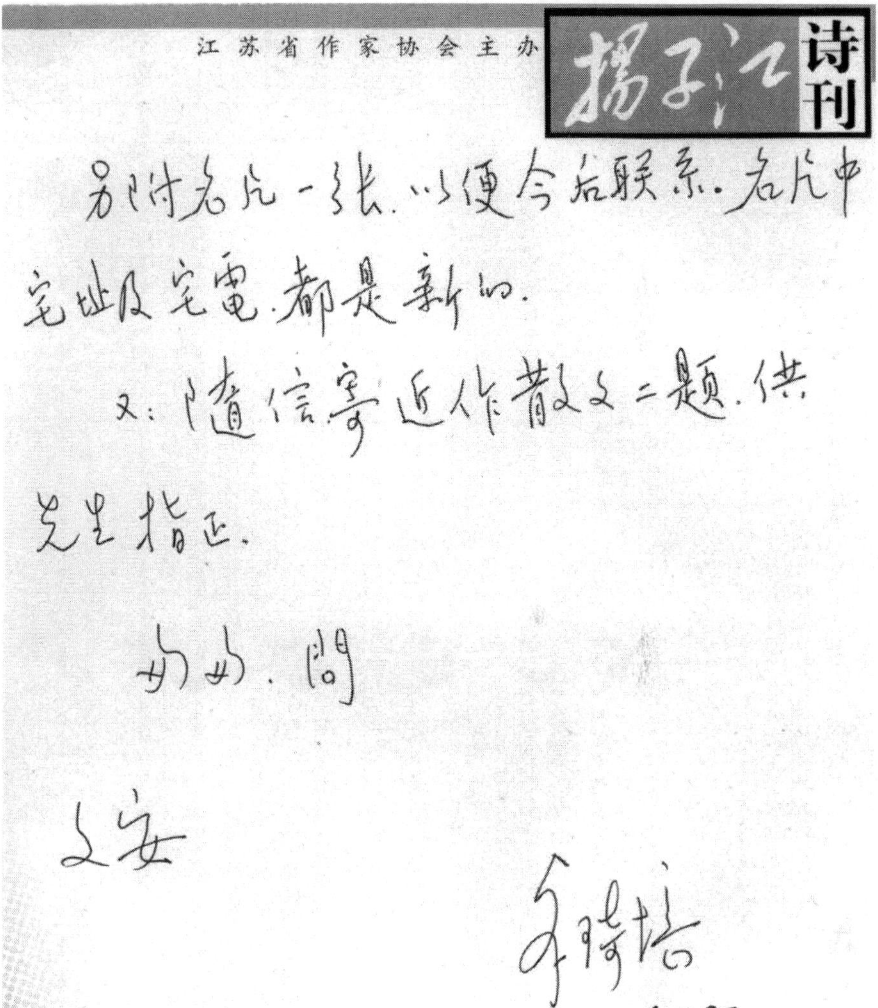

江苏省作家协会主办 扬子江诗刊

福成先生：

先生大作古井等两首，已发《绿野》(见110頁远方的风栏目)，谢谢你惠稿支持，寄上样刊1本，请惠存。

我们虽未见面，但常常在台湾的诗刊中拜读先生大作，已渐渐的熟悉了。诗，心之聲，我想，通过诗歌，我们会不断的交流内心深处的感受，渐渐的更加熟悉起来。

匆匆，问

暑安

[illegible]
2008.5.30

地址:南京市颐和路2号扬子江诗刊社 电话/电传:(025)83731479 邮编:210024

江苏省作家协会主办 扬子江诗刊

陳福成先生：

得悉先生的大刊《中國春秋》已出終刊號，心中若有所失。因為幾次蒙先生贈刊，覺得刊物很有可讀性，資料豐富，立論有自己的特色，十分難得。

寄上《綠野》11期，內有大作二首。如仍有大作，可爭取在三月底以前儘快寄出，看看能不能趕在12期上刊（12期4月截稿，考慮到兩岸信件走得太慢，以早寄為好）。

又：我有一位好友，即詩人王文雨，生糖尿病多日，且漸漸進入後期，有尿毒症病狀，須定期血透治療。近日他聽說台灣有一種雜誌，叫透析通訊（附上該刊的封面及有關頁面的

地址:南京市颐和路2号扬子江诗刊社 电话/电传:(025)83731479 邮编:210024

复印件2页，供参考）。他很希望能看到西治疗自己病有关的最新动态。因此，有一个不情之请，如果你方便的话，是否可代买几期这个刊物（不分新旧，因为学术动态和信息是没有时间性的）寄来，并告诉我价格，由我把钱汇去。如不方便，就作罢，千万不要为难。

另外，《绿野》诗社几个成员的作品集我已嘱办事人员寄给你（其中新草地一书有我写的序），不知收到没有？

匆匆，问

文安。

卓琦培
2007.3.25.

新世纪文学选刊
编辑部
NEW CENTURY LITERATURE
SELECTION NEWSROOM

福成先生：

你好！谢谢寄赠爱情诗选。曾给先生发了二次电子邮件，均被退回（xyz5104
87@yahoo.com.tw）不知何故？现再奉上一函。

先生诗作，感情率直纯真泼辣，有青年人朝气，不似中年人的作品，令人钦羡。只是片断篇章，语言似直露一些，尚可在含蓄美上下些功夫，必将更上一层楼！

因老伴一直住院打吊针，来不及细读，只是粗略读后之感，供参考！

向台客先生问好！并祝

夏安

吴开晋
2007.6.7.
山东大学

地址：山东济南舜玉路40号　Add:No. 40 Shuenyu Road Jinan Shandong
电话：(0531)2867225　2867230　Tel:(0531)2867225　2867230
邮编：250002　P.c:250002

当代小说 *新诗文编辑室* P1

福成先生：

你好！收到大作《性情世界》有半年了。因内人患病，住院几次，孩子们不在身边，只有我跑医院，朋友的作品大都扔在一边，书信也回得不及时，迟迟未能拜读大作并回信，深感抱歉！近期抽空陆续读了这部诗作，深受启发，觉得先生有自己独特的艺术风格，既不同于《创世纪》诗友们的作品，也不同于《葡萄园》诗友们的作品，真可谓自成一家，值得赞许！

从总体风格看，虽有现代意识融入其中，但又不是现代派作品，有明快、爽朗的风格，也有对人生的忧患，但也不是传统味儿十足之作。~~我觉得从总体上看~~是在一种率真、豪爽又带诙谐幽默的风格中，

当代小说 *新诗文编辑室* P2

有诗人对社会人生的生命体验。诚如绿蒂先生所言，是"城市游侠"的诗生人生，人人中可见先生的一颗"赤子之心"。清人袁枚说："诗人者，不失其赤子之心者也。"此其谓也。

再说说对作品的具体感受。

第一辑《去大肚山看妈妈》，有不少动人的亲情诗。如《思念》中句子："妈妈的手不断左撑右揉孩子们的岁月/长茧、有斑/妈妈老近的速度/和我增长智慧比快"还有结尾处的"妈妈之再度年青，脱胎换骨成为/一个我/妈妈要远去/也永远是我心中那个青春不老的名字"，是对母爱的艺术升华，让人读后感慨万端。

当代小说 新诗文编辑室 P3

这一辑中的佳作还有《拔河》、《风铃》、《五十偶感》（这一首是对人生的顿悟）。写藤蔓和榕树相恋的《命》也颇有情趣。

第二辑《办公室之歌》，是作者对社会百态和自然的独到观察，也是对日常生活的诗化。《办公室之歌》一首写得清新可喜；《黄昏彩虹》，是对自然现象的抒情描绘，诗味盎然；《山的颂》则大气磅礴，在时空交错中让人感受到宇宙的无限辽阔。《巧遇梅峰禅修者》则富有禅机，把古松写成入定的老禅僧，是超拔的奇想。《寒梅》也是一首独特的与他人绝不相同的咏梅诗，把这株傲霜凌风的寒梅写成我们古老的中国

当代小说 *新诗文编辑室* P4

令人心中升起暖意。《我站立了》，也是巧妙的讥讽，妙不可言。

第三辑《爱情与诀别》，多是些幽默诙谐，富有生活情趣的作品。

《爱情与诀别书——送"载人舟"最后一段路》，把破鞋子比成情妇，叫人忍俊不禁，内里也有对艰辛生活的概括，类似的好作品还有几篇。《曾经喜爱过的》则更包含着深刻的人生哲理。《爱之冰火》则是对社会上"性解放"造成的混乱的状况，作者用了一种幽默的艺术手法。《人间烟火》则是作者性体验的本真坦露，《短信》则是它的姊妹篇，也许道学家看了会不舒服，但都是诗人真挚的心声。可惜这一辑的书眉上仍印成了"第二辑"

当代小说 新诗文编辑室　P5

再版时应改正才好。

第四辑《似曾相识，在楼兰》，
是作者寄予的爱情诗，从诗中可看
出作者是位很浪漫才子，许多篇章充
满了青春气息，有不少是位年轻青年
的人所写。《晨露》是对爱情生活
的象征性描写；《天缘》可说是本辑
中的上乘之作，含有意深，韵味无穷
"乘筏/渡河/乘桥/渡到不惑的彼
岸/乘不乘筏/河竟无岸/江水惑惑"
可说是"生死相许"的情爱佳篇，
但又写得禅味十足，"欲、爱"都在禅
中体现出来，颇具有独创性。《那一
份情》也不错，意象优美，《提行

当代小说 *新诗文编辑室*　P6

〈侍葡〉、〈缘起缘灭〉与〈天缘〉有异曲同工之妙，展现了作者的真性情，这也是全书的主题之篇。

第四辑〈携我来看清莱面的老娘〉，更是情真意切的感人篇章，自然，不做作，是诗人真情的流露。其它写桂林西湖、黄山的篇章也是優美的山水诗，从中看到了作者各方面的艺术才能。

由于时间匆匆，不能细细品评了。先生诗作中的不足，我认为有三：

一、古文化的底蕴似还可加强，这样会增加诗的深度、力度，当然，不是把文化、古董拿到诗中展览，而

P7.

是把文行诗化，使诗味儿更浓。

二、艺术手法运用多样：古典、外国诗中的多种手法可借用来表现自我之情，音韵、诗作形式也可多加变换。

三、语言上作者已有自己的风格，但相对说有些篇章太白很无韵致明显。这方面古典诗词、现代派诗、名家名篇，都有在语言上可借鉴的地方。先生不是专业诗人，但悟性甚高，如再上层楼，定会写出更多精美之作。这只是个人的拉杂的零碎感受，供参考，也愿共勉！请向台客先生问好！

顺颂

文安

吴开晋 11.18

山西芮城凤梅集团 公用笺

0359-3026338　8868636（兼传真）　3287234

陈总：

您好！

刚才收到您的两本《华夏春秋》、大作一本及信件，甚是感动。当即去电您单位，我已吩咐8月人给您寄去有关工作人来的全部小报，望查之。

《书伴侣杂志》里没有找到您的传记，《当代诗》中我大概核一下，可能与我同年，1951年出生，如果出生在旧历四月初九以前，还是我兄的。

从秦老师的电话中得知，您的爱

(因)热情，以事文学艺术的执着，这有读者各方面皆有建树的才华，却是我们学生也不够格的。

"如能来大陆出来参加旅游，请到寒舍作客，这里的"地上博物馆"，不亚于陕西的地下。

另外，下次来信时顺便把您的"小传"寄来，使我得以给读者介绍。

敬

礼

[illegible]丁安

怎样做人	操好心 交好运	生意绝招	于人有利 于己有利
严格执行	说一句 算一句	工作特长	答复问题 只用一秒

刘[illegible]智

一[illegible]年七月廿九日时于[illegible]编室

1

陈主编：

您好！

这次您回祖国大陆抵京，我本应前去北京与您会晤，但因为报纸的准备工作还差得很，并且，在本月底刊出报的排稿工作要延误，因而，只好

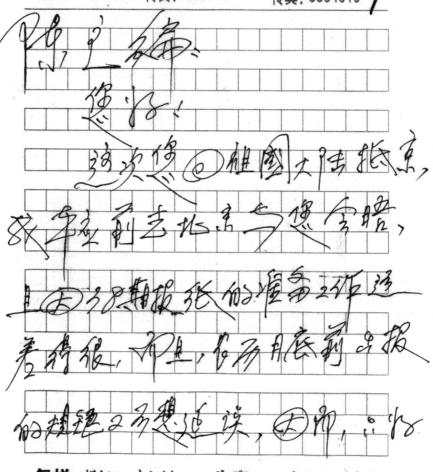

山西凤梅总店稿纸 风陵渡批发库

0359—3026338 传真:8869099

0359—3351417

传真: 3354010

2

与君较量了，——以后还有机会吧！

今天您遇到的郭新民先生，

是我这几年来在国内接触和认识的

最好的老师之一，——师生，在大陆上，

这么好的老师目前还没有遇到第

二个。一些则改说连解之或有不同，

但他仍然保持着祖先相传的

宽仁厚德、礼仪重作风，以及

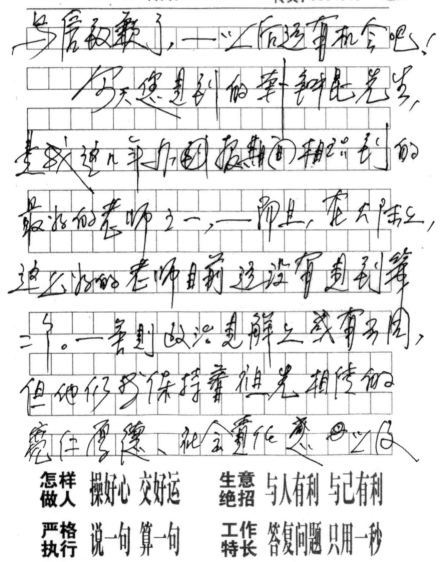

山西凤梅总店稿纸　风陵渡批发库

0359—3026338　传真:8869099　0359—3351417　传真: 3354010

3

深植在骨子里中国人本色。

拜托的事：

<1>"百寿图"是赠给秦老师的，一天晚上秦老师没有带走，请您转交秦老师；

<2>刘增法书写给孙部长的诗，以回赠的画，是赠您收存的；

<3>有关文学的36期、37期

怎样做人　操好心　交好运　生意绝招　与人有利　与己有利

严格执行　说一句　算一句　工作特长　答复问题　只用一秒

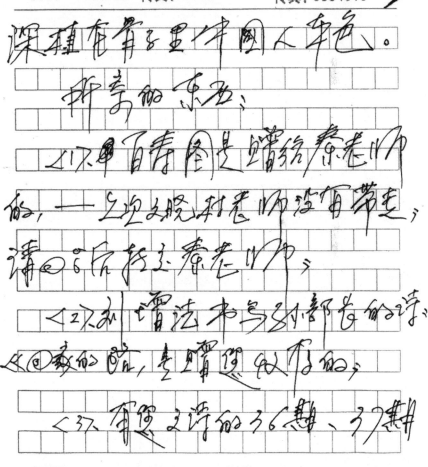

4

各50張，我留在北京贈人，我帶回贈台灣朋友，您自行處置。

<4>、多年來自有繁作以來的18期小报片份，我留在北京贈友，我帶回台灣，請自行處置。

<5>、莉子之象制的海内外詩人之友詩歌朗誦磁帶，給您帶兩盒（秦老師有的），您有

5

留一些什么，再赠拙作一了。

别无事。

致

礼

刘崖智

丁亥年八月十六日晚时于霞

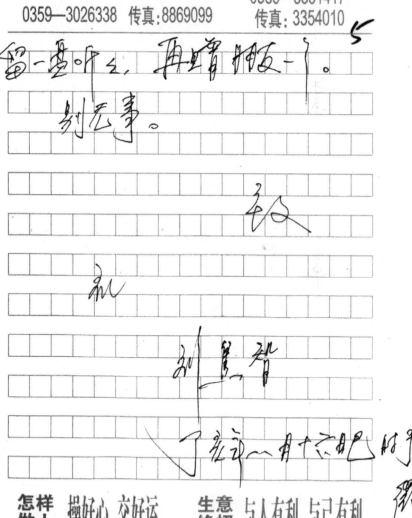

陈总编：

您好！

这个信封里装的这个稿子，是非知己者不能读其详的，更不敢在任何报刊上发表。如果做不到，可能要给我惹来很大的、不必要的麻烦。

半年前，我把咱们的《耕人》给国家文化部长孙家正邮了一份（十九张），他给我寄来了《文化如水》一书。我把此书在小报22期连载，并寄给了秦岳老师之后，秦老师写了诗与书法，我又刊在了26期上，并把秦老师的钢笔字与毛笔字原件寄给了孙部长，孙部长又亲笔签字寄来了两本《文化如水》，我多到寄给了文化村老师与秦老师，据说，秦老师也给刘部长寄去能的著作和《海鸥》。后来，我又把我的小报给刘云山寄去了三次（政治局委员、中宣部长、中共书记处书记），目前还没有回音。

如果说，我关于倡导中华传统道德文化、孔孟儒学的一些文章在海外被您们以及其他报刊所用，或许可以影响海内，到那时，把此信封里的这个稿子《孙随自身》重送回国领导人，也是可以的。

或者，刘部长或刘云山部长这些"上帝"被我这个愚公所感动，我得到召见，重送也是可以的，不会犯多大的法。

总之，能把可以让人见的稿子寄给您，是寄予了厚望的。——这厚望，源于我从您的文章诗词中看到的爱国之心。

致

礼

刘直智　阴历九月初四日午时于微

山西芮城凤梅集团 公用笺

0359-3026338 8868636（兼传真） 3287234

陈总编：

您好！

有一事相商：目前，咱的《 》报共出了27期，而繁体只有新近的18期。这18期，每期印2000张，邮出去的不到500份，库存余1500份以上，共计27000张。如果能有什么好办法把这两万柒仟张（可能要有500公斤）弄到台湾去，在台北、台中、高雄等地分别发散出去，（如有赞助者的话，也可以接受一些）可能会产生一些影响的。

山西芮城凤梅集团 公用笺

0359-3026338 8868636（兼传真） 3287234

我曾经产生过这么一个设想：如果海外华人对咱这个弘扬中华传统文化都得到政府支持的"个例"有了资助，一月至一季度在您与秦老师、各主编的发动之下，——我每期订上100本或200本《海鸥》《葡萄园》、《华夏春秋》，赠送给大陆的文友和支持《稻穗》的各位先生。——这样，对有关系的各杂志社也有了推动，甚至，那个未曾谋面的《秋水》、新加坡的《赤道风》也一并入网，对咱们祖先的传统文化，无疑就起到了空前的传承作用。

怎样做人 操好心 交好运　　生意绝招 于人有利 于己有利

山西芮城凤梅集团 公用笺

0359-3026338 8868636（兼传真） 3287234

只是想知道500公斤的报纸，除了邮费，还有没有更省钱的运输办法？

另外，很渴望见到陈总一面，聆听教诲。——如果方便，能来一下最好了。

我们家乡这个地方，是咱们祖先最先称之谓"中國"的地方，有关公的故乡、家庙，有几祖祠堂的家庙，有"欲穷千里目，更上一层楼"的鹳雀楼，有《西厢记》中的莺莺塔、普救寺、苏三监狱、大槐树等等。

敬

礼

刘焕猛

丁亥年九月初六午时于徽楼

怎样做人 操好心 交好运　　生意绝招 于人有利 于己有利

严格执行 说一句 算一句　　工作特长 答复问题 只用一秒

陈社长、周婉芬主编：

拿到你们寄来的《两期华夏春秋》，我的心情特别的激动，我从心底里表示真挚的感谢！而且，我的两首诗作还得到了你们的关爱，刊发在第三期的《华夏春秋》上。最让我感动的事，你们在第四期《华夏春秋》"编者的话"栏目中，特别的提到了大陆的几位同仁，令我敬佩。感激之言，附新创拙作表达致谢！

寄语《华夏春秋》

（一）

《华夏春秋》系两岸，
唯有统一兴家国；
两岸民众许不住，
同心共绘世纪花。

（二）

春风吹暖九州美，
秋水诗句传文化；
弘扬民族促和谐，
团结富强盛华夏。

此致

祝《华夏春秋》成为两岸人民文化交流的桥梁和平的使者

20×15=300

江海文艺编辑部

高保国

2006.8.1

那是你

高保国

睡梦中
远方的雪花
画着一朵红彤云

节日里繁忙的彩旗
嘀咕一首呼唤的歌
那是你
在流下相思痛苦

夜里
凄冷的月光
轻动着你我初次感印

江海文艺编辑部·便笺

那是你
在逃逸 昨日的光阴
谁说你
找不到我的身影
你瞧
星河上那颗
火山火苗的宝石
那就是我和不褪色的心

燦

作者简介：（职称：江海科技文化研究会会长）
高保国 男 35岁 现为江苏省作家协会会员
江苏如东作家协会副秘书长、《江海文艺》
主编。著有诗集《阳光下的世界》、散文集《海的魅力》
小说集《意外的爱情》。作品曾获多次
全国征文比赛等奖项。

福成兄：您好！

迟复为歉！近几个月来工作确实繁忙，您的来函我在细阅，很感动，未见落实。万分感谢您对我及女儿的提携。

今天这时收到您的祝福！也祝您及全家新年愉快，多多保重！春节愉快！财气多多！

另外，我想您的《华夏春秋》是否需要复刊呢？又为什么停刊呢？如果能复刊话，我想助您一分微薄的力量，我想与您合作办刊如何？我初步的设想：一便出刊均由大陆几个合作单位（如东县管子研究会、如东县孙子兵法研究所、如东县…科技文化研究会）出资印刷，保持在印上这些单位（合作）的名字，以大陆联络处（华夏春秋杂志社）（[illegible]），大陆每期向台湾只寄500份杂志。不知如何？我们可以资源共享，互惠互利，共同繁荣中华与台湾的文化，推动两岸文化的交流，开启大陆文化与台湾文化的新篇章。

希望您促成我们合作成功，把《华夏春秋》发扬光大，随成为我们友谊的桥梁，又为中华民族的文化复兴尽一份公民的一份力量。如果您愿意合作的话，望速回信。我们就来个"前无古人，后无来者"的创新举措。

如果能成功的话，出书后，我们就可以开始办第一期稿源大陆台湾的作者按时间顺序刊登（在保持原貌情况下），文字审稿台湾由您审，大陆由我审。

还有一件事，您给我联系联系台湾出版社，我们打算有一部分作者，合作出来的作品很想到台湾出版，内容也适合台湾出版，那台湾出版行业具体有什么规定呢？望能及时告知。

现在我们大陆出版社，也从过去的行政事业单位改制为企业单位，再也享受不到政府的优惠政策了，自负盈亏。所以台湾方面的出版行业必须抓住机遇，在出版上用潜在方式向大陆开辟出版市场，拓展出版业务。对台湾出版界也是一个壮大的好势头。我个人认为：在学术上只要远离政

15×20=300 如东县行政审批服务中心 第 2 页

治。台湾和大陆的民间文化交流一定会繁荣的，中华民族的文化必将会更加源远流长。双方只要以发展文化为目的，同时又促进了两岸的经济，这种双赢的事情有什么不可以呢？如：近期台湾开放大陆居民来台湾观光旅游的政策，就充分说明了这一点，民间交流确实对两岸老百姓带来了福祉。

望您考虑，等待回音。

（附：陈福成和如东县的书评发表在如期《葡萄园》诗刊，能否寄一份样刊我看，不要的话就不必了。如要买的话，我可以汇款。(回去信)

此致

祝您及您的家人新年快乐无限！

代我向台客老师问好！

转交报刊明信片！

晚生：高保国

2009年12月31日

于寓所

15×20=300 如东县行政审批服务中心 第3页

鍇戎兄：你好！

書函均收到，看到詩戎形勢高漲，希望我們合作成功！我會加緊實施華夏春秋的發行計劃。首先需要辦妥完成的是華夏報刊號的一系列資料及印件，以及你社長及北京志社委託我擔任主編的聘書或委託書（社長仍由你擔任）其他編委人員除你提供的名單外，另外增加大陸上的社會和文學界的知名人士，這樣更加擴充了本刊的知名度和份量。

關于辦刊宗旨仍然以宣揚春秋之史，弘揚的思想，這是中華民族優秀傳統的精神

P1

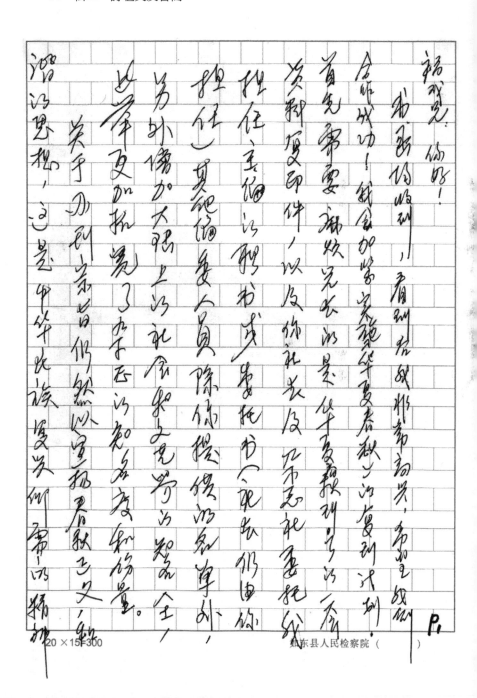

实质（我个人之言）可以说办刊思想不要变。办刊形式不变。仍沿用原刊的繁体字，16开本，64页彩4色封皮，封面200克铜版纸，内页70克双胶或轻型纸，办刊内容诗歌、散文、小说、报告文学、社会科学、政论文章不限，包容兼备。办刊地址不变，另增加大陆投稿、订阅处，订价不变。至于赠送多少册，[illegible]社由你定夺，但不超过500册。寄刊物均由我负责寄出，你提供台湾地

还赠刊的对象（个人或单位通讯名录）就行了、即要交换由我来办理，另外你寄赠给大陆的对象你也把名单提供、我就行了。此事我会办妥的。

你放心，我既然能把复刊之事承担起来，我会想一切办法维持下去的，虽然不能说办得最好赶超什么的，我会尽力朝更好的方向发展壮大。总结

接下去就是刊物的方針。當今時代．稿源的事情，一方面台灣的文友由你發至下，由他們把稿件投到大陸外，一方面由你收存稿也行。台灣來稿我會按時寄按質量刊登。大陸稿、我很慢。其他需要完善的，你要加以說明。我手頭很乏之目錄，但月初把刊物印刷起來。希望你要收寄給我們需的資料，我才好辦，

P4

20×15=300 如东县人民检察院

望印刷精治準確。速回函！急盼回音！

此

張默詩兄新春精進，編輯創作雙功

晚生：高伯園

二〇〇四年元月十日

20×15=300　　如东县人民检察院　P5

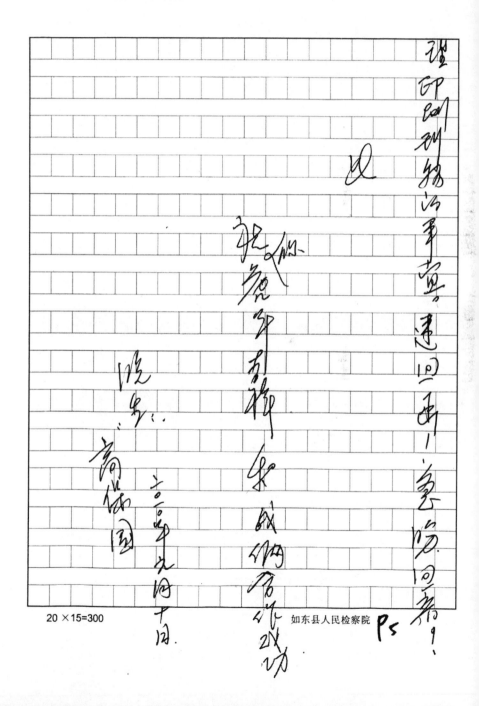

陈福成兄：您好！

今有一事求助于你，我大侄在某校大学教授，过去被"打成右派"，现在他写了一部书，因为内容涉及"中国农工党"里面有些左右的东西，火药味较浓，大陆的出版社不可能出版，为此，我想请你帮忙联系一家台湾有名的出版社，给予出版，了却他终生做人的心愿。我望你把出版（台湾）程序告诉我，最好主要的书号（价格）需要多少钱？（人民币）书是30万字。我详细地问了一下，此书台湾应该好出版！望速回复，详情告知！

20×15=300　　如东县人民检察院（此）

祝陈兄健康长寿，快乐幸福

弟：高保国
2011.5.9

陈福成老师：您好！

2011年9月10日，多么美丽的诗意的一天！郑州相聚时的情景仿佛就在眼前。希望这样的交流更多些，更活跃些诗歌界！

您们什么时候回台的？我很牵挂，给台客先生发了邮件，询问您们的动静，都一一被退信。以前，我给台客先生的邮件都被退了回来。无奈，把一些文件寄给了诗人绿沥。我发给台客先生的东西也被退了回来。我想，是不是台客先生的邮箱有问题？

从这次的照片中选了两张，一张是给您的，另一张请转给台客先生好吗？《牡丹园》诗刊2011年11月第七期您已有，就不寄了，寄上我的诗集《梦里不知身是客》，请指正！

祝一切好！

涵青青
2011年9月22日

陳福成詩兄：您好！

久未聯系！您寄來的《金秋六人行——鄭州山西之旅》兩書已收，勿念！

從郵件中可以看出，您是一位做事認真之人，把書用塑料袋細細包扎。這種認真、執著的精神，或也在您的各種創作中有所體現。謝謝你，辛苦了！

自鄭州以後，我才發現，沒有您的通聯地址。您給我的名片上也沒有號碼。曾老先生的郵箱也屢屢發不出去郵件。所以，好幾期《[illegible]》詩刊未能投寄給您。這其中，也包括您的大作發表的第28期。現在一併寄給您，望喜歡！雖然聯系不上您，但我從《秋水》詩刊、《葡萄園》詩刊上，常拜讀您的大作和信息，祝賀您！

寄上一份《洛陽晚報》，上面有我們的采訪！

遙寄春天的祝福！

海青青
2012年4月2日 洛陽

年　月　日

福成先生：

前时收到你寄来的诗稿，并知是由金筑先生荐引，这里，我首先向你表示感谢，感谢你对《老年文学》的支持。

你的诗作，我们将于2010年第一期刊出，從你的诗作和来信中，知道你是成都人，这使我们倍感欣喜，鄉梓之情，可惜相识太晚，我们希望你继续支持《老年文学》。

在台湾，我有相熟的朋友，一位是辅仁大学的阮廷瑜教授，我们是在唐代文学研讨会，李白研讨会，柳宗元研讨会等多次相识，他也数度为《老年文学》撰过诗稿。另一位是台湾师范大学文幸福教授，那次是在海南岛的会议，那次我们也有诗相互赠答。

先生可能是在台湾大学执教吧，来函告知，以便我们利用你的诗作时略作介绍。

腊岁寒冬，问候先生全家好

冬祺

張天健　于都江堰市
成都大学校园板房屋
2009.12.27

赠先生一册2009年《老年文学》一册。

都江堰市玉垒诗歌学会编辑部用笺

福成先生：

惠书得悉，分外欣喜，你所赠我大著，将与我们老年文学同仁共同分享。

你生于台湾，祖籍成都，更有一层乡谊，由诗人金筑相荐，牵起文缘，先生诗文，我们当陆续选用。

我生于1932年，与先生比，可谓迟暮。一生与文相约相伴，浮沉漂泊，始终研治旧诗，创作散文，间也写小说，写旧体诗，浪有浮名。现将拙著散文集《逝水流觞》一册，奉赠先生，都是我人生经历与心路历程，书中自序："我的文笔档案"，先生更详为了解。

大约清明节后四月份，都江堰市老年文学将召开一次文学笔会，不知先生是否得暇，请来函告，届时我们将向你发寄邀请柬。2008年，诗人金筑曾应邀来都江堰参加会议，游览名胜，希望这次你和金筑能一道同来。尊意如何，盼复。顺致

春祺

张天健 于都江堰市成大校退休房屋。
2010.2.6

地址：四川都江堰市文庙街二号市政协内
电话：(028) 87132090
邮政编码：611830

中国国际文学艺术家协会

CHINA ISTERNARILNAL ASSOCIATION OF LITTERATEUR AND ARTISTS

陈福成尊鉴：

您好！

通过成都雁翼前辈的介绍、推荐，现寄去我编的《中国文艺》，希望您赐大作，并提宝贵意见！多联络、交流。

顺致

大安！

温文

2006.5.7

陳鳳嬌主編：

謝謝您照寄來的兩期刊物均拜讀了。您們關懷祖國命運的精神，令我敬佩。刊物中的不少文章，對我都是一种丰富，再一次致謝。

抄下兩首小詩，作為回謝吧。

有什么需要我效勞的，請吩咐就是。

祝《中國春秋》越辦越丰滿。

[illegible]

雁翼

06.4.30

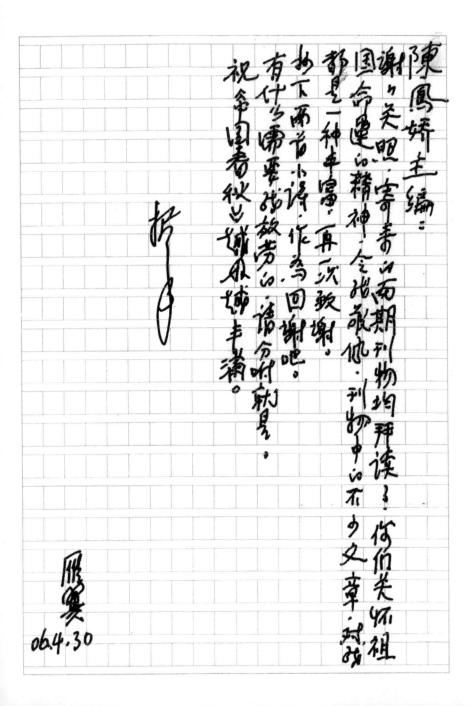

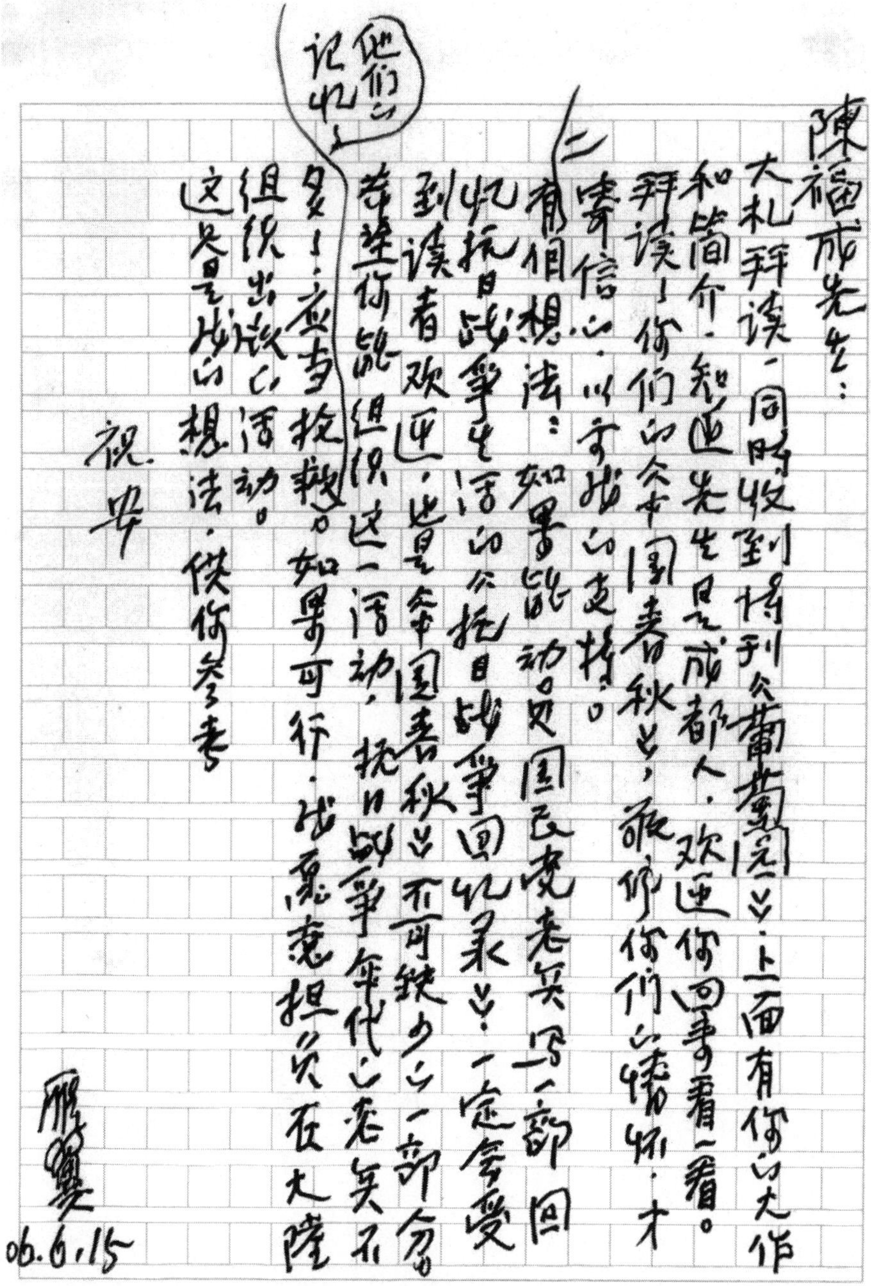

陳福成先生：

大札拜读，同时收到诗刊的《葡萄园》，上面有你的大作和简介，知道先生是成都人，欢迎你回来看一看。

拜读了你们的《中国春秋》，敬佩你们的精神，才寄信的，以示我的支持。

二 有个想法：如果能动员国民党老兵写一部回忆抗日战争生活的《抗日战争回忆录》，一定会受到读者欢迎，也是《中国春秋》不可缺少的一部分，希望你能组织这一活动，抗日战争年代的老兵不多了，应当抢救他们的记忆，如果可行，我愿意担负在大陆组织出版的活动。

这只是我的想法，供你参考

祝安

雁翼

06.6.15

陳福成詩友：

信、诗作收到了，並转寄给北京《世纪瞭望》刊物去编辑通先生。他的通讯处：邮码一〇一一〇〇．北京市通州区八里桥邮局一四号信箱《世纪瞭望》编辑部了。这是一家综合性刊物，盼你们建立联系。

我虽住成都，並不熟了解他，你的老家在北門外，我将托台联办的先生帮助查找，更欢迎你归来。九十月金秋候最佳，我当迎候。你归来的日期确定后，建议你直接给四川省政府侨联办公室写信，我将你的信再安排，这样，一切都会方便快来。可行否？

你们刊物办得不错，谢谢了。

祝 大安

[illegible]
06.11.22

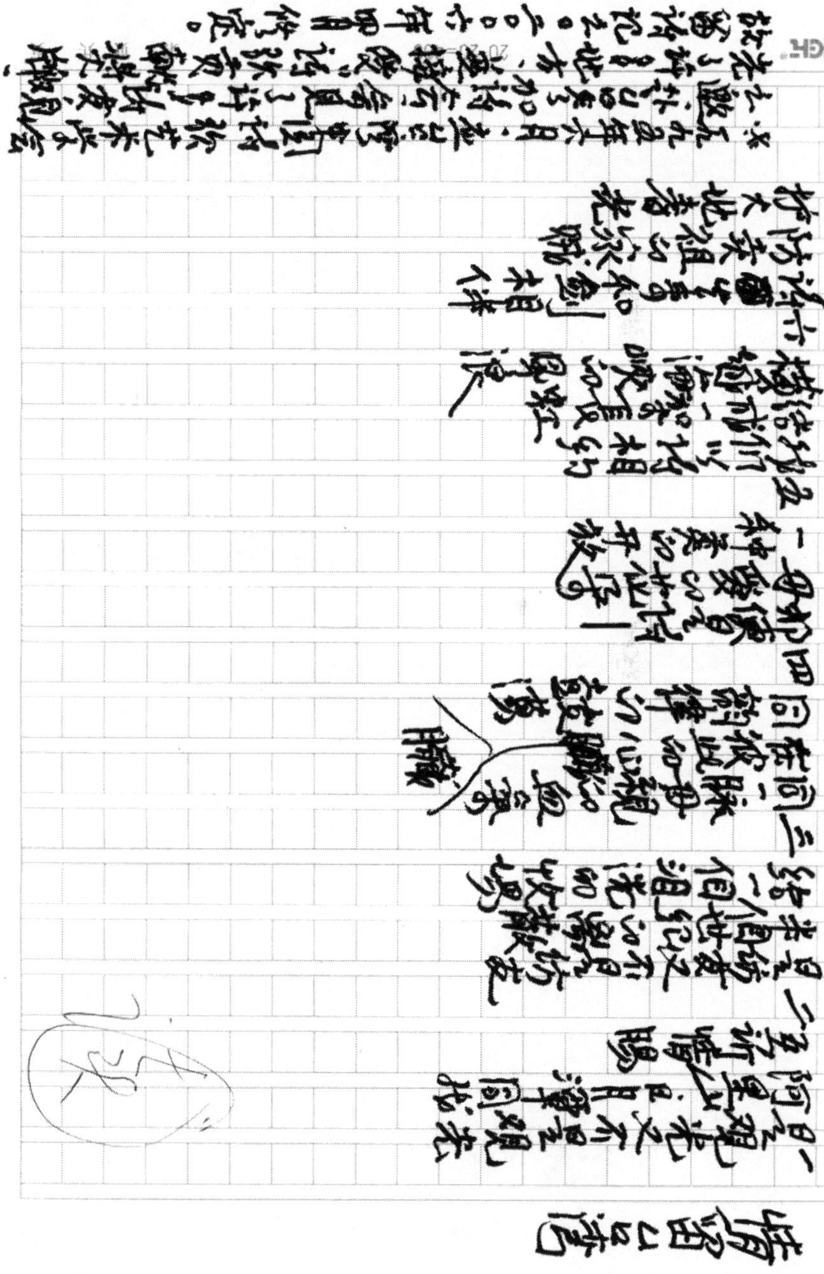
情留台湾

一
是观光又不是观光
阿里山、日月潭同我
互诉情肠

二
是访友又不是访友
半个世纪的离散
给一个泪洗的收场

三
同一脉母亲的血气
在彼此的心脏
同韵律的鼓荡

四
那便是诗——
母爱的花朵
一种美的开放

五
让我们以诗相约
结成一架长虹
横跨海峡的风浪

六
诗国生者和剑相伴
防卫祖的家邦
护大地青老

※一九九五年六月，应台湾中国诗歌艺术学会之邀，赴台参加诗会，会见了许多诗友，观光了许多地方，并接受"诗歌贡献奖"，故留诗记之。二〇〇六年四月修定。

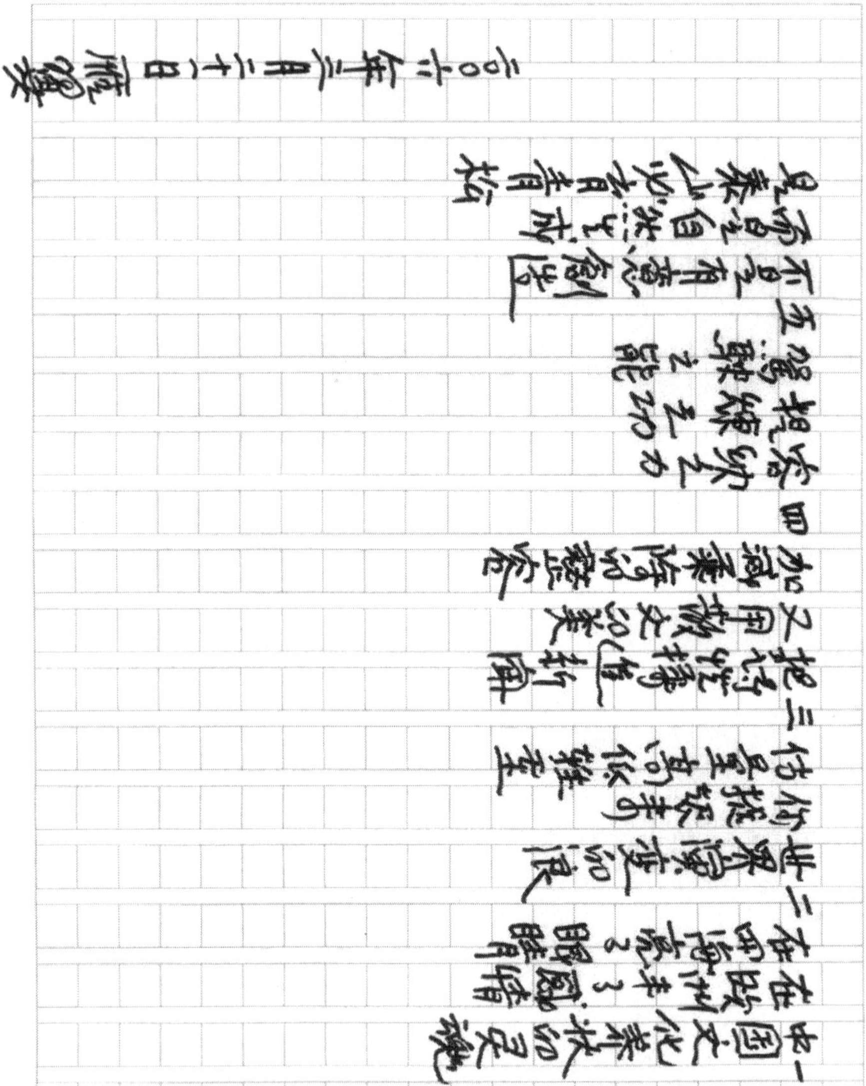
致诗友杨光达
——诗序散文集《典型长在》

一
中国文化养状的灵魂
在欧洲来了风情
在四海亮了眼睛

二
世界演变的浪
你挺起来
估量高低难至

三
把诗性择造新角
又用散文的美
加减乘除的整容

四
容纳之力
提炼之功
驾驶之能

五
不是有意创造
而是自然生成
是泰山必有青松

二〇〇六年三月二十一日 雁翼

珍贵的友谊无价　致台客先生

德州学院历史系信笺

台客先生：

正当我住院治疗痛苦万分，生不如死的时刻，收到您寄来的信和您与陈福成先生救助我的200美元！她让我看到友谊的珍贵！她让我有了顽强活下去的勇气和信心！人的伟大，在于人品的伟大！陈福成先生和您是敬重的君子！

恰逢我的新书《心鸣录》出版，寄上本给您，请指正，并在贵刊上登一书讯。

我将另去信给陈福成先生，并给他寄去《心鸣录》，以示衷心的感谢！

我目前仍处高烧、疼痛之中，没有办法！经您的帮助使我得安乐。有您和陈先生等诗人的友谊，我将拼命的活下去奋斗！草成于病床之上，见谅！

祝安！

愚弟：周兴春
2006年5月

注：另附诗稿，如盼见于夏季号。不行则弃之！

电话：2303088转846

第　页

陳福成先生：

您好！

很高興重慶會面一見，只是由於會議期間我們未能聚一起暢談，亦頗感遺憾。

其實，我也很早以前便聽詩友談起你，對你詩文作品是敬重的。

回去細看，本想早點給你寫信向你請教的。只是剛下火車，便遇上編輯的雜誌自費，不得不通知會員來信，走訪地源，再加上重慶館刊系列選編出版，我又寫一篇懷念麻雀老師的文章，所以沒有寫完的，還請你多保諒，敬請見諒。

我八十年代開始寫詩，迄今已發表1300多首，出版了10本詩集，其中每本中英文對照。另有兩本對聯楹聯詩的評論集，今將兩冊贈給臺灣校編詩每一本，以詩歌鑒賞中會友，請批評一二。更希望你能够对拙诗著文，给我具体指导和鼓励。大作我将收入即将出版的由钱志富博士主编的《王学忠诗歌现象评论集》一书中。

我觉得诗人要用真情实感创作，还要有一种责任和担当，诗人要对社会负责，对人民负责，并勇敢地向社会上的一切丑恶挑战。

能认识你很高兴，多多指教，问全家好！

祝

文祺

王学忠

2009.11.22敬上

陳福成先生：

您好！

十分高兴读到您赠送我诗集区的大著，写的很好，真的是和祖国大陆的诗评家写不出的，这么的大陆人多数认为"资本主义社会的多党制太腐败"，看来不是那样的。

你为诗人、诗评家，我认为是能知识分子的，写诗不仅只写那些风花雪月，还要关注民生，反映真实的变化的社会。读了您已出版书的目录，知道您的领域是个大家，军事、政治、经济、文化。我一定好好向您学习。对了，大著价如有电子版，麻烦您发我邮箱。

在西南大学开会时候只匆匆见了一面，还惦着未能畅谈。不过，我看了一下照片，照面还是有缘的。封面您看过的那个就是我的。我们在这里是重庆高育李陽教授叔兄：

能以詩集彼寄达，隨後寄上拙作傳記論中之本詩集的發布文集。請指教一番。再次謝謝您，祝您在新的一年繼續得到您的支持，幫助和您全家好！

祝

萬事如意

陳

2016.2.22 敬上

陳福成先生：

您好！

寄來的大著《中國近代戰爭亦心畏根本探索》《大浩劫后》以及《台商園》20n夏季寄的均收到，謝謝！

從報刊上得讀你的作品，知你不僅是一位少有積極的詩人，同時也是一位知識淵博的學者，政治經濟、軍事、文化、歷史無不精通。寄來的這本書，對國共兩黨在大陸還是台灣皆有論一直，而你卻從另一個角度分析了他，擺事實、講道理，令人信服。

你那篇評談洛夫詩的大作已收入《長詩書寫的精神與詩性——評談洛夫詩歌評論集》一書中，估計再過些日子便可出版。

隨信寄上我已出版的九本論詩集，從中可看到我這些年的生活境況和詩歌創作之路。我想趁隨後寄上我的現在還可找到的全部詩集和評論。

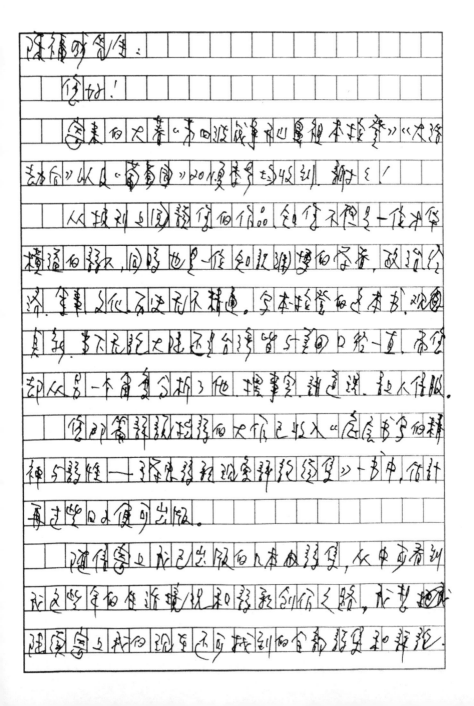

敬請抽空一閱、研究、批評、指導。

最近中國社會科學院的《文學評論》第3期，刊發了江蘇大學學院/文學院副院長[illegible]的文章《廣度、深度與抒情倫理——以[illegible]的詩歌創作為例》一文，受到詩歌界及中國學術界廣泛關注。另外《文藝理論與批評》《詩國》也刊發了[illegible]和王珂博士合寫論我詩歌的文章。

我與您相識有緣，祈望支持、指導。問全家好。

祝

中秋快樂

[illegible]

2011.9.9 敬上

福成先生：

您好！

很高兴收到11月18日大札，也很激动，谢谢您！

在当下经济社会里，无论在台还是在大陆，我们这些把生命献给文学和诗的人都不容易，也许在大陆中国尤为艰难。知您正准备系统地全面对拙诗撰写系列文章并编辑成书，给我指导和鼓励，很感动！

再随信寄上我以前出版的几本小书，可作为您撰写文章时的资料、参考。

您博览群书，作品涉及诗歌、文化、政治、军事、经济，令人敬佩。与您相识、相交很幸运！

祝

文祺

[illegible]

15×20=300　第　页

2011.12.6 敬上

陈福成兄：

　　您好！

　　第二次寄来的书还未收到，我已给他们打了七、八次电话，打的是邮政的电话，海关的电话无人接，我给她们说，包里的书一不是违禁品，二不是商业销售，允许给我多少就给多少，余下的如数退回即可。但她们说海关方面还要请示领导，我让她们给海关说说，她们说下一个单位不好说。

　　中国的真实情况就是这样，政府官员及各部门，平时皆无作为，出了事，一旦被他们撞上，便逃不脱了。那些高层能够千方百计地走私，老百姓要给亲友们寄几本送朋友看的书都不行。您给出版社说说，让他们找物流公司负责货物的去向，说收货方至今未收到。这样即使海关不给我送，也不敢随便处理的。寄上几份刊登大著出版信息。再次感谢支持！

祝

好！

[illegible]

2012.7.20日

第　页

福成兄：

您好！即将到来的春节好！

去年下半年听说您身体不太好！没有来大陆参加一些诗会，最近可痊愈了？希望有空安排时间来安阳看看。安阳地处中原，很古老，有很多遗迹和故事。

关于我的那本诗论文集，目前已编校完毕，书号也拿下了。贺敬之、贺俊给我分别作序，约440页，估计不久可印出，届时再寄上。

前段时间，我把我们安阳的"秋水"将您评说我诗的大著选了一章发表，由于那些字是繁体字（机器在扫描时把繁体字认别错了），定稿时未校出，产生了10多个错字，一直不好意思给您寄。现寄上一本留念。多多指正，再谢支持。

祝

新春好

[illegible]

2015.1.27 夜

福成兄：

《性情世界》大作收到多日。因忙于为文论稿，迟复为歉。

首先感谢你的一片真诚。用心血写成的书翻阅两遍，不知说什么好，也不知怎么去说。总感一股热流从书头到书尾，给人以激情奋进，思绪无尽的感慨启示。我没有能出过书，但对出书的辛苦略知一二。作为兄弟，再次致谢，老兄辛苦了。今后期盼老兄佳作连连，我当以拜读。

伯以兄将我的地址及手机号码带给笛兄后，《风梅报》尚能寄来。

福成兄：

您好！

首先感谢支持。

这是又一本针对我的诗的"论集"，畅所欲言，百家争鸣。大多文章分析还是挺认真的，写出了自己的看法和当前社会的走向及诗歌命运的关注。

我从您的大著中选了第一章收入该集，我觉得您的这一篇谈了我和我的诗的军旅、书写一面，有别于其他评论家选取的角度。从整书看更显得是全面论述了。

与以前出版的两本评论集相比，这本更显得厚重了，选进的文章也较多些。（这是主编是从网文搜出来的），您是这里评论大家，快手，也是我的知己兄长，能否针对它，再谈谈看法？

祝

春安

[illegible]
2013.3.11日

20×15=300 第 页

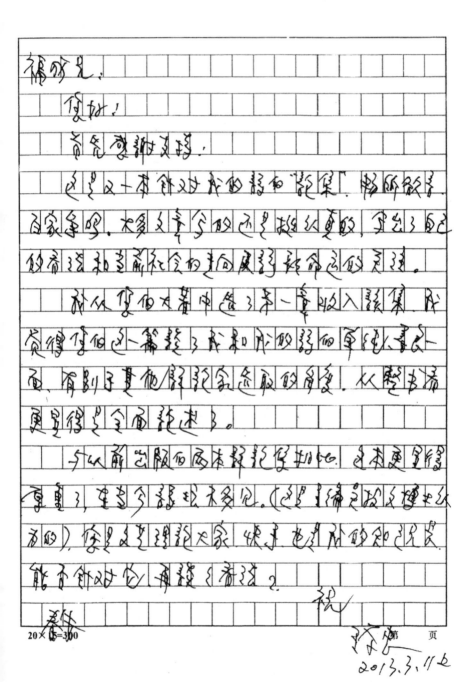

读你感悟的诗，爱意甚浓。也许这就叫人世间之缘份吧。以后大陆需要帮忙，请来函指教。再次欢迎有机会前来阳泉。

顺寄近作几首，可否在你们诗刊上发表。期待。

顺祝

安康

冯福根

山西阳泉

2012.4.15

超级婚礼

一有钱于山西某老板耗资7000万元为女儿举办

婚礼

文坛名嘴变色

从四面八方

汇聚济南

为文宣

构织奇异梦想

钞票充当红娘

礼仪

陷入迷茫

2012.4.15日.

中国《诗海》诗刊编辑部

陈福成社长：您好！

望您于百忙中，给我绥中县县长贾建彪寄来您的大著，地址是：辽宁省绥中县人民政府，邮编：125200，并要签名。夹一封热情洋溢的信，说一下我俩的关系。并希望您能来绥中访问！

此致

祝创丰！

金土 2012.7.17

地址：辽宁省葫芦岛市绥中 118 信箱　邮编：125200
电话：0429-3657052　13130974963

福成先生：

您好！來函及大作共計四冊已收到，十分感謝您的盛情。寄來的書我皆喜歡，定當認真閱讀，我們綿中正處於大發展之際，且交通便利，盼有空暇時來看看，我及同仁將十分歡迎。

祝安康！

羅建蘭於綿中
2012.9.8.

陈福成先生：

寄一份成都报纸《晚霞报》给你。

给你的这首书信诗改了两个字，将吉它改为琵琶。我知道你会弹吉它，但那是外来乐器，琵琶是中国乐器，古已有之，故改，这样更加符合实际。

我已年迈，走不动了，不再外出参加约会了，今年西南大学诗学会，我已请辞，不能再去重庆和诸位见面了。很高兴结识你，今后只好书信交流了。歉甚。

问好！

[illegible]

2012.8.23

陳福成先生：

您好。

為您作了一副嵌名小聯，書了在牽上，敬請大鑒。聯為：蟾蜍向山祈洪福，膽液涂地功告成。

二〇〇八年十一月二十日

陳猴昕

貴州大學

陈先生：

您好！

我叫龙梅，是贵州大学图书館的一名管理员，此次冒昧的给您写信，主要是最近看到您准备给我们图书館捐赠图书一事所感动。作为一名中华儿女，时时刻刻都惦记着祖国大陆的炎黄子民，此举亲佩。

此信是以我个人的名誉书写的，我看过您的重要著编譯作品的书目，很遗憾，没有看过您的作品，看得出您是一个很有才华的作家，

貴州大學

还有一颗爱国之心，对我来说都是望尘莫及的，我想在不久的将来一定能看见您及拜读您的作品。

另外，我准备在放寒假之时，也就是在2013年元月中旬去台湾，此行的目的是旅游，探亲，访友，不知道是您否能在百忙之中，见我一面，不甚感激。最后，祝您及家人健康，平安，幸福！

此致敬礼！

手机 13984052554　　龙梅素 笔.

QQ 380618068　　2012年12月4日

貴州大學

尊敬的陈先生：

您好！

2013年1月10日，收到你的来信及你寄过来的包裹（书），一共四包，均已收到。此刻，让我深深的震撼了！震撼你渊博的学识，精深的思想，感觉你是一位超凡脱俗的智者，你让我想起，人之所以高贵，就在于人有思想，获得了灵魂，有着广阔的精神世界。

不难看出，一个饱满的灵魂，孕育的正是优秀的文化，而文化播撒的正是对人类及万类众生至高无上的爱。如果把生命比作人生之树的

貴州大學

根本，那么，文化便是人生之树的果实。

我们每个人都应该学会更多地了解和观察自己心灵深处那一闪即过的火花，充分挖掘自身的潜力，而不是受外界影响而妥协，放弃自我。"成为你自己"，每个人都是一个宇宙。如果不是这样的话，你不可能出这么多的作品的。

龙梅

輯三：淡江風柔文曉村

年青時代耍酷！

人生，一路爬到這裡！

NO. 1.

淡江夕陽下，晚風柔

・讀張朗遺著

文曉村

詩人張朗兄，因肝癌不治，於二〇〇五年十二月十五日走了。大去之前，分別請詩友麥穗和台客幫忙，編輯校對，由台北文史哲和台中文學街出版社，於二〇〇六年一、二月，出版了最後兩本書：《詩話中華‧三代篇》和《繁花五韻》。可惜，他都未及看到，而成絕響的遺著。

張朗，本名張鎮義，一九三〇年，生於湖北省孝感縣。一九四九年隨國軍來台，先後畢業於軍官外語學校英文正規班第九期及台北大同工學院機械系。服務軍職二十八年，官至中校，退役後，在大同商工擔任教師十五年，一九九二年退休。晚年住在台北縣淡水鎮，遺有子女三人：長子應康、次子乃康，女兒云光，均已學成就業。

張朗詩齡頗久，一九五一年即以張立中筆名，在《野風》、《新詩周刊》發表新詩。後

2.

因觸犯軍方禁忌，被迫停筆。直到脫掉軍衣，才又重拾詩筆，回到詩壇，並在一九八五年，得到國軍文藝金像獎短詩佳作獎。稍後，也曾受邀加入「秋水」和「葡萄園」詩社，一九九三年八月隨「葡萄園詩社大陸訪問團」，前往北京、開封、鄭州、洛陽、武漢、重慶、貴陽等地，與各地文藝社團、大學文學院等訪問交流。但因個性關係，難免格格不入，旋即退出詩社活動。惟一使其始終不渝的，則是一九九三年六月，由一群從戰場退休的詩人，所組成的「三月詩會」。該會為無形團體，不設會長，每月第一個週末聚會一次，由會員輪流召集，命題創作，相互討論，以提高詩歌藝術為唯一目的。張朗在這個團體，如魚得水，表現得十分活躍，因見解不凡，贏得「修理廠長」的雅號。因直衷批評，也一度在大同學院（今改大同大學）校刊「大同校訊」，寫專欄評詩，惜未結集成書。

張朗真正熱衷的，仍是詩的創作，包著遺者，共出版詩集九本：「一千個希望」、「飄

NO. 3.

水花》、《淡水馳情》、《心靈的腳印》、《詩話江山勝蹟》、《兩岸江山兩岸情》、《詩話中華・遠古篇》、《詩話中華・三代篇》、《繁花五簇》等，在同代詩人中，可謂成果豐碩。

張朗自視甚高，連續出版幾本詩集後，以為必能獲得詩壇的熱烈反應，結果未如所願，在某次詩友小聚中，他曾憤然宣佈已將出版不久的一本詩集《淡水馳情》存書全部焚燬，或當作廢紙丟給垃圾車，可知其內心的掙扎、痛苦。但從二〇〇一年出版《詩話江山勝蹟》後，我覺得張朗已經走出了自己的道路，信心滿滿。

《詩話江山勝蹟》，與一般只有詩作的詩集不同，而是有詩有話（文），詩話聯璧，亦即在每首詩後附一篇與詩有關的說明文字，既可幫助讀者瞭解詩意，進入詩人預設的意境，也能給讀者帶來閱讀的別趣或啟發。我曾以一篇短文推介這本獨具風格的詩集（見台灣商務印書館拙著《雲白梅香費評章》內〈名山秀水

NO. 4

采風」一文」。這本與眾不同的詩集，收詩一〇五首，其中書寫大陸江山勝蹟的八十二首，台灣部份二十三首。茲以我在評文中所舉「六尺巷」一詩為例，見一斑而窺全豹，與讀者分享。

六尺巷

爭牆的人走了
讓地的宰相也走了
兩邊歷經滄桑的宅第
早已忘記當年舊主人
只中間六尺寬的長巷
叫好多人來懷念他們

六尺巷在那裡？「爭地的人」和「讓地的宰相」是誰？如果沒有一段考據性說明文字，恐怕很多讀者都會有丈二金剛摸不到頭腦之感。下面是該詩之後的說明文字：

「六尺巷在安徽桐城西後街，巷寬六尺，長約百米。

清康熙時，葉姓人家跟當朝宰相張英家爭

NO. 5

地，互不相讓，家人寫信給張英，要他運用宰相的權勢壓制葉家。他收到信後，頗不以為然，回信是七言絕句一首。詩曰：

一紙書來只為牆，讓他三尺又何妨。
長城萬里今猶在，不見當年秦始皇。

張家的人收到信後，依照張英的意思，也拆牆退讓三尺。葉家的人感到很不好意思，也退讓三尺，所以留下了一條六尺寬的巷子。」給我的啟發是，台海兩岸明爭暗鬥，不知兩岸掌权者，是否也能領悟到，「讓他三尺又何妨」的智慧。

《詩話江山勝蹟》出版之後不到兩年，張朗文在二〇〇二年由詩藝文推出了同一類型，有詩有話的新著：《兩岸江山兩岸情》。該書收詩一三二首，沒有序文。但讀者不難發現，不論是讚美江山如畫，如〈桂林市〉、〈遊西安碑林〉，或批判歷史，如〈豫讓橋〉、〈華清池奇想〉，或觸景生情，借古諷今，如〈三藏塔〉、〈六合塔〉、〈望夫石〉等，無不各有其寓意。或即從「兩岸江山兩岸情」這七個

NO. 6

字，讀者似乎也應該能夠体悟作者更深一層的用心，是否也是冀圖通过吟詠兩岸無限美好的江山，以促進兩岸人民血濃於水的親情呢？我以為：是的。這裡，試舉一詩為例。

墾丁青蛙石

你的族類
棲於水，也棲於岸
很納悶
為何你在水湄許久、許久
不躍入水
在岸緣又不回頭上岸
听完你的故事　才恍然
此岸不是溫馨的鄉土
海上也沒再駛來
千年，萬年前錯过的那班歸船

作者在附文中說，台灣墾丁海邊這塊青蛙石有一個很浪漫的故事，相傳：「它是搭乘一艘觀光船偷渡來台觀光的蛙王，因貪看墾丁森林遊樂區的美景，忘記返航的開船日期。隨他

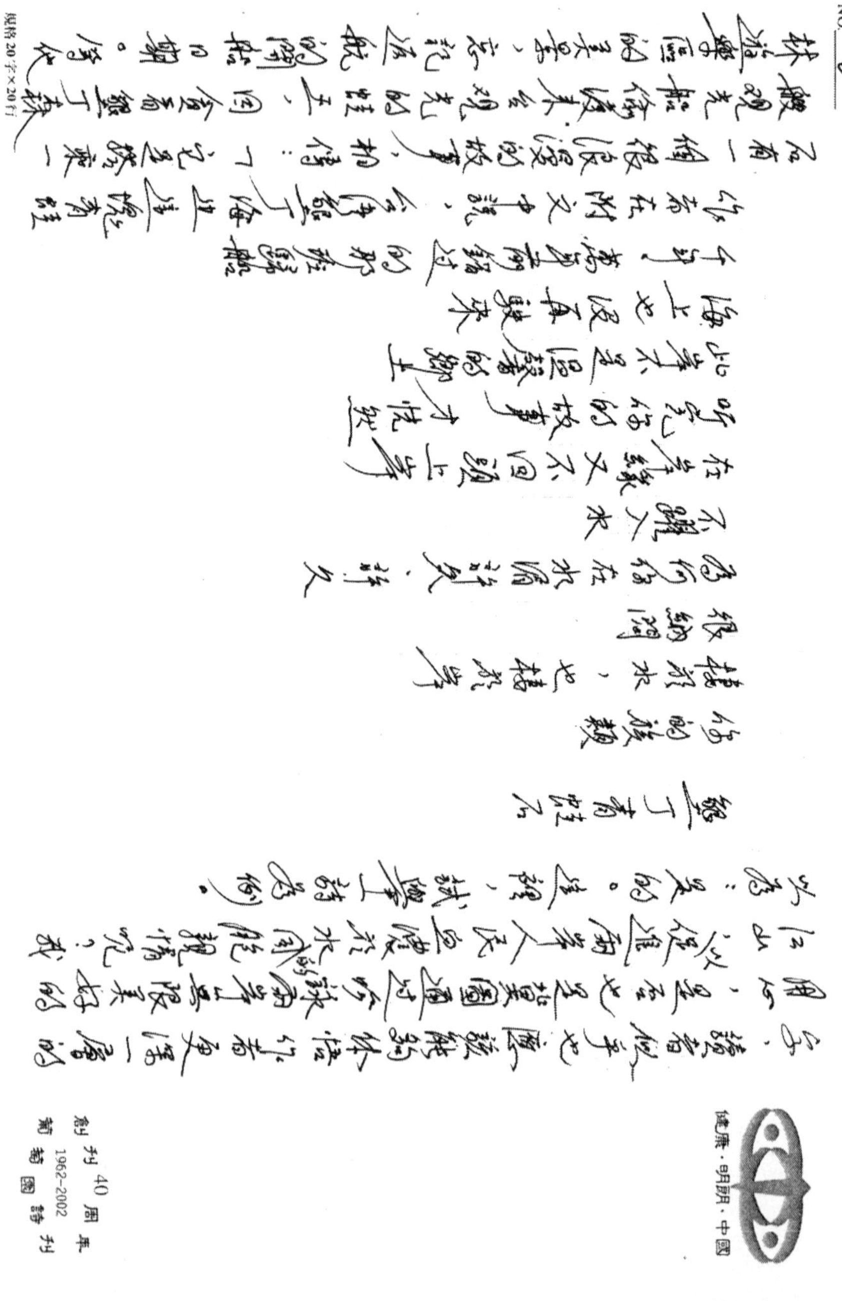

NO. 7.

看飽了美景回到岸邊，船已回航多日了。此時，她後悔已來不及，便坐在來時登陸的海邊，等那班船再來。可是，那班船沒再來。她晝夜思鄉，不吃不喝，不久就變成了一座巨大的望鄉石。」也就是所謂的「墾丁青蛙石」。

· · ·

用詩話連璧的方式，寫過《詩話江山勝蹟》和《兩岸江山兩岸情》之後，張朗把目光回到了中國的歷史文化，決心要寫一部《詩話中華》的詩史巨著。張朗是一個行動派，劍及履及，動作很快，二〇〇四年五月，《詩話中華．遠古篇》，便由詩藝文出版了。此為這部詩史巨著的第一本，我只看了書前的序詩：〈中華．我的國家〉，便立刻撥電話給張朗，表達我由衷的欽佩之意。並說，如果這部具有獨創性的大書能夠早日完成，張朗想不成名也難。甚序詩全文如下：

中華．我的國家

如果把你比作一棵參天巨木
想怕連你自己也記不清
春雨秋風在枝幹裡
鏤刻了多少年輪

規格20字×20行

NO. 8.

健康·明朗·中國

[illegible]

從荳芽創刊 到
現代科技大國
光碟般的歷史斷面
雖僅五千匝成長記載
從萌芽於盤古開闢的天地間
到有巢氏來枝頭築巢
你心中的千千結
誰能一一解讀

今天，你堅逾鋼鐵的枝幹
支撐著如巨大傘蓋的樹冠
庇護三江五湖哺乳的國土
也庇護著附
大小群落鑄成的中華民族
永遠繁衍綿延

我是一隻愛唱歌的彩羽鳥
天天在你的枝頭快樂地歌唱

創刊40周年
1962–2002
葡萄園詩刊

規格20字×20行

NO. 9

唱出对你的愛與崇敬
唱出对你的祝福與期望
也唱響你的年輪裡
亙古的雨聲、風聲

中國的遠古故事，多是神話與傳說，但形之於詩，卻不能憑空杜撰。張朗的《詩話中華・遠古篇》亦然，從許多詩後的說明文字中，(可知)他是參考了許多野史文獻，如《中國神話與民間傳說》、《上古神話演義》、《歷代帝王傳奇》、《中國歷代名人勝蹟大辭典》，以及柏楊的《中國人史綱》、《白話史記》，和近代出土的文物，自然也有作者的想像，甚至主觀的批評。

在分章書寫上，不採傳統的三皇五帝為序列，而是在三皇之前，增列「開天闢地」、「人類誕生與繁衍」(兩章)，三皇之後，又增列「五氏」（有巢氏、燧人氏、伏羲氏、女媧氏、神農氏）；五帝則分列為「黃帝時代」、「從黃帝時代」（含帝顓頊、帝嚳）；帝堯、帝舜另列「唐虞盛世」專章。各章以組詩方式推進，人物

規格20字×20行

健康・明朗・中國

創刊40周年 1962–2002 葡萄園詩刊

NO. 田10

故事，交相輝映。寫作方法，仍沿用詩後附文，詩話聯璧，共得詩一七六首。由於發揚中華的立意恢宏，技巧表現上，華實紛陳，美不勝收，令人有深入寶山的收穫。果然不出所料，二〇〇四年底，張朗即以此書，榮獲中國詩歌藝術學會頒贈的，第九屆詩歌藝術創作獎。

• • •

張朗未及親自看到的《詩話中華・三代篇》和《繁花五箋》，是其一生創作的高峰，絕對有價值、有看頭。先說前者。

中國歷史進入夏、商、周三代，已經由傳說故事到達有文字記載的信史，張朗運用的材料更為豐富，不必細說。《詩話中華・三代篇》，由夏禹、夏啟、少康，到末代夏后的夏桀；商朝成湯、太甲、武丁、武乙，到商紂；周朝由姬昌、成王、到西周末代的幽王，書寫的人物達六、七十位，故事不下百則，得詩一七四首。仍是有詩有話，一目了然。東周的春秋戰國五百年，因為思想文化空前發達，典章制度更為周全，登上歷史舞台的人物，數以百計

NO. 四. 11

，作者沒有列入三代，可能是預定的《春秋戰國篇》。以下的秦漢、三國、兩晉、南北朝、兩宋、元明清，恐怕要由有大志的後起者來接筆，否則，便難免成為遺憾的絕響了。

《三代篇》，真的是華采連篇，很有看頭。茲以三首小詩為例，請大家欣賞。

封建

譯成現代語言：
地主世襲制度

讀古詩人的舊句：
「普天之下，莫非王土」

宗法

王公卿士的權位繼承法則
保送出可富貴者至上壘
不論賢愚不肖

共和

NO. 012

如果歷史是一匹
不吃回頭草的好馬　堅持
沿著共和大道嚼食芳鮮
不停向前的馬蹄
把二人共和歸成
四人，八人，十六人……
今天，全世界的
民主政治發祥地便是
中國
鏑京

~~封建宗法制度~~

封建．宗法制度，雖為中國儒家稱頌的文明，但以今天以民為主的觀點來看，保障世主．帝王．公卿的世襲，不論賢愚不肖，均可安居上壘，当然是應該反对批判打倒的。張朗的批判諷刺，一針見血，有若史家之筆，讀之[怎?]能不由衷的喝采！周朝周公．召公共同攝行朝政，史稱「共和」的美談，張朗讓它和今天的民主政治掛鉤，絕非民粹的自吹自擂，而是中

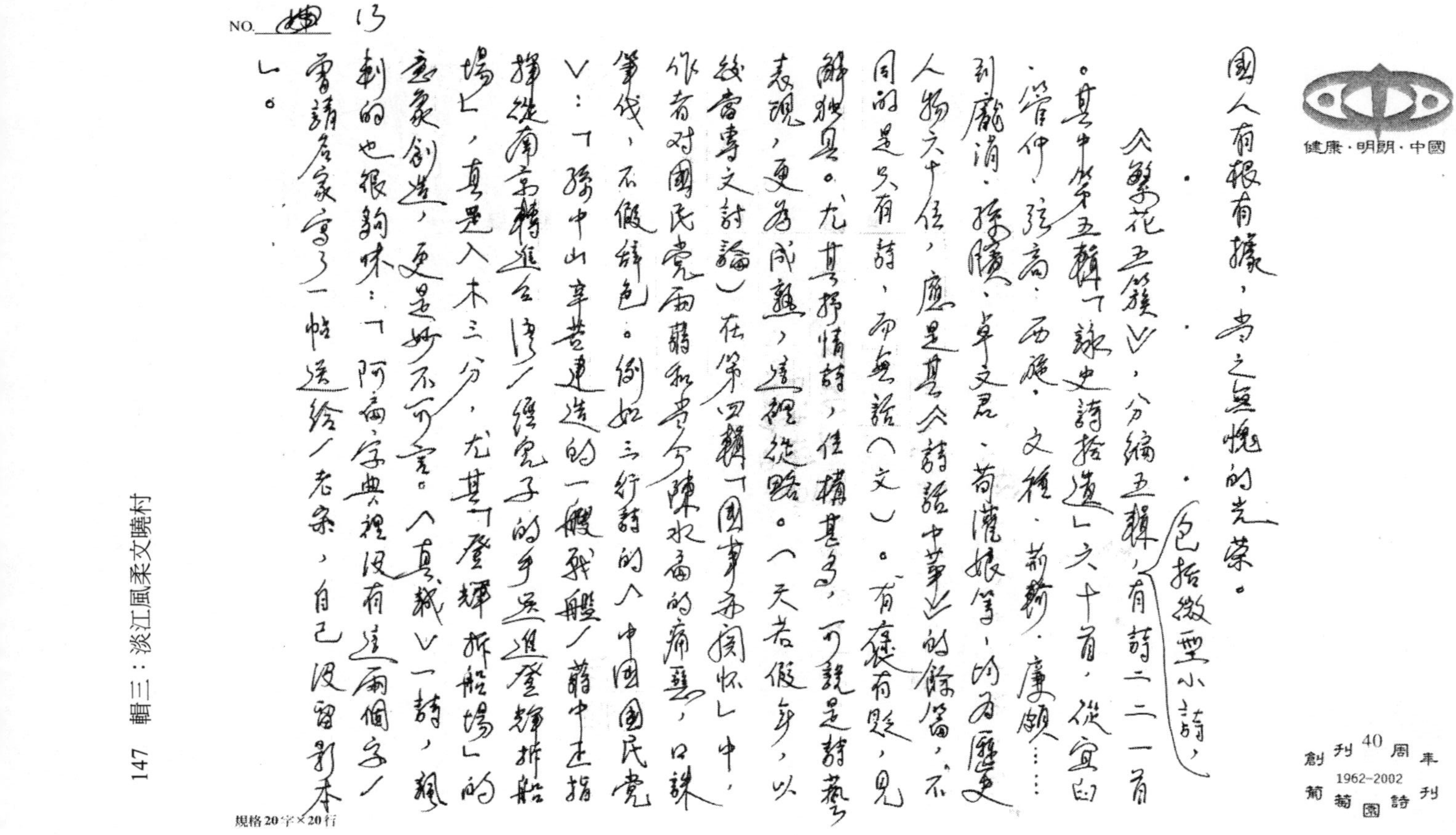

NO. 17

國人有根有據，當之無愧的光榮。

《繁花五簇》，分編五輯，有詩二二一首（包括微型小詩），其中第五輯「詠史詩拾遺」六十首，從宜臼、管仲、趙高、西施、文種、荊軻、廉頗……到嚴消、孫臏、卓文君、荀灌娘等，均為歷史人物六十位，應是其《詩話中華》的餘篇，不同的是只有詩，而無話（文）。有褒有貶，見解獨具。尤其抒情詩，佳構甚多，可說是詩藝表現，更為成熟，達經從路。（天若假年，以後當專文討論）在第四輯「國事與關懷」中，作者對國民黨兩蔣和當今陳水扁的痛惡，口誅筆伐，不假辭色。例如三行詩的〈中國國民黨〉：「孫中山辛苦建造的一艘戰艦／蔣中正指揮從南京轉進台灣／經國兒子的手送進登輝拆船場」，真是入木三分，尤其「登輝拆船場」的意象創造，更是妙不可言。〈真誠〉一詩，諷刺的也很韻味：「阿扁字典裡沒有這兩個字／曾請名家寫了一幅送給／老宋，自己沒留副本」。

規格20字×20行

健康·明朗·中國

創刊40周年 1962~2002 葡萄園詩刊

NO. 14

張朗因早年寫詩，遭受白色恐怖的迫害，停止詩筆二十五年，對於兩蔣的不滿，在詩友間，從不掩飾。他在〈人生九則〉的第一首中，也有某種程度的暗示：「自從當年離鄉背井／就在明槍暗箭裡走人生／滿身傷疤是生命頒發的獎牌／獎賞我一次次死裡逃生」。

但人過七十，進入晚年，也許人生的歷練夠多夠深，人生的境界和詩風，已慢慢進入敦厚溫柔的階段。這從他二〇〇四年獲詩歌創作獎時，所寫的〈得獎感言〉第一段的詩中可以看出：「七十五歲得創作獎，不知／應該沾沾自喜還是該羞愧／唉！既無可喜也不須汗顏／昨日今日，一樣風輕雲淡」。

最能表達張朗人生境界的，莫過於二〇〇五年八月三十一日，他在病床上所寫的絕筆之作〈人風—病中吟〉。全詩六節，最後兩節是：

如果人生還能選一次／和風
任它吹皺一池春水

NO. 15.

健康·明朗·中國

我祇愛有愛的人間

若問起我現在的詩情
寄語詩壇諸好友
淡江夕照下　晚風柔

淡江是淡水的別稱，是張朗久居之地，夕照下，有若李商隱的名句：「夕陽無限好，祇是近黃昏」；晚風柔三字，道盡了詩人臨去的心境。現在，就容我以「淡江夕照下，晚風柔」為本文做結，並以之贈詩人在天之靈，願老友哭納。

二〇〇二年五月一日
於台北縣中和市文廬

創刊40周年 1962-2002 葡萄園詩刊

規格20字×20行

健康・明朗・中國
創刊40周年
1962-2002
葡萄園詩刊
福成兄：
2247.1920
2246.9283
規格20字×20行

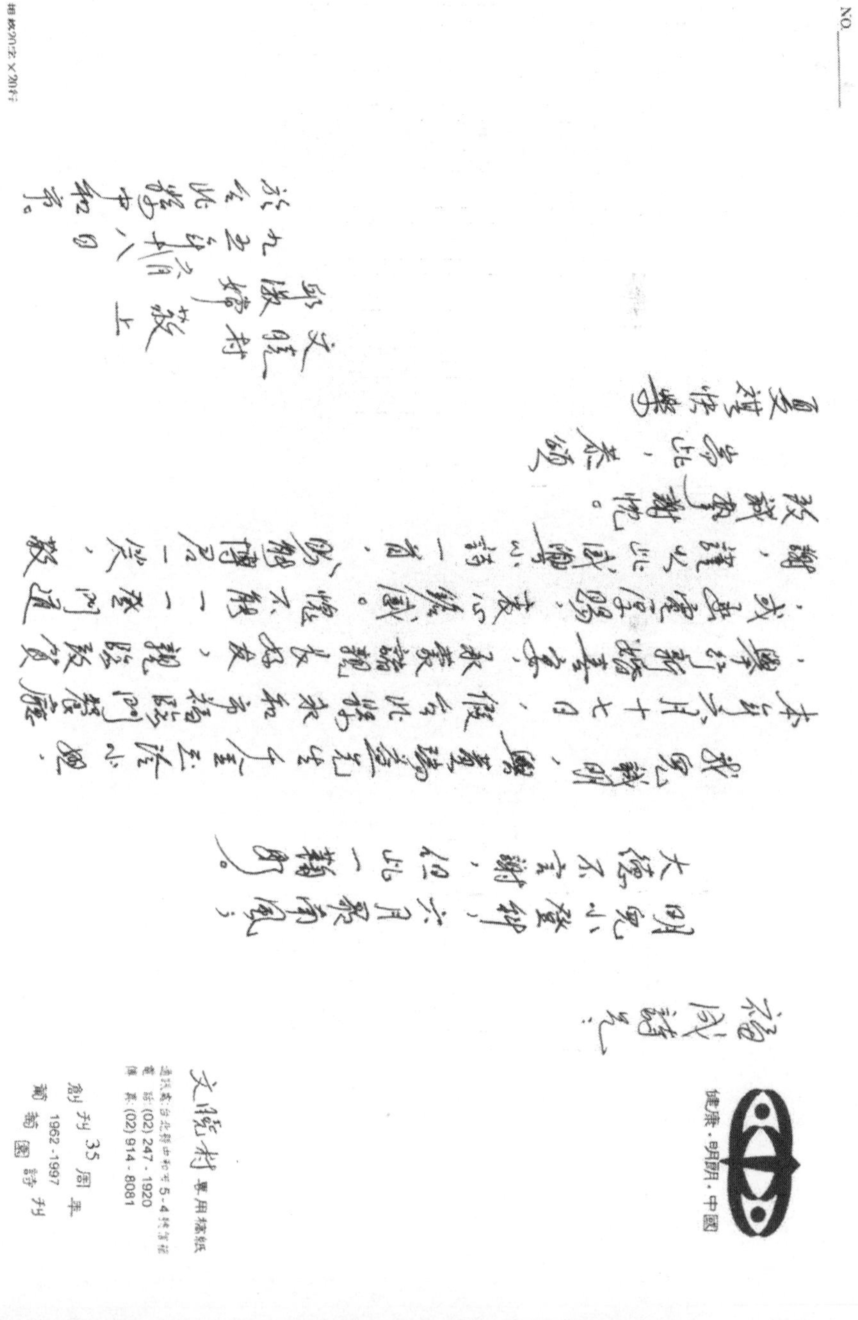

NO.

福成詩兄：

明兒小登科，六月飛南風；
大德不言謝，但此一鞠躬。

我兒誠明，與黃瑞益先生千金玉玲小姐，本年六月十七日，假台北縣永和市福臨門餐廳，舉行新婚喜宴，承蒙諸親長好友，親臨致賀，或惠電厚賜，衷心銘感。愧不能一一登門道謝，謹以此感懷小詩一首，聊博君一笑，敬致誠摯謝忱。

耑此，恭頌
夏祺快樂

文曉村
邱淑嫦　敬上
九五年六月十八日
於台北縣中和市。

文曉村　專用稿紙
通訊處：台北縣中和市5-4號信箱
電　話：(02) 247-1920
傳　真：(02) 914-8081

創刊35周年
1962-1997
葡萄園詩刊

健康．明朗．中國

規格20字×20行

輯四：秋水一段緣

緣起於詩的一群秋水朋友

緣起於詩的一群秋水朋友

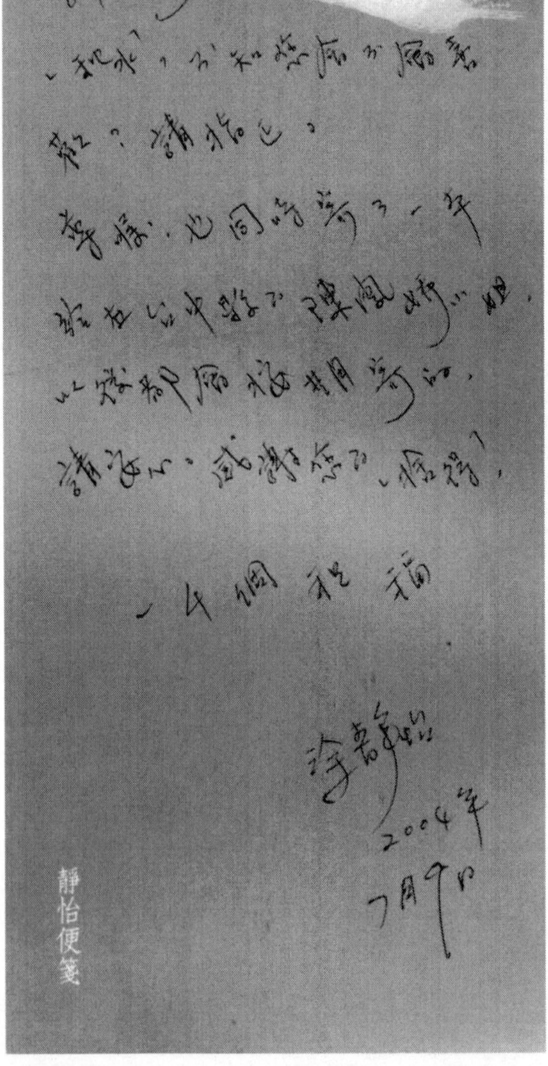

陳教授：

您好嗎？

奉上剛出版的122期「秋水」，不知您有沒有喜歡？請指正。

李瑛，也同時寄了一本給在台中的陳鳳嬌小姐，以後新刊將按期寄給，請放心。感謝您的「指導」，

平安祝福

涂靜怡

2004年

7月9日

靜怡便箋

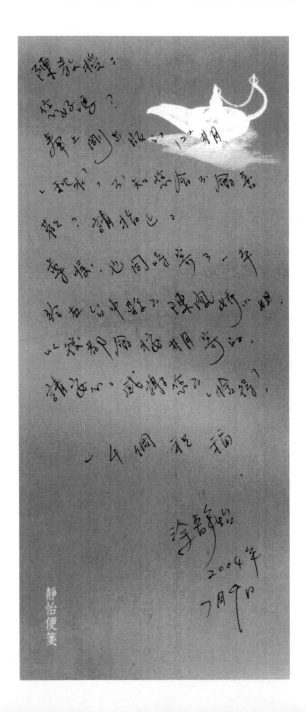

稱成詩弟：

可以這樣稱呼你嗎？這樣的稱呼親切些。詩友們都叫我「靜怡姐」或「涂姐」，同仁們稱我「大姐」，你想想怎麼稱呼順口，你就以「姐」來稱呼好嗎？

那樣感人的「詩信」，可不可以刊出？或者，你也要像以前那樣，「序」、「前」「呼籲」？

二本著作都收到了，哇！好美的二本書啊！

我明天一早出國，到北京去參加「二岸女詩研討會」，8月4日回來，你的書等我回來再細讀。

你是一位深情的浪漫詩人，寄來的名字刊在「詩屋」贊助下欄內的「同仁」吧？表示兄弟情深，122期的「秋水」已寄出。寄給北京的嫂嫂陳鳳嬌女士了，請放心。再一次感謝！我不會忘記你對「詩屋」的夢想的。

一以綢 雅稱

涂靜怡 2004年7月23日

涂靜怡用箋

福成詩弟：

很抱歉！人老了，近年來常常忘東忘西的，重覆做一些不該錯的「錯事」，十分慚愧！出去訪問前才收到你的信，因為很感人也很難得，想以「秋水書簡」的方式刊出，不料，大大未接弟的訪問回來，竟忘了這件事，在收到你二封信後，又寄出了一些……，其中「紫色書囊」還寄第二次，其實，秋水上期已經寄出了，那是2000年出的書，不知何以寄同一本，留著自己收藏？「認識」、「秋水」也請暫時不要急著寄，等有感覺再寫，因為，篇幅不夠了。詩的存稿和文稿都太多。下一期就先發表你的「書簡」好了。真是對不起。請別見怪。

人個　認錯

涂靜怡
2004年
8月8日

福成詩弟：

你好嗎？每一次讀你的信，都感覺好親切！好溫馨。

收到你的三本大著後，「從地獄歸來」及「尋找一座山」就知道你是一位多方面都很傑出的詩人作家。能詩，能文，不同調的個性，使你一切都那麼有活力。

謝謝你對「秋水詩刊」的關心！目前詩刊已整好了，預計12月出刊，可是經費，只好向銀行貸，以20年來償還。我知道，這麼多年來日子過得很辛苦，但不後悔，對「秋水」我找到了歸宿，再辛苦，都值得。

因為，希望就要成真了。感謝你的關心和付出，我一直不知該怎麼說，你的好話，我會永遠記得。在我最需要幫助的時候，是你伸出了援手，對你的感謝，是說不完的了。

如有20-30首以內的抒情詩，請惠賜，好早一點成為「秋水人」。你已經退休了，不是嗎？「秋水」都31歲了。我也老了不少，這輩子有些遺憾，但我會珍惜。謝謝賜稿。每天讀一些，可以多認識你一些。

一切順福

涂靜怡 2006年9月2日夜

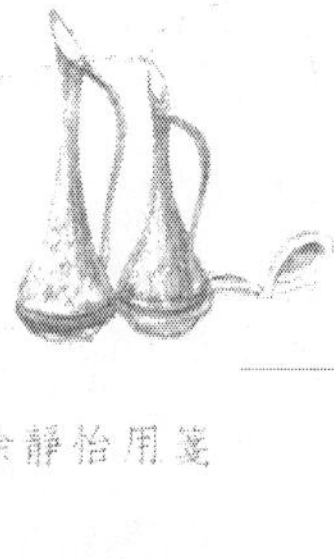

涂靜怡用箋

福成詩弟：

你好。

三首詩收到了，覺得「守著一抹藍天」比較好，就安排123期的「秋水」發表了，請不要另投其他刊物，好嗎？「秋水」的詩稿一直用不完，排隊的很多，所以不希望一稿二投，也不想轉載，請諒解。

就要成為「秋水詩家族」的成員了，便要為你建檔，奉上基本資料卡，請撥空填寫，最好是手稿，因為，你的資料，將來要陳列在「秋水詩屋」內，拜託你。右上角也請貼一張你的小照。如果不介意，多一張小照，也可以隨你的詩刊出。

信箱是31年前我在「司法大廈」上班時，為了方便取信，古丁老師創辦「秋水」時設立的。我早已離開信箱二十多年的地方工作，退休後更遠，開一次信箱要轉三次公車，辛苦極了。但那信箱已不再是信箱，是我心中的「老友」，捨不得換，你能體會那種心境嗎？「詩屋」年底就要落成了，心中的壓力無法形容，但那是我今生最後一個「夢想」了，我從不借一分去圖書，不足的錢，先預向銀行貸款，分10年償還。我喜歡「孤獨」，為「秋水」詩社付出就是我的「清福」了，跳土風舞，喝咖啡，從來不曾想過，除了非去不可的聚會場所，要見我一面，恐怕不是一件容易的事，謝謝你的惠稿。

涂靜怡用箋

一切順 祝福

涂靜怡 2004年9月10日夜

稱成詩弟：

你好。

謝謝你發動親情來幫助「秋水詩屋」，（我知道這一切都是你在暗中幫助）你的用心，我已深深感受到了。謝謝感恩，我不知道，還有什麼字能表達此刻的心情。

「以滿秋福

涂靜怡 2004年10月12日

（123期的「秋水」已經校好，希望月底能出版）

涂靜怡用箋

福成詩弟：

你好。不稱教授而稱詩弟，是覺得詩弟比較親切！

此刻是12月13日深夜，我才看完了你寫的「兩個世界的探索」，讀了好多遍，又不感謝你那以用以來讀我的小書，那以用以探究我的內心世界。其實，說「情詩」是我創作的主題，也是我比較喜歡寫的風格，沒有特定「對象」，只是抒情。

不出你意以猜想我的情感世界，二十多歲的時候寫一首情詩，就有很多讀者寫信來「追問」，問我寫給誰？我的回答通常是：「你認為我寫給誰，就是誰」。還有讀我的情詩的人，總是像你這樣「猜測」的。如此，[illegible]我如何寫下去？創作是一種「移情」，不一定要有「某人」，創作可以想像，不是嗎？20年來，我在詩壇是很自覺的，寫了那以多的「情詩」，其實都是「想像」的，在情感上，我承認是保守和如你所說的是「有潔癖」的，年輕時就這樣，很多時候，想像比較美，不是嗎？

你的這篇散文，[illegible]，對了，[illegible]，又不感謝你的細心，讀了我[illegible]的[illegible]評析，因為寫了「[illegible]」的，我的評不敢當了。（其實也不多，「我的」篇幅不夠）請告訴我，我如何處理，好嗎？感謝再感謝！

涂靜怡用箋

—[illegible]祝福

涂靜怡 2004年12月13日夜

福成詩弟：

新年好。今天是大年初一，山上好安靜，很適合讀書。

關上手機，我獨自走進書房，捧著「寄給一座山」，我在書房的一角「靜讀」。隨著你的詩行，從「寒月神木」，一路「瀏覽」，一路欣賞你由情深寄詠的詩的意象行走，從「漫觀松濤」，欣賞一座又一座的青山，瞬間，有一種錯覺，彷彿自己也是台大登山團的一員似的，置身在「我的詩意」找到心中的「桃源」。謝謝你在新的一年的第一天，就給了我那麼豐厚的見識。

過去的一年，過得好辛苦，肩上的壓力過重，我被困在印刷費用中。這一切，都過去了。「詩屋」已順利出了，雖只是空屋，但已很滿足。這一年來，我得到了你們熱心、熱情，對你的感謝，是深深的。我沒有能力，等有時間，等有能力裝潢，一定要請你來「詩屋」參觀。

你是一位深藏不露，謙虛樸實的人，從信中，我彷彿一步認識你了。

對了，那期「文學人」看到了嗎？44頁有鄭愁予先生寫你的文章。他寫的是發自內心的真心話，我也有同感。其實，你10年就有詩作了，字字句句，都已成了呢。可能也是文學人！

時間到了，謝謝！其實，我要的是大讀吧，沒關係，不急，也許下次吧。有機會在文學網站的下期就不定。到時候，我再用心拍照，我有很多的照片。

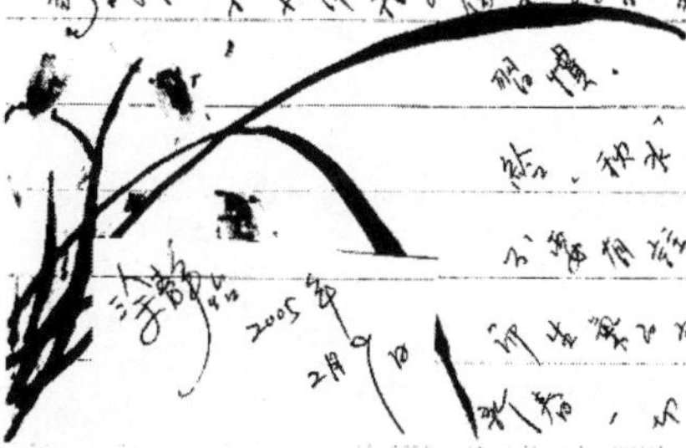

許達然
2005年2月9日

註：「秋水」的詩，還是希望能寫到一首，20-26行，不要有注解的。（如果你沒寫，就寄「寄書」的詩來，我再寄給你。）祝你新春，如意。

福成詩弟：

你好。謝謝你想的那麼周到，要為「秋水詩屋」認養「花花草草」，你的體貼，讓我好感動！不知說什麼才好。

其實，「詩屋」目前是「空屋」，還沒有能力裝潢，因為我想用原木來打造，它格調柔和，如此，才能合我要的「古雅」。但原木並不便宜，初步估價得花四十多萬。「秋水詩屋」的總價是340萬。除了100萬是100位詩友的贊助款，加上17位創始人（每人10萬，他們的名字將來要刻在詩屋內）剩下的70萬是向銀行貸款的。2005年元月已開始扣利息了，還有大樓的管理費，每坪100元，水電費等費，加起來每月要繳的利息和數屋共加一萬多元，對我來說，已是很重的負擔了。我想請詩友們再給我一些時間，我會努力省錢、攢錢，再來圓夢，好嗎？

你的「兩個世界的探索」真實寫的很好。如果能把這兩個世界的人分開來寫，用另一個角度重新切入，應該會是兩篇很深入的詩評。而且，分開寫，字數也會精簡一點，也比較好發表出去。如果你願意，可談我如何追求「詩屋」的理想，換個不同切入，因為，是可以放在「秋水」發表的。而綠蒂先生的，當然也可以寄給「乾坤」了。不知我這樣想對不對？

這個星期日上午10點半，我約了「秋水詩屋」

涂靜怡用箋

的劇場人看「空屋」，（韓善成也看了、周婷，劇場人的主意，是他出的）。

日子在平靜中有壓力，有期待，感謝你對「詩屋」每一次的付出。你那麼喜歡登山，登山一定很迷人吧？你的豁達心境，有山一般的胸懷。

你沒有趕上「秋水」三十周年慶，想寄一本30周年慶的紀念輯給你。（另寄）

一个個 祝福

涂靜怡 2005年2月21日社

涂靜怡用箋

福成詩兄：

你好嗎？

這陣都放暑假了，當老師的你，有沒有輕鬆一些些呢？你能幹，事業與教職，累不累？好在你尚年輕，趁此機會多寫點書，出版專著，為自己留下一些成績，將來好回顧。別像我，這把年紀了，就是有心想多做點什麼，都常感心有餘力不足了。尤其這一個月來，常暈眩，日子好像在昏沉之中渡過，有些可怕。上網開信箱，天氣太熱都很吃力了。我正就醫中，頭昏總是不尋常的，只是還查不出原因。

寄上新一期的「秋水」，也是在暈眩中勉強編出的，有你的作品，請慢慢欣賞。

可有新寫的詩？抒情、美、唯美一點的就寄給我好嗎？「詩鄉」的專欄做好，只是天氣熱，還得有精神撐著。一切慢慢來，急不得，謝謝你對「秋水」的好。

祝 閤府 祺福

涂靜怡
2005年
7月26日

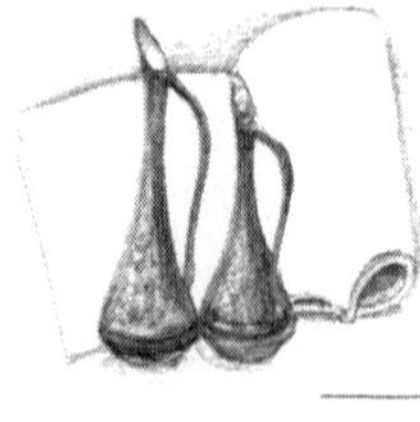

涂靜怡用箋

稿成詩弟：

謝謝你寄來4首詩，我偏愛其中的「說痛的孩子」，因為，詩中有你的「影子」，只是仍然透露「理性」。其實，詩，是可以寫的更深情些的，字裡行間可以注入一些比較深濃比較唯美的句子，於事不害。文字是可以推敲的，寫詩，也許不難，但要寫好，讓讀的人有所感動，進而共鳴，就難了。一首詩，一再地「推敲」是必然的過程，這和你的「專業」不一樣，你的專業需要用你的專業修養，但詩，是文字的精華，差一個字，感覺和意境就完全不同了。像你寫「但相所思」，半夜，應該很美才對，可是在你的筆下，為什麼「半夜」會是「一隻野狗」呢？唉！我真的服了你了。你的「夜」，難道不能想像美一些嗎？為什麼？詩，一定要用「情感」去寫，一定要捨下所有的「深情」去寫詩，不然，寫出來的詩，就太乏味太淡淡了，你願意把「知性」放在寫一一只有唯美、美的詩嗎？感情，一定要用那以「理性」那以「矜翻翻」呢？所以所以期盼，你除了「專業」之外，也有「柔性」的一面用在寫詩上。

我已退休，兩年多了，信箋上沒有落款，苦口婆心，並非帶著諄諄教誨，只能說出一些「情詩夢」而已。一如既往 祝福

涂靜怡 2005年8月6日

涂靜怡用箋

福成詩兄：

你好嗎？

還是很忙吧？

寫信給你，只想要問你要不要寫寫生活呢，你以前寫詩[illegible]很多很多，收到了你給我的個人的「詩集」讀了很多，很想問你能不能寫寫你的生活[illegible]，或者寫寫你的生活吧，有空的話[illegible]，「詩集」[illegible]，[illegible]了「[illegible]」[illegible]，[illegible]！「詩集」[illegible]在「詩屋」內，[illegible]。[illegible]，[illegible]。[illegible]，[illegible]情[illegible]，[illegible]。[illegible]可以[illegible]？[illegible]，可以在詩的[illegible]，[illegible]「詩[illegible]」，也有[illegible]，[illegible]「[illegible]」的詩篇。[illegible]。[illegible]，[illegible]也行。

謝謝！

[illegible]平順　祝福

涂靜怡
2005年8月13日

（別忘了寄一張你生活相片[illegible]和文稿用）

涂靜怡用箋

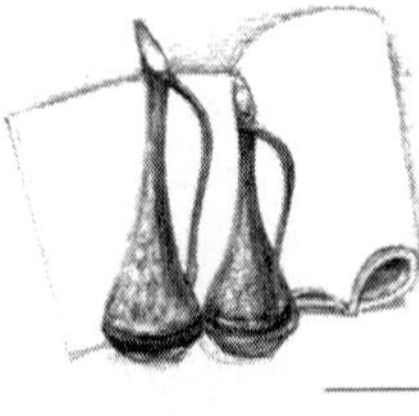

福成詩家：

當我打電話向你說到你的小張詩畫的照片，如此一來，原該給你個人的「指導」就變指了，我不願再好好說你，再向你要照片了。請不要誤會我的，這些照片，和你的書信、手稿、詩集都將保存於我永續到詩的「詩屋」中，若明年4月「詩屋」開放後，你想到的人，想再看這些照片，都可去「詩屋」尋找「紀錄」的，我的珍藏給你的照片，永遠都要「建檔」。

「好久以前的指導」，寫的很好，是你寄給「秋水」的詩中，我最喜歡，也最能表達「秋水」要的風格的一首。我已讀出你的用心和努力了，我決定編入下一期刊，（先登記發稿，秋水季刊很多稿件，詩多出，除了編輯部出錢的同仁之外，一般來稿都經同仁審稿，編輯們，不可能都由一位詩人朋友的作品佔據自己的「天空」的編輯部，所以先登記，決定刊）只是，這首佳作的詩，我可以不寫的這麼好，但詩中一段是否合理，你的第一段第一行「來問題：」、「鐘鼎山林之意蓄／語氣轉平，「來源」。「鐘鼎山林之意蓄」，如何傳「雲」？那是「意象」嗎？不合「邏輯」，這一來請修飾一下，再告訴我，稿子我先登著，可以嗎？近月來，常掌眼，日子在忙忙碌碌之中，很可怕！

一切順利，

涂靜怡　2005年8月23日

涂靜怡用箋

福成詩弟：

算算有好些了，從出國以後，一個月份，已經三分之一，

有些事，正準備出席星期五那位好心人士邀約四位文壇大老的慶生宴席，說不定有機會見到你呢。

如果你的那篇「老歌」能「撿」回來，我認為，你應留著自己用，講話、撰稿，都是本錢，你為「秋水詩屋」盡了心就夠了。

再寄一本小小詩集給你，詩作中可以讓你知道我的身世，那是我想留有的印記。謝謝你為「秋水」所做的一切。

一片的祝福

涂靜怡 2005年9月12日

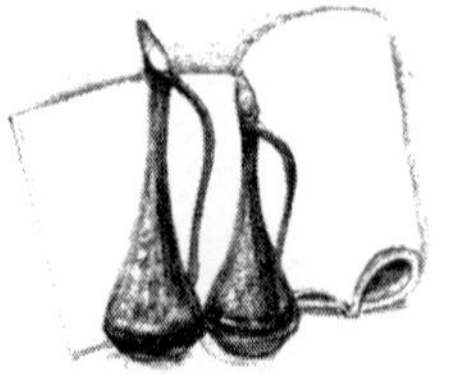

涂靜怡用箋

稻成詩弟：

謝謝你再一次的捐助，你的熱情和開朗的個性，9月17日在大部分孩子讀的心田花木兒的「慶生會」上，我已深深領略。如果詩壇多些像你這樣慷慨的詩人，都想「做一朵雲」的點心下去，我詩刊的發行，就有福了，感謝是深深銘記於心的。

請不用費心替我過生日，有這份心就夠了，不是嗎？

我的失眠，時好時壞，可能是如醫生所說的，我得紓解自己心中的壓力才行，其實，我每天清晨都有做一個小時的運動，以前還會去爬山，但膝蓋不好，不能爬山了。

我的壓力來自「秋水詩屋」，這二、三年來，為了圓說「秋水」的一個夢，我的確耗盡了全部的心力。小小的「詩屋」需花田百萬才能完成（它始終未還），田百萬，也許對有錢人來說不算什麼，但對「秋水」來說，我算了有，實在是將之艱難重重。有負擔，就一定有壓力。我常悄悄去克服。為自己的不知量力，負責到底。感謝你的關心，你的每一份付出，我都感記在心，無以為報，只好默默地把每一期的「秋水」辦好。

明先生就說過了，他都收入了藏在你的進檔案裡，等明年4月「詩屋」開放，你就可以看到了。隨詩刊寄一張你參加心田花木兒的合影。你的詩沒有寫，後來我想，你可能是和「雲」的飄逸有關吧！

「秋水」還是盼你寫比較「唯美」的作品。可以嗎？謝謝！謝謝。

一千個祝福

涂靜怡
2005年10月28日

涂靜怡用箋

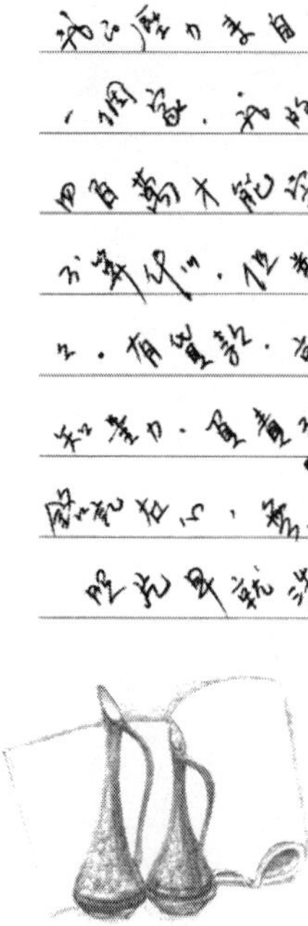

福成詩弟：

你好嗎？

很驚訝，也很榮幸，能收到你創辦的「中國春秋」創刊號，我讀完，對於你創刊的宗旨和動機，十分敬佩和認同，你真不愧是中華民國最優秀的黃埔軍人，以身為「黃埔人」的黃埔精神來創辦「中國春秋」事業，捍衛我們的「中國魂」，你這種偉大崇高的思維和理想，我的恩師古丁老師遠在25年前就做過。他為了抗拒台獨份子的不當言論，以一介退役老兵的身份赤手空拳辦了政論性的雜誌「中國風」。也是以微薄稿費，寫了許多文章撻伐「美麗島事件」。我和古丁老師因此不斷地收到恐嚇信，說要對我們做出不利，以生命威脅着，要我們立刻停止「中國風」的出版。可是古丁老師不怕邪，仍寫文章批判台獨思想，因而失去了生命，[illegible]，如今才見恩師的「靈魂」出現在「中國春秋」上，我的感觸好深好深。如果我們在25年前創辦「中國風」時，身旁有一個陳福成，也許，我們的命運是會改寫。

古丁老師也不會不明不白地死於非命(?)。

[illegible]，該感謝感恩的，祝福你[illegible]「中國春秋」[illegible]好嗎？

他應是一位認同你的理念的人。

涂靜怡用箋

一大個祝福

涂靜怡 2005年11月10日

福成詩弟：　　　　　　　　　　　　　　　　P1

謝謝你在台大當義工值班時，還抽空給我寫信，你總是有用不完的精力和愛心，能認識你，實在是「秋水」的福氣。但願你的熱情能持久一些，不要冷卻，繼續做你想做的事，我衷心祝福你。

我不可能讓「中國風」復刊，你的美意，我恐怕要辜負了。因為，我已經老了，有太多的因素使我心有餘力不足，而最直接的是健康問題，不僅是退化性的坐骨神經痛，膝蓋不好，不能久站和久坐，加上有胃病，和近日才發生的掌腕等等，常讓我活在「連寫字」疼痛中，真的，已力不從心了。何況，「中國風」是我生命的痛，我怕這一輩子是難以癒合的。那些熱情、讀「風」的大筆，我們六年前已默默的做過，剩下的餘年，只想為「秋水」盡心，（因為，唯有「秋水」在，古丁老師的精神才能留下來）。往事真的不堪回首，為了替古丁老師完成創辦詩論性雜誌的心願，我不惜捐出剛獲中山文藝創作獎的十二萬元獎金，你知道嗎？民國69年 X 二萬元是可以買半棟別墅呢，可我一點也不覺得可惜，錢是身外之物，我從未看重，雖然，我

P2

一直處於貧窮中，但有「秋水」，等於就擁有了一切，就像認識你一樣，不也是拜「秋水」之賜嗎？美好的仗打過了，這就夠了，謝謝你的看重。

美美，「秋水詩屋」很小，三年前買時是17坪，但扣除公共設備之後，只剩13坪半，像一個房間那麼大而已。要維持「秋水詩屋」經年累月不停頓的「交誼廳」，以一天的時間，讓詩友們來了，喜聚一下，就在這裡交誼，也只能這樣了，你問及費用要花多少？我說難道，估計連同印製開銷一、二萬元可能就夠了。「詩屋」的地板和厚木書櫃早已做好，冷氣也裝好了，桌椅、冰箱和其他的開支問題著落，我在等下半年的退休金，所以才把開放的日期定於明年4月，都是有充裕一點的時間。「詩屋」目前營運已用去70萬，再有十多萬就夠了，我不願去伸手募款，那不是我的個性，一切隨緣。自己的理想，應由自己去扛，求人的事，我是不願意，尤其不想欠太多的人情債，因為，我怕還不了。

今日收到新一期的「葡萄園」，讀到古今字的一篇「詩蝶猶有話猶戀」，其中有一段談到發稿部份

P3

「秋水」的描述，讓人了解秋水嗎！因為，他說的，根本無事實可循。不知他為什麼不經查證就來污衊「秋水」，破壞「秋水」的形象，誤導讀者，「秋水」辛勞的我，傷心到極矣。「秋水」每一期要花6萬元，輪值詩刊前去掉12000元，那就至少也要12000元，每一位同仁每期出三仟，16位。（社長出一萬）這帳不用算都是透明的，如果「秋水」同仁裡有人要查帳，那感覺已走了樣，這個詩刊能辦下去嗎？不是，還有什麼，感情嗎？不談感情好了，談感覺，寫詩的人是最注重感覺的，感覺不好，就不可能來了，而事實上，「秋水」的同仁不只是道義之交，沒有誰願意說出要「查帳」這樣的話，那太傷人了，「秋水」是一本有情的詩刊，沒有任何人想從這個刊物中得到什麼，事實上也得不到什麼，只是在同好間，相互切磋詩藝而已，「秋水」不是有錢就可以成為我們的同仁，這誰都知道的事，16位，就是16位，能合得來就好，這是「秋水」的原則。據說當年離開「秋水」，是因為他長期不付同仁費，我們在不勝負荷之下，要他離開的，這件事，我已要求台客處理了，他如果沒有做到，下一期的「秋水」，我願將公布事實來譴責任意信口開河的人。

我的書法，似乎精進了，信心也有，自認已做到「潔身自愛」了，相信仍還有人忍心如此傷害我呢。我自己心中自有一把尺，對得起自己就好。

再一次感謝你對「我的詩」的關心，人言可畏啊！好可怕的人心，不是單純的我，可以去面對的。

記得你以前常說過，你寄的稿件有許多你寫的詩稿，要不要挑出有些比較抒情一點，比較像「我的」作品風格的，寄給我？

你目前有「中國書法」，好久沒有寄了，詩更，新刊物要長期付出，你還是把錢留給自己吧！我好害怕欠你太多。

這幾期已收到「中國書法」了，謝謝你，

「中國」我寄

許靜端 2005年11月20日夜

稱成詩弟：

你好嗎？

11月23日的信，早收到了，讀後感慨很多，不知說什麼才好。所以選擇沉默，其實，沉默也是一種語言，端看有心人如何去解讀。

我這幾天雖有好轉，但右手和右腳又開始發麻，年紀大了，毛病真多，很討厭自己，沒有好消息告訴你。醫生認為，手發麻不要緊，可能與頸椎動脈血液循環不良有關，要我開始復健，因此，每天跑台北去做復健，浪費時間，心中有一萬個不喜歡。你還年輕，不會懂這些的。而我卻要把寶貴的時間耗在生病和復健上，那樣的日子，非我所願，實在不是我要過的日子。

好的，我會聽你的話，朝著「修行」的方向去走。至於你指我擇心，自覺是一種罪過。

你常有傳道歉信息來，但所有的道歉，都沒有用。因為傷害已造成。

我在等你寄稿來。

上星期二與法訓所女同事聚餐，就在台大對面街的「洄瀾咖啡」用簡餐。那些女孩說很久沒有見到我，十分

涂靜怡用箋

想念，一定要拿出來給她們看看。周聚時，有贈二張咖啡卷，（我有胃病，不宜喝咖啡）便想到，你常去台中小芬家玩。也許有機會去「海灣」喝杯咖啡，順便看看河畔路的街景，所以，就把二張咖啡券夾在信中寄給你。但願你會有閑逛逛的午後。

「秋水詩屋」決定4月15日成立，你的好心，讓我無言以對。你自己有「中國春秋」，要花很多心力和金錢，請量力而為。

此次選情讓人好開心，這是12月最愉快的事。

如果下一期的「中國春秋」仍願為「秋水」打廣告的話，請加上台灣的劃撥，不能只有大陸的。

還有，你要快快寄一張你的書到書屋，上一次就說了。你贈我的，我要留在身邊，你可否另外寄一套給「詩屋」。她來用，以轉上，謝謝你。

別忘了我在等你寄詩來。

一切順 祝 福

涂靜怡 2005年 12月12日

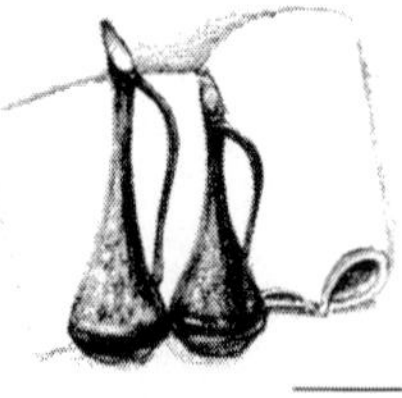

涂靜怡用箋

福成詩弟：

▷ 我也喜歡以條列寫信的方式，很好，簡潔有條理。當我收到大疊詩稿的時候，我就用這種方法。

▷ 詩，全收到了，我以今天收到為準，可否不列日期？我先謝謝你「謝」。

▷ 很難相信，你有高血壓，請一定要小心保重！

▷ 台北詩壇目前可以開始活動，相信不久，不用你說。從我現在可以看到的，我已在眼界裡看到台北詩壇了。

▷ 「秋水」同仁每人都有自己的事，工作、家庭，我有請他們幫忙，要讀就是，你願不願做慧眼呢？你來幫我好不好？啟期的「秋水」，我也很想有你參與，如果給你時間的話。但你要有詩的等待，而且，在寫詩上要努力。我珍惜你的「熱情」和照顧。

▷ 明年六月，世界詩人大會要在外蒙古烏蘭巴托舉行，我與大會秘書商討，你想不想去？綠蒂先生會組團去，我們是很想去的，大家會在一個很遠的地方，有太多朋友，我有很多朋友，也有「秋水」的海外同仁，我想去。

▷ 二本書你收到了，謝謝！已收入「詩屋」了。

▷ 多努力，為寫作加油，但不用勉強，很可怕，影響健康。請多多保重！

涂靜怡 2005年12月16日夜

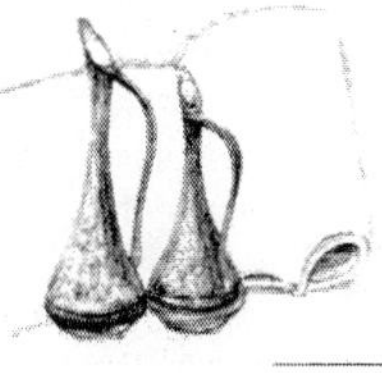

涂靜怡用箋

福成詩兄：

昨日才把128期的「秋水」寄走，今天就收到第二期的「中國寫作」，哇！好高貴又詩意唷！好高貴的花，好有內涵的第二期。這不用說，讀了你的「向金慧德忠言」那篇，但願你的「忠言」，金慧能聽得進，以此為鑑。

第二期的「中國寫作」比創刊号更精彩許多，足見你們的團隊所付出的心力，一定很辛苦吧！謝謝你們，祝愿好好經營。（謝謝幫我們打廣告，好美！）

中國文學，也許是一件事，我原在那一、那二都沒有，那是我多年來的習慣，遠離也好，享受孤獨。想靜讀書，所讀之書的書，試著一個「人生是詩的」洗滌自己。尤其最近不知怎的，喜歡看陌生人的贈書，總是看看唷！所以先在此向你致歉，我今年的一些作業，不是一本接一本的，寄來的一些書，多半「秋水」給有時差的詩。

我已經記住了，三月，星期日，恭喜再次恭喜。

感謝你忠心為老詩人「秋水」的鼓勵與情惜。

謝謝你創辦了「中國寫作」，推展我們快樂寫作的心願。並且謝謝你給了我們期待和願景。

祝書安了。我都最想福

感謝再感謝。

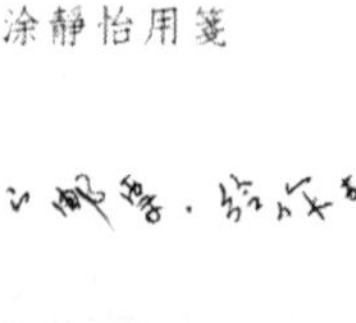

涂靜怡用箋

涂靜怡 2006年 2月26日夜

（我的郵票，給你替書了嗎？）

福成賢弟：

謝謝你惠贈〈五十不惑〉這本書，太棒了，你用你的50年「成長心路」寫就的書，我也花了一個多星期才讀完。也可以說，這一個多星期以來，我的思緒幾乎是整個都被你的這本生動的書所深深吸引著。也十分感動！你的傳奇，也直至此刻才發現，你自幼就很懂事，是一個乖孩子，更重要的是，你有一顆上進的心。從小學、中學、大學到研究所，你都是孜孜不倦地求知，每一個階段，你都能一一克服外來的困境，拼出亮麗的成績，所有的成功，都來得那以不容易，你也都付出了真誠和努力。真的，打從內心佩服你。

也感覺你好幸運。能在成長的過程中，遇到像王雄叔叔那樣有學問的貴人。那段他為你耐心講解「論語」、「孟子」的過程，讓你能深刻地對古典文學產生興趣，進而能做到「倒背如流」，對你日後的寫作幫助太大了，你有今日的成就，王雄叔叔的教導功不可沒！

長長的軍中生涯裡，雖有過「迷路事件」的發生，但總又對你的發展，是恩惠如山的幸福，那不是人人可得的。

在家庭方面，你也是一位幸運兒，有一位美麗又愛好音樂的好妻子，二個和你一樣優秀的兒女，因為賢伉儷的教育有方，讓孩子們從小就養成讀「歷史故事」和「小牛頓」雜誌的習慣，從你摘錄那孩子的「讀書計劃」和他自撰的「求學生活」裡，我們已能讀到那兩個孩子的美好遠景了。對寶貝兒女所寫的詩，「鏡」、「微風」、「天外飛客」等，也都字字表露了濃濃的

涂靜怡用箋

畫傳，傑出的文采。尤其那首〈迷〉，釋意那以識，意象那以深，思想內涵，似乎遠遠超過了她的年齡，實在太難得了。說實在的，像這樣深奧的詩，我還寫不出來呢。

沒想到，從這本書中也知道，高中時代的你，早就用〈楚木〉發表作品了。

至於大陸方面，把你定位在〈台灣軍魂〉上，我覺得你是當之無愧的。原你到處都有你的以她說的詞句：〈危之萬歲，危之出類拔萃〉！還真是貼切！

你在〈黑暗中摸索〉出來的世界，我因為未曾讀過那本〈決戰閏八月〉，所以也不知道你就是發表〈發燒〉的那位作者。

我是井底蛙，長久以來生活在打造〈和平〉上，讀書不多，見識更是談不上，雖也很上進，很努力，但和你比較起來，我真是望塵莫及啊！

因為這本書，才認識你，這本書對我很大的啟示和鼓勵。我相信，未來的日子，我應該會有跨步些。感謝你的贈書，感謝你對〈和平〉的好。

盼望我能和你，〈永遠保持自然〉擁有的：因為，那不是每個人都有的。　祝福你

天天都〈快樂的不得了〉。

謝謝！謝謝。

淨靜
2006年
3月18日夜

稻成詩弟：

真抱歉！春節當天因我人多，也未能好好接待你，實在不好，有一事想，你可以寄給我嗎？有沒有收到「詩屆」看看，我一時不記得。我想你應該看見，我想說在詞的一開了吧？我就是這般笨，沒用！子性弱，沒有年輕的勇氣，請你見笑了。寫詩詩友們給予不少鼓勵，都說好感謝我們給他們建立平台，好像讓我們覺得不會寂寞，這是值得欣慰的。

因為春節前後連續三天休息，我們第二天子女才休息，所以要去高雄一下，等期二我們回家了九點，為了趕「夏季號」截稿，直到第二天晚上我們才回去看稿，我就已累壞了。所以這都不想說，只想好好休息一陣子。

如果說「秋水詩屆」的第三屆有一點點成功的話，那該是靠大家支持，功不可沒！在此謝謝朋友們支持，謝謝你們的支持。第三期的「中國青年」早收到了，也拜讀了，謝謝你的寄贈，已第三期了。當年我們讀到第二期去了先師家收藏，第三期想來要寄給我，所以看到「中國青年」第三期，感覺是很親切的。編輯們的辛苦我都能體會，第三期都有很大的進步。足見你的用心，很佩服你。

因為不知你收到了沒有「秋水」？可能只有一本，所以再寄一本，也感謝你對「秋水」的鼎力協助。若有感想，請用文字寫出你對「詩屆」的期許。

[illegible]

涂靜怡 2006年 [illegible]

(［illegible］)

涂靜怡用箋

福成詩弟：

你好嗎？

收到你4月28日的信，好些天了，知道你心情不是很好，你說「五十歲後深感人生苦短，也深感到，未必能見到明日的太陽，對所謂的「未來」充滿不可測，不可掌控」的悲觀情緒，你還說，「我說中國春秋」發出，把這些書在今年都出了，卻并不敢有期待」，心情似乎有些低落，讓我很感不安，你也說，說不定不久，你可能在下個階段結束「中國春秋」，所以你的出刊，我雖有些驚訝！但仔細想想，你也到了心情，我是早該料到的。如果我沒記錯的話，我曾對你說過，歡迎你辦「中國春秋」的熱情能持久一點，因為，辦一本刊物很難，不光是金錢上的付出，我想最重要的，應該是人力上的消耗。辦刊物，要有長期奉獻的認知，精神上的投注之外，所以任勞任怨都是必須的承諾！你的心好意（眾人皆知），一下子想做的事太多，一時之間，你想全世界都在聽你說話，壓力自然大，又要出版的文書，不會覺得累了些嗎？我的老師告訴我，文學的創作，不是以「量」來取勝，我老是把這句話當「座右銘」。你一定得沉澱一下心情，放棄一些事，不要「一把抓」，才不會那以累！

你的傑出，才華，要慢慢用，不要一下子就用完，

沒有關心，是你的缺點，改一下就好了。

我們都在整理[illegible]，也不斷有詩人朋友來拜訪「詩屋」，

所以沒有机會得到休息，可以說累極了，我拒絕了

所有的訪問，（包括演校的、和詩界的）真的想休息

一陣子，人與人之間，很難相處，我一人要面對

大家，不可能讓每一個人都滿意！我更沒辦法做

到面面俱到，傑出的你，聽聽「老人言」吧！讓自

己沉澱一下。50歲仍是黃金般的年齡，我很幸運，

在晚年能認識你，加油！別把心情弄壞，你比

誰都幸福、美麗，好強的，都被你擁有，還有什麼

可求的呢？腳步放慢一些些，可以嗎？美麗如你，

優秀如你，幸福的你，

加油！加油！

一千個親親

涂靜怡
2006年
5月14日
母親節

福成詩兄：

我已平安從遙遠的北歐返回台北了，雖然累極了。因為長途飛行。但這樣的年紀，能去到地球的最北端，並能平安回來。我很感謝，一生中，能去一次北歐，是幸福的，那裡的景色美極了。全是自然景觀，雖然沒什麼歷史背景，我們覺得太值得了，所以若再不去，將終生遺憾。

詩，我選了4首：

(一) 風鈴

(二) 她，在歲月詩刊

(三) 等待？

(四) 秋波

要他的意見，以便你可寄他刊物。

「相思」我也很想留下，不過請稍等修飾一下詩句中我認為不妥的地方，如：「恨不得把你們一個個都吃了」，我把它改一點：「我要把雁群你們都吃了」。這些句子讀來有些可怕？（你又不是老虎，怎可以吃人呢？）詩句一定要美化，何不是讀下讀了有「毛骨悚然」的感覺。這首詩是新作，感情豐富，因為是懷念逝去56年，很感人，只要把「吃下」的句子，修飾一下，我都願意採用發表

涂靜怡用箋

「秋水」：

知道你要出詩集，我也很高興！好好地出版一本專輯，那也很不錯，接著你要有穩健進步了。你不覺得嗎？所以，只要有感，人人都可以寫，而生活周遭，充滿是「詩」，那是生活中的「精品」，並不是人人可得，可詩。所以，用心，用情，寫好每一首詩，是我們的責任。誰叫我們走上這「詩的不歸路」呢？

很感謝，晚年還有一位熱心的詩弟叫我「學姐」。

我本因為失眠，想好好睡上三天，卻因為看「世界足球賽」，天天不能好眠，只得要到明年。啊！你聽說過，我下筆也用些「足球」嗎？讓你見笑了。

祝福你

事事順心，出書順利

一千個祝福

涂靜怡 2006年

6月25日

涂靜怡用箋

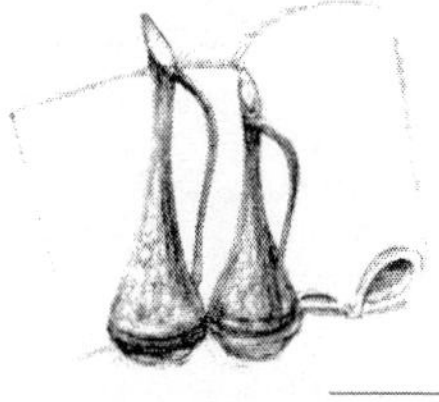

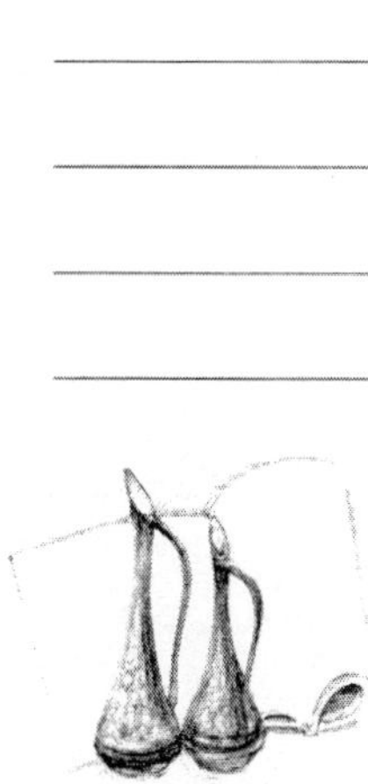

福成詩弟：

「北歐行」真的照了好多照片，不過都是我亂拍的風景照，既然你想看，就寄幾張給你。希望你把錢存起來，自己去一趟，一生能去一次北歐是幸福的，那裡的湖光山色，足以說讓我們傾倒了的心。我以前就很愛旅行，有儲蓄旅遊基金的習慣，每月存5000元，一年下來，可以去一個地方。去年沒有出國，所以今年去了北歐，這是恩人姐姐的安排。

你第二本詩集，最好請李老師和綠蒂先生給你的書寫序，綠蒂先生一定願意的，他的詩寫得那麼好。把那本「情詩集」寄給他就對了。等你肯用心寫好情詩時，我再來說話，這是良心的建議。今年我不回國開會，7月17日還要帶領[illegible]出席第十一屆國際[illegible]會，我回國要到四川去，因為他們是李李「和水」的接班人。

寫詩，是所有文學中，最難的一課，你要的多好好靜下心來加油，我說過了，等你肯用功的心來寫詩，我自然會有話要說，這二年你就請那二位重量級的人來寫吧！我的來了一定是正確的，祝福你安康、如順心、順利。

一千個祝福

涂靜怡
2006年
6月29日

稿成詩弟：

知道你的詩集就要出版了，恭喜，太好了，一分耕耘，一分收穫，真為你感到高興！

你說要送50本給「秋水」詩友，書款捐給「秋水」，你的這番心意很好，但以「秋水」的立場來說，有些為難。因為，出詩集的詩人朋友很多，幾乎每期都能收到一、二本，如果「秋水」接受了你的「構想」，別人也要比照辦理，我得很難開口拒絕，考慮再三，覺得不宜。你可以寄若干本到「詩學」，我們也會刊出書的訊息，但寄售我就不太贊成了。因為，出錢的同仁，我都沒有這樣做，真的有一點難。做人本來就很難，做的好，是應該的，一次不如人意，背後被罵，是常有的，我想你一定能諒解我的心情。你已加入「葡萄園」相信以後會有機會發揮你的想法，同仁是有很多的。

「相思」的書已收到。

謝謝你的好意。我知道你是想幫助「秋水」，但以我的經驗，對推廣詩集的，效果有限，對不起。

一切祝福

涂靜怡 2006年8月11日

涂靜怡用箋

福成詩弟：

今天打了電話沒通，只好寫信。

謝謝，詩集共三冊已寄高雄大樹鄉佛光山寺給滿悅法師了。前日她通了電話，她說你有寫信給她，想必你也有捐錢。做善事是一定有福報的，善良如你，不斷地在"布施"行善，非常非常令人感動！向你致敬！

新一期的"秋水"收到了嗎？改了些版面，感覺如何？想聽聽你的看法。謝謝你對"秋水"的幫助。

一千個 祝福

涂靜怡
2006年
10月30日

福成詩弟：

新的一年，先向你說一聲：新年快樂！

[illegible]

[illegible]

謝謝你！

[illegible]

涂靜怡　2007年元月3日

涂靜怡用箋

福成詩家：

前幾天收到你寄的第6期《華夏春秋》，看到你已製作了《同心》，不無遺憾了。有些不捨。但像這樣《秋水》在26年前就經歷過，停刊，一股難言的痛苦[illegible]，湧上心頭的無奈。[illegible]不少[illegible]。就這樣就不在了，不管那是不是《秋水》？唉！保重。不是同樣。你有[illegible]的[illegible]，你所想做的事，那就好了。《華夏春秋》是陳福成個人的[illegible]。《中國春秋》也是。不要難過。有這份心，[illegible]很好。[illegible]《詩學》[illegible]。[illegible]《詩學》[illegible]。

[illegible]《秋水》[illegible]。

平安 快樂

涂靜怡
2007年
元月29日

福成詩弟：

知道你一直在忙，也沒有打擾，

我從秋水出書二個月以前就發病，病情好多了，胃也不痛了。

但治療期為三個月，所以仍在服用抗生素中。期待

快快好轉，也多謝詩友們的祝福。

新一期的《秋水》出版了，寄上本詩刊。

願你會喜歡。

上次你寄來《詩話》前面留言的部分，只是

不清楚，但已過了七月號就來了，只好原諒吧！

寄來的《詩說》詩稿好，《這就是詩》的人了。

不同凡響，另一首《狀元詩》也不錯好，你要

加油。同時下一期《秋水》是三月，是詩友們自己選集，

你，我很好，詩稿呢，《詩句》，《詩的海》

都一一[illegible]，[illegible]，[illegible]，加油。[illegible]

加油。[illegible]

7月28日《秋水》[illegible]，《詩學》。

一切安好

涂靜怡 2007年7月22日

福成詩兄：你好。

收到寄來的好多書，還有二月份你的新作品與詩刊，感謝，謝謝你，很感謝你。你的作品很豐富精彩，「秋水」詩刊的讀者很多好評，也感謝你的支持。先生不說。

正在著手你寫的「詩刊」和秋水的相關詩稿的此刻。我已收到你新、舊的「葡萄園」，看到了不少吾很同仁和李老師對你的推崇，以及「葡萄園」同仁和其他詩人朋友對你詩作的評價。說實話，你能在短短的時間（三、四年間）就得到那以多詩人朋友的認同，是一件不簡單的成績。相信你也很高興。只是，任何先生的「評論」，適可而止就好，過了就是負面了。

我不知道，你是否知道我已經著手準備好了或者已經寫出了？我很想告訴你，如果你問來寫出，那以請替我到寫了，好嗎？我覺得「秋水」不宜在「葡萄園」已經出現的「推薦」（包括詩評家的「秋水對話」之類）我的想法如此了。不願意的話，如同我不願意以前說我們的同仁去推介你的作品「詩選集」之類。我是來了不要再「很熱情地捧場」了。所有最好的計劃，都要到好止。同時，我要說實話，「秋水詩刊」同意任何我去請（人）詩人是可以加入的。其他詩刊都

涂靜怡用箋

這以後，就一直減分了。對你，對「秋水」都不好。所以我要立即「煞車」。對不住諸位，也對不住「秋水」的編者。盼你能諒解。

我有些猶豫了。不該聽鍾鼎先生的話，那麼輕易就讓你在擁有「薊薊圍籬刺」之後，還破格讓你來上「秋水」。你本來是豪情萬丈的男子作家、詩人，卻要強迫你改變風格寫我們要的唯美詩篇。你寫的那些文章，卻也讓我知道難處，真的為難你了。我好自責。我都沒能想出兩全其美的方法來。

你那麼忙，其實，我要盼望好心的你，能快快樂樂地去寫屬於你的詩篇。如何面對這「難題」呢？我想不出答案。同時，我也想，搞錯了什麼了。我本來就不該同一位詩人可以擁有二個詩社的「同仁」資格啊！那是不好，不夠心的行為，都是我不好，對不住你，也對不住我自己和「秋水」。這封信，要等我下了大膽勇氣。

一千個抱歉

涂靜怡
2009年
8月15日

涂靜怡用箋

福成詩兄：你好。

來書收到好久了，最近一直因為你的編寫作品沒時間，照顧，請原諒。很自然地，把你的優秀作品發表了「秋水」詩刊的讀者的詩友，大家都很喜愛。先表示謝。

正在等待你寄「詩作」和相關的相關詩稿的此刻。我卻收到你新的、一期的「葡萄園」，看到了你寫很用心和耐心的對你的推崇，以及「葡萄園」同仁和其他詩人朋友對你詩作的評介。覺得，你能在短短的時間（三、四年間）就得到那麼多詩人朋友的認同，是一件不簡單的事情。相信你會很高興。只是，任何知名的「詩獎」，適可而止就好，過了就是負面了。

我不知道，你要我的詩是否已準備好了，或者已寄出了？我很想告訴你，如果你詩未寄出，那麼請幫我到時寄了，好嗎？我覺得，「秋水」不適合「葡萄園」已經出去，要出的「推薦」（包括詩刊裡的「秋水詩獎」之類）我的想法也改變了。不願意跟進，如同我不願意以前詩社的同仁去爭取那些「詩選獎」一樣，我只是不要再「很積極參與」了。所有美好的收割，應該到此為止。因為，我深深覺得，一個詩刊用這種方式去推介詩人是可以不必的。其實，詩刊都

涂靜怡用箋

這樣做，就太不誠實了。對你、對「秋水」都不好。所以我要立即「禁筆」。擱了詩稿給你，也擱了「秋水」的約稿。盼你能諒解。

我有些後悔了。不該聽信綠蒂先生的話，那麼輕易就讓你在擇用「副刊園詩刊」之後，還破格讓你來上「秋水」。你本來是當代有氣質的女作家、詩人，卻要讀者你的新作風格，寫我們要的唯美詩篇。你的那麼多年，卻也屢次勉強配合，真的為難你了。我好自責。我都沒能想出兩全其美的方法來。

你那麼忙，真累。我要盼望好心的你，能快快樂樂地去寫屬於你能寫的詩篇。如何面對這「難題」呢？我想不快樂，因為我擱筆，擱錯了似的。我本來就不該同意，任詩人可以擇用二個詩社的「同仁」詩稿啊！那是不好，不對的行為，都是我不好，擱了你，也擱了我自己和「秋水」。這封信，要寄我心中大的歉意。

一千個抱歉

涂靜怡
2007年
8月15日

涂靜怡用箋

福成詩兄：

你好嗎？

這首「歸夢」寫的不能算好。讀起來差那麼一點味道，似乎還要推敲推敲。修辭要突出來，要有可讀性。

好像，這首有那麼多「詮釋」呢？都說清楚了，就沒有「朦朧性」，沒有好奇心、懸疑性。那樣，讀者讀了，也不會想，讀再讀。那樣的效果，讀不會是你要追求的吧！你應去詢問我的思維，寫詩真的很難，不如我們想像那麼的容易。好在下一期的「秋水」已有你的稿子了。這首可以放抽屜再想想，再推敲，下個月再寄來。

談到詩風，我的和你的詩學不同。你說是好和我，也讀者。但我的想法和你不一樣，也許詩學，大半大一半，已經很少了。只求新的有讀下去的詩。其他的，我不在意。這是我一貫的詩學風格。

記得，你是2007年4月加入「秋水」的，你繳了一萬元，從133、134、135期，扣去9000元，現在還有1000元，2008年如果你沒有退出「秋水」的打算，那以後請再付1000元。從136、139期，很不好意思。這是「公費」，沒辦法，不能不「打折扣」，這也是每位詩友都一樣負擔。

一切順安

靜怡 2007年12月13日

涂靜怡用箋

稻成詩弟：

請別介意我說了他們，那都是好意。

期望你看的好，好上更好。

明日我將出國，許返自己，「秋水詩屋」

讓我身心休假，周遭之環境讓我安息，

我期望唯獨能讓我休息。

記得6月15日是你的生日，寄上

深深的祝福，祝你生日

快樂　身心順心

我22日才回來。

大姐

涂靜怡

2006年6月7日

福成詩弟：

新一期的「秋水」出版了，有我們在「詩屋」舉辦「鵑詩屆」的合影，還有我的新年所做的「訊息」，請慢慢品嚐。祝福

新年心想事成。

涂靜怡
2011年2月28日

靜怡便箋

文戟詩弟：

詩，我選了三首，（有時一集二）其他存留，以便給投其他刊物，但我留下的這三首就一定不可以另投了。我大都大多「在意」一稿二投。「秋水」篇幅很有限，不肯刊登用過的稿子。很堅持，我自己也如此要求自己。我留下的三首，分別是：

(一) 母女感懷
(二) 母女獨處 〉請記住。
(三) 春季。

一年順 祝福

涂靜怡
2008年
5月11日

謝謝你的大書，
願意幫忙打聽
「秋水」的合訂本，我知要集
齊全很困難，真的還是要
感謝。
新一期的「秋水」出版了，寄上
一本，謝謝你的每一期，都有
一期都有你的詩，這是「秋
水」的一種特色了。

有空常來詩屋坐坐

一千個祝福

涂靜怡
2012年4月17日

靜怡便箋

古晟詩弟：

寄上新一期的「秋水」，
也寄上新年的祝福。
祝你新的一年，好事連連，
發財！請多賜稿，再給
「秋水」寄更好的詩篇。

涂靜怡
101年元月17日

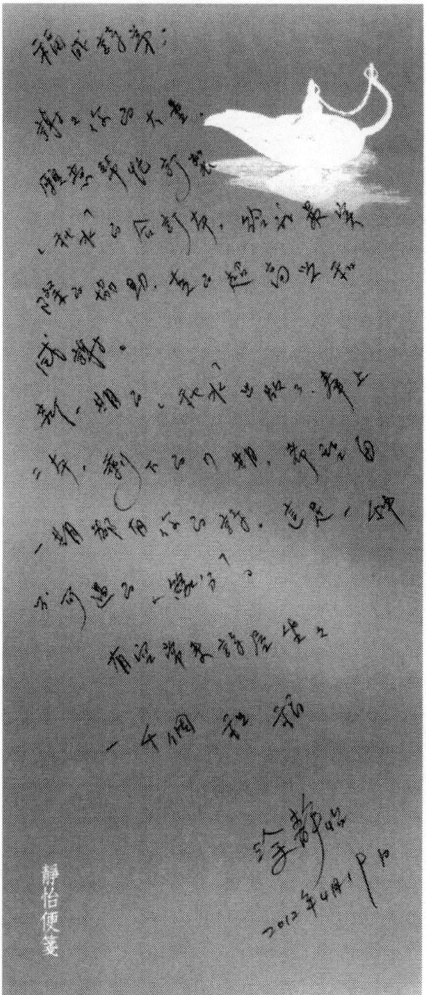

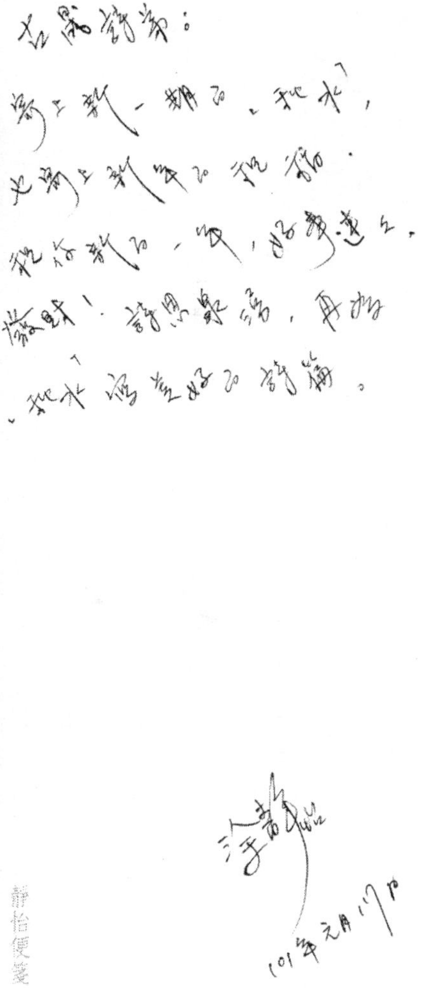

靜怡便箋

福成詩弟：

新一期的《秋水》
已出了，特此寄二本。
內有你的詩.（改了一下）
別介意。因為手上的存稿
仍很多，不再收新作了。除了
寫〈秋水與我〉的相關詩文。
好久不見，在此代以問候。

一千個 祝福

涂靜怡
2013.4.25.

靜怡便箋

福成詩弟：

請別罵我，
因為這一期有
二個「專輯」，加上有其他詩人
的作品，要放下「憶之秋水」，
有時間性和意義性，不得已
把「自家人」的作品擱住。
暫留你詩稿，你大概不生氣．對
不起啦！下一期一定刊。
我也萬般無奈啊！

一千個 祝福

涂靜怡
2013.10.20

靜怡便箋

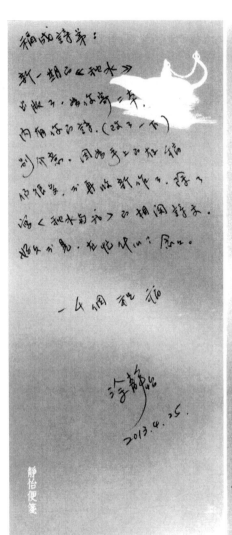

稻成詩弟：

你好嗎？

寄上154期的「秋水」，雖沒有你的作品，但有為你的寫、打一個「訊息」。請你慢慢欣賞。

「秋水」創刊、期了，感謝你那麼長的日子以來，直對「秋水」的好和支持，你寄給的書很多，你是個向前進的，有詩的流的才華。我們的緣分不淺，也期待你能寫「秋水詩」，只是想靜靜等待，對你說聲：「謝謝你對秋水所付出的真情滿滿」。

但願好人有好報，祝福你詩、文、事、活，都作多多。

一個祝福

涂靜怡
2013.10.30

靜怡便箋

稻成詩弟：

你好嗎？

當了理事長，一定忙壞了吧！

謝謝你來參加「秋水」的專業典禮，我知道，回憶起「秋水」走過了傳詩自己的歷史的、創，也有許多的同仁相了，還有歷史性的不同呢，謝謝！你是，從熱情的同仁作家，「秋水」未能的但你到客較，流傳是一段緣份，謝謝你的心意。

寄上新一期的「秋水」，有詩有訊息，請慢慢欣賞。

一個祝福

涂靜怡
2013年8月12日

靜怡便箋

福成詩弟：

謝謝你手繪的祝福，那些精美的賀卡，我欣賞的卻是寄卡人在畫卡時的心情。

三首詩都拜讀了，不是寫的不好，是不夠好。詩味淡了些。談到感情的相了，就容易感動人了，不但不唯美，也不空靈。

你懷念聰明總獲的諾言，可惜不用心。

我很想說，你在「秋水」上寫的四一首詩，都比別人好，都能感動讀者，留給讀者一種心靈迴旋的空間。而不要像那首「命」那樣，把副題放那些長、塞在上，詩味就沖淡了，尤其你不用了「娘子」這樣的字詞，讀來美的很「俗」。我的話，也許說重了，但目的只有一個，助你寫出詩味濃一點的作品。

詩，不一定要寫的多，一首能引起共鳴的詩，過目不忘，比10首平平淡淡到處發表的作品，意義是完全不同的。

詩不怕修改，不怕推敲，希望你能悟到這一點，把超過水平線的作品再寄來。（行數最好限定20－26行之間）

「秋水詩屋」已在12月20日落成，但只是一間小小的空屋，過了節簡閑客，就不太寂寞了。用你手製的卡片做我的明信片，可以嗎？

（別人只有10張，而我手上有40張，同時，我很喜歡挑這四張給他選擇，結果他挑上我的，四張全沒了）我正在忙124期秋水付印前的工作。

—4個祝福

涂靜怡用箋（可以再挑一張小的嗎？建議用的）

May you have peace
and happiness
at Christmas and always

請把你的文學作品 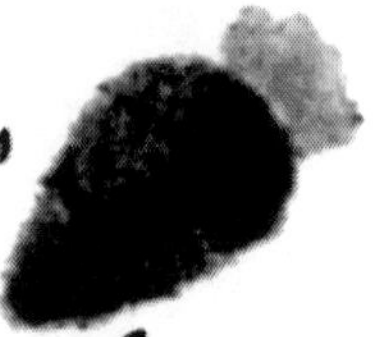
這樣寫一套給小讀者，
你贈給我們，我想留在身
邊隨時閱讀。

又及

涂靜怡

穎成詩弟：

你好嗎？好久不見。但在很多刊物上都有讀到你的詩和文。[illegible]

[illegible]

[illegible]

[illegible]

[illegible]

涂靜怡　2011年9月7日

涂靜怡用箋

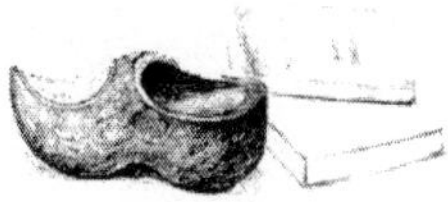

輯五：截取路途上一段腳印

— 我在小金門的日記

54 年考上東勢工業職業學校，那年寒假叔叔王淮帶我到台北圓山玩，他是第一個為我講解論語、孟子的啟蒙者，也是最早指導我寫作的人！

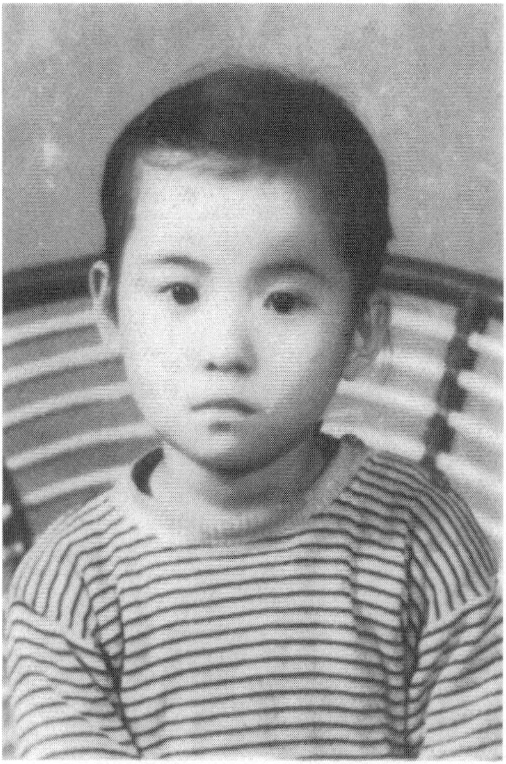

七歲的她，我前世的情人

The reward of one duty is the power to tulfill another.
責任所獲得的酬勞，是實現另一責任的力量。

DATE
78年5月27日 星期二

日子總是這樣的，靜靜的，無奈的，每天都是為了長官要來看他的營頭轉向的。
「委辦工作」能夠做的出神入化，做的「天衣無縫」，不計一切方法去把委辦工作做到「極好」，是我多年少見的——小金門的在地直指揮官要求下就是這樣爭的。

一個人，不論他是甚麼人，投入一種環境，必然受那環境的影響，自制力再強的人，都不能免掉環境對他的影響力，這幾乎是「理論」可以證明的理論。

當然，人也會改變環境，甚至扭轉乾坤的，隨著客觀環境推移，各方都有其足以制衡的力量，看誰力大。

0930 司令官程邦治中將來看我，兵舍整建一大憤怒。我以前管過一年多工程，未見如此離譜的工程，簡直看不下去。原因：
①趕工、日夜趕。②技術工缺，本來嘛，現在社會上有誰肯當水泥工的。③偷工、監管不實。
今天是到小金門當營長的第15天，日子過得蠻新鮮的。因為直屬防衛部大砲營(240榴、八吋、155加)所以事情少，我也比較清閒。(五月八日到小金門)

If you want people to notice your faults, start giving advice.
要暴露自己的缺點，最好是替別人出主意。

DATE

78 年 5 月 24 日 星期 三

比薩 PISA

楊國樞和趙少康是我一向都很佩服的。他們有獨立自主的知識份子情操，敢於批判。
權威有其價值，但須要批判；
政府更有絕對存在的價值，但更須要批判。
一個不受批判，無人敢批判的，不論是權威者個人或政府組織也好，必然陷入自己的走向專制、獨裁、腐敗。

中國大陸的民主運動風起雲湧，激起全世界中國人爭民主自由的浪潮，香港、日本、美國、英國的中國人，都紛紛起來大聲聲援，台灣卻相當之「冷漠」，我是很失望的。政府直到前天(05.22)才發表聲明，「譴責鎮壓民主運動的作為」，但民間、學生反應仍不熱烈。今天早上看華視新聞報導，楊國樞對我們的「冷漠」提出嚴厲的批評，特別對政府反應太慢提出檢討；而趙少康要在今天中午在國父紀念館發起靜坐聲援運動，很是可喜。

中國今天走到了轉捩點，就像1911年，民主和獨裁之命運常是轉眼之間。

DATE

78年5月25日 星期四　雨

毛毛細雨下了一天，人有些煩。

兩天前鳳嬌寄回我一封信：丈夫無毛、媽媽連身體不好，想起來不勝感慨。這三十多年的流浪，居無定所，食無定處，家庭無常，普天之下可能找不到類同者。我和大妹鳳嬌在思想上很接近，談得來。只可惜、可痛，她的命運乖離，還好她堅強也看得開。我當兵二十年，許多事情她在處理，媽媽也受她和二妹照料很多。這一生，總覺欠她們很多，我會給她們彌補。

至於太太，目前已經不拿着，不再要求她甚麼了！

台灣可能好日子過久了，每個人大多只關係自己生活、薪水、股票，對於中國的事物已經極少有人熱過問了。對中國大陸民主運動的關懷，不如日本、美國的留學生，甚至不如「彈丸之地」香港了，真叫人操心。北平天安門廣場「人民英雄紀念碑」上被群眾貼的兩首詩我很欣賞：

萬千學子拳拳心，國殤血淚望民魂
廣場遊行精英淚，宮牆惟達民主音
動地驚雷君不醒，漫天苦雨民怨深
莫道專制能長久，載舟覆舟唯人民

紀念碑前起狂飆，天怒人怨罵官僚
絕食學生奄待斃，無情政府冷眼瞧
先烈空遺自由恨，何當再掀民主潮
欲哭神州已無淚，共爭人權不折腰

He who gives promises lightly is often careless about keeping them.
輕易許下的諾言，往往疏於遵守。

DATE
78年5月26日 星期五　陰

胡平，這個人我一直很注意他，他是民國36年出生在北平的。民國七十六年一月到哈佛進修，以來加入「中國民主團結聯盟」，並擔任為主席至今。他對中國的前途真是很有「概念」，以一位真正吃「中國共產黨」奶水長大的人，會放棄共產主義而致力於民主運動。這可徹底證明「共產」是無人喜歡的。跟我去年在研究所看的一部影片「巴山夜雨」是相同道理。

中國大陸的民主運動至今走入轉折處，胡平的聲音比國內還「大」，這是我佩服注意的地方。他認為二十世紀最大的悲劇是出現了許多命苦的共產黨員，一語道破時代苦難之來源。治療中國大陸的藥方就是民主自由，共產變和平，大家才會出頭了事。我本有一個信念，專制獨裁不長久，時代總要變，要向前進，蘇聯、匈牙利、波蘭都在變，中國亦然。是故有個「公式」我常拿來向人解釋中國要統一的「時程」：

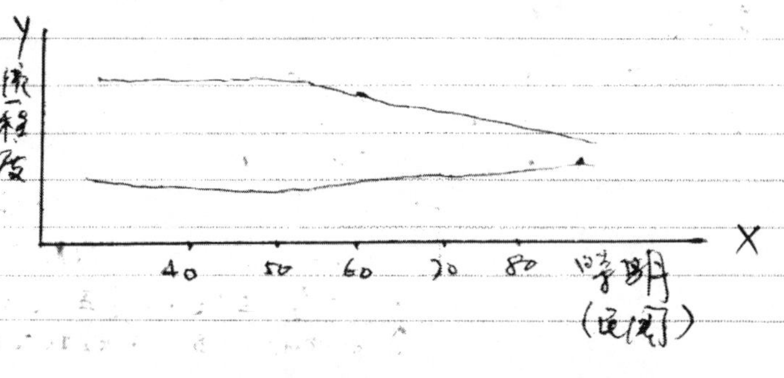

Nothing so surprises an angry person as kind words.
人在發怒時，最使他吃驚的是平心靜氣的話。

DATE（同前）

年 月 日 星期

澳洲 AUSTRALIA

從「政治學方法論」來檢証這個圖，是有相當程度的「解釋力」和「預測力」，它雖非理論，但可稱之「準理論」。故這個準理論我名之曰：「中國統一理論」。這著兩條平行線的剖伸，可預判中國統一為時不遠，在未來十至二十年內應可達成。

就以目前大陸情勢發展看，保守勢力頑強佔了上風，一時要走向民主自由，實行民主政治是不可能的。全世界古往今來，沒有一個政權自動「放棄」他的「江山」，一定是撐不下去，反對勢力太大，才會垮台。今天大陸上的學生民主運動，基本上只要求一些改革，而不是革命，也不推翻現政權，所以大陸的共產政權一時不會垮台。

如果學生只各界支持，推翻共產政權，必垮。可惜……

People who jump to conclusions often frighten the best ones away.
速斷速決，往往忙中有錯。

DATE 78年5月28日 星期日　晴

阿拉斯加 ALASKA

日子太过平静，没有变化，单纯，似乎是会使人产生「厭倦感」。

来金门已二十天了，每天日子还算安安静静，除了一些例行工作外，大部份空间用在读書以備明年博士班考試。準備考試有时是一件苦差事，要把所读的内容变成「考取」，也似乎不易。我以「要在做得，走在考取」的心態读書，容易累。

是否正如「大學」傳文第七章说的「有所好樂，不得其正」。我对于未来有所「貪圖」，故容易有厭倦感，是值得檢討的。

要使生活如風之吹，如水之流，那麼自然，那麼美好。

或許我以前的十年是有些荒廢，至少是在等待中过日子，在十字路口上徘徊。现在想用三、两年的时间彌補以前十年的流失，談何容易，所以现在我向年青的幹部講话，都叫他们要早早立志，善用时间。

Character is the fundamental principle of success.
性格是構成成功的基本原則。

DATE 78 年 5 月 24 日 星期 一 陰

法國 FRANCE.

遠流公司出版的「青年的四個大夢」一書，提到當代青年心中的四個理想是
① 尋求人生的價值。
② 尋求一位良師益友。
③ 尋求終身的職業或事業
④ 愛的尋求。

檢討我自己，第一個夢是在研究哲學以後才對人生的價值有些認識。所謂「價值」在哲學和科學的兩個層面各有解釋（例如呂亞力和湯恩博、Isaak等人的書中都提到），基本上它是一種「主觀意識」，有人追求黃金，有人尋求陽光。我呢！我把我現在的價值界定在「快樂、如意、充實、自然」，就是所追尋的價值。

第二個大夢是良師益友，若找一個可為師亦可為友的，恐怕很缺了。若區分為二，則良師益友各有兩位，應是於願已足，不須尋求了。

第三個大夢應該尚未確定出來，現代社會太過於複雜，現行工作上"變數"太多，我常說「誰知下一秒鐘會發生甚麼事？」更何況追求終身不變的東西。所以我現在的態度是「抓住今天，計劃明天；充實今天，準備抓住明天」。

第四個夢是愛的尋求，這和第一個「價值」一樣，更具有「絕對主觀性的價值概念」。一般愛的對象是你的情人，再擴大去愛你不喜歡的人，

→下頁

Enthusiasm brings success.
熱誠可以導致成功。

DATE
78年5月29日 星期

←——接上页.

要擴大去愛你的仇敵，還有整個国家社會，就給大家分享，愛自己的情人較易，其餘則難。那些不容易去愛的，正是杏林子所说的「第一种愛情」，一個人要培养到那种境界的愛情情操，恐非只是傻子或脑袋空空简单的人所易於达到。至於我呢？

親人：天生有愛.
部屬：我依法愛他们，因为现在是营长.
国家：當然，軍人不愛国也不配当軍人了！
不喜欢的人：慢慢練習.
仇敵：於私沒有仇敵，於公是戰場上的敵人，
談不上有愛。
[illegible]：很愛.

四个大愛，我想不是青年人的问题，人生整个过程都在追尋，有人找到一个、有人找到二个，有人找到三个、有人找到四个，我相信有不少人是一个也沒找到——他有愛，但找不到。更有的人沒有去找，他「不知」有愛——不知道人世间有那些值得追求的東西。

Modern music is okay, we guess, but why did it have to come in our time?

現代音樂諒亦無傷大雅，但我竟適逢其會，不免引以爲憾。

DATE 雨

78年5月30日 星期二

碉堡內，整天安靜，彷彿天地間只有一人；
碉堡外，終日細雨，像極了愛道話的小女生。

沒有出去，只在堡內想事情，看書，寫東西。
從小，在困苦中長大，一切靠自己。許多人說何以成功，說要具備些特別的本領，例如公共關係做的好，例如能洞察上級的企圖，或甚麼工夫。成功是一顆喜糖，任誰都想吃。而我總想活的像我自己，做事實在些，做人誠懇謙虛些，該盡力的就盡力，該付出或該負的不保留。

至於那些我得不到的，原非我所有，強求不得。
就活得像我自己吧！
雨仍然在下，不論外面如何嘀嘀咕咕，我是我。
我想起多年前在馬祖時的一首現代詩：

I'm still waiting for some college to come up with a march protesting student ignorance.
大學生時常遊行抗議，卻不見抗議自己的無知。

DATE 78年5月31日 星期三 晴

印度 INDIA

✓總司令來小金門，召集營長以上幹部講話，要點有四：

㈠做好領導統御、內部團結工作。
㈡幹部忠貞問題，基本問題。唯忠貞是用。
㈢安全工作。
㈣幹部不要情緒化，給士兵留下惡劣印象，讓他退伍後，懷恨部隊。

晚上連絡官謝鵬來向我辭行。勉勵他把握青春光陰，好好幹。他是終身職，56期的，特別告以千萬不能有「過一天算一天，過一年算一年」的心態，果如此，真是痛苦極了，未來的日子長，怎麼過下去呢！要有「過一天有一天，過一年有一年」的積極心，讓每一天都很充實。這是現任李總統登輝先生以前常勉人的話，一字之差，完全變樣。

前者抱殘守缺，停足觀望，沒有明天，沒有希望；改正一字，踏實踏實，進步開明，明天會更好。

數十年來，儘管有多段漫長的黑暗，有多段顛沛流離，我們相信黎明一定要來。
堅信明天比今天更好。
新的潮流一定向前衝，歷史一定向前走。

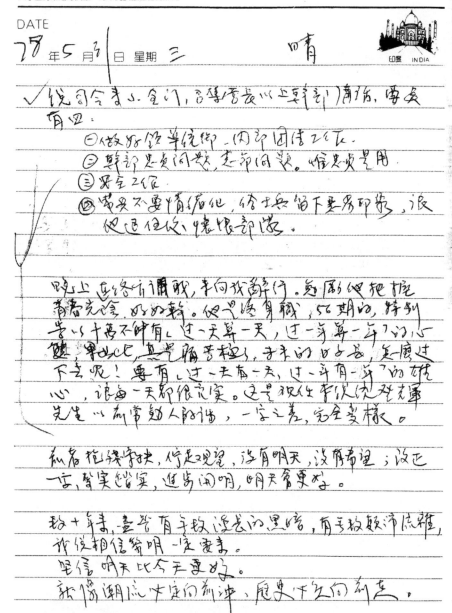

Mankind's happiest times are the blank pages in history.
歷史無事可記，即人間極樂之時。

DATE
78 年 5 月 31 日 星期
香港 HONG KONG

今天有幾個感人的新聞，都是感動、激動的要叫人流下熱淚。

首先是早上的晉光日，播出大陸民運動的現況。

學生的淚水，激情，是我們生活在民主自由地區所不易想像的，他們對自由真是太渴望了，其實深深埋了中國對民主自由的渴望，被壓了幾十年。總要有個宣洩。一如張曉風作詞，李泰祥譜曲那首歌「給翅膀一片天空」。

給翅膀一片天空／給夏天一聲鑼鼓／給神州一雙眼睛／給民主一支手臂／給鐵樓一條小縫／給歷史一次手術／給河流一個出口／給龍種一張…／年輕人，年輕人，年輕人
天安門，天安門，天安門／爭民主／起風雲／

其次是俞院長要卸職前，率閣員到慈湖及大溪謁陵，向他的老長官告辭致敬，那種知遇恩人去卸任之情，催人流淚，是中國數千年來政治圈內不多的「濃情」。

在我的印象中，俞院長是公忠體國，幹練克儉，克盡職守的標準公務員；但很不適合當一個政治人物，政治人物須要有「政治形象」，要有廣告企「術」，要能塑造自己的風格，還要有政治魅力，群眾吸引力等。

再者是台灣有一百多萬人，自北到南以手牽手心連心的連在一起，以支援中國大陸的民主運動。

此岸也好，彼岸也罷，目標都是民主、統一，這正是雙方共通的語言、一種世界語。

DATE

78年6月4日 星期一

中国统一，民主，要待何时？
赋一首诗：

中國統一待何時？
十年廿年不算遲；
如今已快半世紀，
人民期待好日子。

依我浅见，人类有史以来没有一个政权，用自己的军队，拿着武器，对自己的同胞——手无寸铁的学生，进行残无人道的屠杀。没有类似事件。
有，但不是对自己的人民，是一国对另一国，一个民族对另一个民族。例如二次大战时苏联对波兰的镇压，如日本对中国人的侵略与屠杀，又如一百多年前，白人把黑人卖到美洲等。那种虽存在太多偏见、种族歧视，是另一问题了。
当一个政权产生危机时，往往有两个反映：对内镇压、与对外用兵。所以我们一面声讨，一面加强戒备是有必要的。
这下子，中共的"香港模式"，五十年不变，和平统一等等，一串串西洋镜又揭穿了。

DATE
78年6月10日 星期六 晴

寫完"一个知識份子對於新大陸政策的「小小意見」"之文。

已寄聯合報。隨他用不用。

伊朗精神領袖何梅尼死了。
全伊朗數千萬國民(含知識界)，瘋狂的為他悲痛、哀悼，声言要继续他的路線。

在西方，我們看起來，他簡直是个魔鬼，一个失去人性，不正常的狂人。

人類之間的偏見，竟然如此之鉅大，遙遠，"世界大同"，實在是一個「神話」(myth).

People who are to transform the word must be themselves transformed.
要改造世界，先得改造自己。

泰國 TAILAND

DATE 78年6月11日 星期日

大陸學者王曉波說獻身民主運動有兩個理由：
① 中國數千年專制力量太強大了，必須推翻。
② 中國人奴隸性太強，必須喚醒。

其實，此二者是相互推移，而相互增強。領導階級力量太大了，形成一種專制的政治文化。而此文化到人民的生活層面，奴性就愈大。

反之，奴性愈大，便愈要領導階層的專制統治。這不僅王曉波說過，七十年前中山先生早說過了。

到現在，我們的百姓仍不知道要如何過民主生活，所幸我們可以在民主生活裡學習如何過民主生活。希望很快學會。

晨間新聞有大陸學生領袖柴玲的錄音訪問，天佑她，她還活著。她哭的好傷心，我眼眶都紅了，濕了，她說：原以為頂多把學生強拉出去，沒有想到，他們（中共）用坦克把學生壓成肉餅。這種政權，滅亡的時間到了。
一個使人民痛恨的政權還會存在，天理何在，所謂「民主精神」又何在？

Worthy action gains good opinion.
有價值的行爲，可以獲致旁人良好的意見。

DATE 78年6月12日 星期一 晴

香港 HONG KONG

聽到屋外的阿兵哥用一種戲弄的口氣，好像在叫誰，「李鵬！李鵬」

我好奇的出去一探究竟！。他們說指揮部的最近抓了兩隻小狗回來養，一隻叫「李鵬」，一隻叫「小平」。
北平那票喪心病狂的劊子手真到了「亡头亡党」的日子。

不知怎麼，平时每三兩天就給允婷寫一封信，而今竟有一星期沒有寫信了。突然間，似乎兒女情長的事情成了次要的問題，每日關心，並向官兵「訴說」的，儘是中國民主、統一、自由的話題，以及中共死狗急跳牆下可能对台灣產生的危机，历史是這樣寫的。

大陸學者楊谷松來訪，对暴說不敢批評，該糕？中立！我對他有所批判。

In the keeping of an unjust thought you wrong yourself.
你把不正當的念頭保留起來，就會損害你自己。

DATE
79年6月12日 星期二

雅典 ATHEN

金门三宝

小时候读书常念到：
东北有三宝，人参貂皮乌拉草
我以为金门亦有三宝：
空气治安交通好
金门之所以有三宝，是用代价换来的，
一方面地小，再看它並未開放成现代化。
"现代化"是个很好的境界，但也伴
着许多负面影响：例如人口集中、
治安恶化、交通混乱，传统价值
观念与规范崩解，而新的现代
价值观念与体系尚未建立起来。
於是乎是一个"乱"字了得。
这些，金门却尚没有很明显的出现。
在现代化过程中，是要保持现代化

Civilization is nothing else but attempt to reduce force to being the last resort.

萬不得已始使用武力即爲文明。

DATE 78 年 6 月 17 日 星期

中華民國 REPUBLIC OF CHINA

以提高國民所得與生產量，我要三寶，常是兩難。

最好是現代化與三寶，即要，才是真達到現代化。

這了往真 仍叶不懂.

We like a man to come right out and say what he thinks, if we agree with him.

和我們意見相同的人，我們才喜歡聽他的意見。

DATE 78年6月14日 星期　晴

荷蘭 HOLLAND

✓ 當一個現代軍人要懂得政治，要研究政治，卻不能介入政治，這之間的分際在那裡。

其原則：

①效忠國家，保護人民。

②不屬於任一黨派。

③不介入任何政治勢力。

④不參與任何政治運動。

⑤憲法上有規定的，照憲法規定，行政命令有的也行政命令。

所謂懂了只要了解事實的真相，不要曲解事實，才不致有所偏差。

Years wrinkle the skin, but lack of enthusiasm wrinkles the soul.
歲月不居，肌膚枯皺；疏懶成性，心靈枯皺。

法國 FRANC

DATE 78年6月15日 星期四

日前同事相聚閒聊，太太來一封信，她用一种不太正確、對軍事術語又不太會用的口語說：

大陸情況危急、混亂，台灣的軍人得加強戒備。平常老百姓說軍人太多了，其實真正用兵時，就不嫌多了。

她的看法正確，所謂養兵千日，用兵一時。又說：

你們屬下的幹部們，「兵們」都得要像這個國家一樣看待他們。平常得去關心他們，出門在外，尤其是注意前線，目前又是戒備，更須要多照顧好弟兄。

太太一介女流，沒想到對用兵帶兵也懂一些道理。人家夫妻通信，多半是「男方加安全」，她又加上對身邊官兵的關懷，豈不感人。

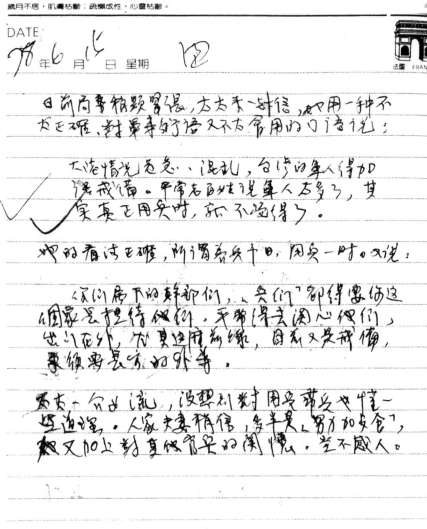

There is nothing so kingly as kindness.
仁慈最能表現君子之風。

DATE 28年6月16日 星期三 晴

阿拉斯加 ALASKA

乘「海燕輪」去大小金門，浪都大。
船在海中身不由己的動盪，極目遠眺，無際天涯。
人在世上，不也如此，永遠在漂，在浮。
永遠沒有靜止，連躺在地上也不是靜止的。

船在水上漂，
水在地表流，
大地繞着太陽轉
太陽系在銀河系中動
銀河系在宇宙邊緣奔馳
宇宙不停在擴張(我猜的)。
和宇宙……

天行健，君子自強不息，
人啊！是永遠不能休息的苦行僧。

Being is more important than getting.
實現比攫取更爲重要。

DATE 78年6月5日 星期一

方勵之受美國大使館保護，引起雙（中、美）方緊張關係，同時台灣大為唏噓也震了驚。不清通望。

讀我對中國知識份子的觀感。總覺得中國知識份子欠缺一種健全的風骨，客觀批判意識甚為不足，數千年來的專制政體可以證明。當然敢向專制挑戰者並非沒有，只是鳳毛麟角而已，像方勵之輩者只得其一。與廣大中國人口相比為數億分之一。

知識份子總是領導潮流的，中國的民主、自由若不由知識份子去專領導，產生思想層面的變化，我以為僅靠其它「錢」與「權」，沒有希望的。

所幸，海內外知識份子有了覺醒，並且聯合。
台灣的：段宏俊律師、
香港的：李東明、金耀基、
大陸的：方勵之、李淑嫻
海外的：丁學良、胡平、

Dissent is no sacred; the right of dissent is.
異議的權利神聖；異議並不神聖。

DATE
78年6月19日 星期一

但對國際大師級——中國大陸的史學者，蘇秉琦先生，我倒有些不甚欣賞了（當然，他沒有必要得到我的欣賞）。
他訪問台北，記者問他對天安門事件看法，他都說：太敏感了，不便多說。

他得了科學研究的「價值中立」說未免太教條了，況且「價值中立」在近代早已被史學們普遍加批判為欠缺知識份子的道德良心，沒有歷史使命感。

不知他是保守？落伍？不敢言？

誠如「河殤」作者說：
歷史卻給中國人造就了一個十分獨特的階層——知識份子。
他們很難有統一的價值判斷和獨立的政治主張，他們幾千年來都是一種附庸。

他的批判很激勵，但是失望到底。他又說：把科學與民主的蔚藍色甘露澆灑在黃土地上的是他們！

He who brags most usually does least.
最愛說大話的人，往往做的事也最少。

DATE 78年6月22日 星期 2.

格林威治 GREENWICH

柴玲，清湯掛面，白上衣、短褲头，胸前掛付大墨鏡（見聯合版，78.6.11日，八版照片），可愛極了。個兒嬌小，典型的中國姑娘。

很佩服她，有着爭取民主自由的認知，思想進步，成為北京天安門廣場學生運動總指揮，在其夫婿封從德協助下，領導百萬學生與中共相抗衡40天，震驚全世界。

如果在自由民主更迭過程，他們真是地上一對，天上一双，在情人道上，雲里林下，佛前双双，如最羨慕的一對。可惜！

我此时的感受是，中國知識份子終於勇敢起來了，柴玲（北師大碩士班）、封從德（北大研究生）两人就是代表。

但願
翱翔高空的一双（中共抓不到）。
讓有情人和我们譜下恋歌
生生世世
我们子孫都羨慕的

To do some one thing well is a worthy ambition
把一件事做得很好，這便是一個有價值的雄心。

DATE 78年6月21日 星期三

替朱高正加油

朱在联合报(78.6.17.3版)發表「民進党健全發展的危机——一个对民進党路线的初步批判」一文，使我对他实在有了好感。他所批判的四大危机：

①死硬的零合斗爭路線
②盲目的群众運動路線
③盲進的台独建國路線
④激進的革命性向路線。

真是一針見血，但有些知識的人也都認同，見此四大危机，後果便得問題嚴重」。

时代在变，社会便要向前發展。国民党已经放下「意識型態」的包袱，民進党部份人士竟却又拖起「意識体的結」，实在開时代倒車。

我很希望，朱高正能站在同党、同事立場，再加批判、糾正。使民進党成为健全的政党，对於中国民主政治之前途也。

Humility is a strange thing. The minute you think you've got it, you've lost it.

謙遜難以捉摸。在你自認爲謙遜的時候，你已經不謙遜了。

DATE

79 年 1 月 14 日 星期 日 於小金門。

英國 ENGL

一年又過了。

準備陸院考試，暫停寫日記。

等待放榜的日子，心不太安定。

近讀胡平著《給我一個支點》，關於《論言論自由》一文，台灣似乎尚未有論的如此徹底的，難怪稱之「當代中國人權宣言」。以此標準看，現在軍隊何有言論自由，說維護憲法，真是違憲。

每天說假話，只有對著日記說真話，還有何處呢？

Education is discipline for the adventure of life.
教育是人生奮鬥的一種準備。

DATE

79年1月18日 星期

巴黎　PARIS

春節快到了，每年此时各级大官都要到訓练、基層慰问，如司令官、副司令，今天是部长來。对基層幹部與一般官兵言，此种事已成恶夢、地獄般可怕。压力之大，幾乎叫各级幹部去上吊自殺，尤其那种只有给長官看，任何單位與个人都不能出差錯，好像说錯一个字，作錯一個動作，便要有如滔天覆之禍，不准士兵亂說话了，一切都經过安排。說錯了被長官，心態之可怕，已到了外人不能想像之地步。

基層幹部不想幹，没士氣不是沒有原因。部隊實在太封閉，官僚、獨裁，正是備受與外界隔離，很可怕。近日與从主長談起，都觉可怕、可憂。

是國防部的決策單位及大官有愧於國軍官兵。

To half-do anything is to make a failure of it.
任何事情半途而廢就是失敗。

DATE
79年1月[illegible]日 星期六 陰

中華民國 REPUBLIC OF CHINA

同學黃富鴻來訪，他在七賢，還有小金門，共有讀書一同陪他小遊此地，老友重逢，甚是愉快。

前天已得知陸院沒考上，心情有些不佳，十多年軍旅生涯，到此關頭，進不是，退不是，一陣茫然！

滿腔熱血，逐漸冷了。許多人說我心冷，當然也許，前途不見了，只是功力太差。

Hardened consciences are hard to teach.
硬心腸的人很難教化。

DATE

79年1月27日 星期

春節在無味、無聊中渡過。六天只是吃些魚肉，喝些酒便是過年了。

還有應酬，若是朋友的是無所謂，長官的應酬才是無聊無趣之極。

台金電話又不通，名曰通了，實則根不通，打了四天

A man must have a certain amount of intelligent ignorance to get anywhere.
人要聰明中略帶胡塗，才能有成就。

DATE
79年3月30日 星期 晴

✓ 很久沒有寫日記，心情不好，得不到定位，找不到方向，寫了也是無趣。

這日申請太太來金，未准。

又未向太太寫情書，心情不好的時候[illegible]，徒使她為我擔心，算了，看看書。

書中才有好的、美的，得一些安慰，不然怎麼辦呢？也不能一走了之。

只有讀些書才能「看不見」「聽不到」那些醜陋的、令人痛恨的——。

一起找些書吧！

今年的博士班100%又不能考了，都是一些爛規定。

The misfortunes hardest to bear may be those that never happen.

最難忍受的不幸，也許就是從來沒有發生過的不幸事故。

DATE

79年3月31日 星期 晴

澳洲 AUSTRALIA

表演團共一大堆45、46、47……老弟唱團聊天、一個個充滿對現行各種團章訓練制度的不滿，痛惜、牢騷，抱怨……。

蕭明這一塊招牌想必不會掉，但已腐朽，沒有獎金、補貼，誰肯？誰敢？

團章訓練的陋規太多，不合現代用，要改的太多了，拖的太重，要大翻修，但只得到蓋章、大官們，誰肯？誰敢？

反正是下官們倒霉。

To travel hopefully is a better thing than to arrive.
懷著希望的心情旅行，比到達目的地更有意思。

DATE
79 年 4 月 10 日 星期 晴

荷蘭 HOLLAND

往昔，我這裡沒有革命感情
是迷思（myth）。
今天我終於相信革命感情
的存在——
吳林副指揮官和幾位旅長
把酒一壺，談起國事及今天的
部隊風氣，
交相推許大笑。 [illegible]
時為四月七日 寫於雨夜。

Personally, I hold the brain above the book.
我個人的意見認為頭腦比書籍重要。

DATE
79年8月1日 星期

澳洲 AUSTRALIA

等待，如果是等一個情人，或一個希望，該是很快樂的事。但此刻的我，等待似乎是一種苦悶，猜不到的時間，或許要去讓它慢慢過吧！每夜坐床看到吃，如果一直待在牙醫部門，無異我將不通。安全局又要出誤是了，再過二十多天除了住的同学也退伍了，有希望的升官了，一些沒多大希望的，還不是上不去，很苦的。

希望，不是要多大的官，而是再待下去有什麼意义？此刻有著對(国家)误我一生的感覺。

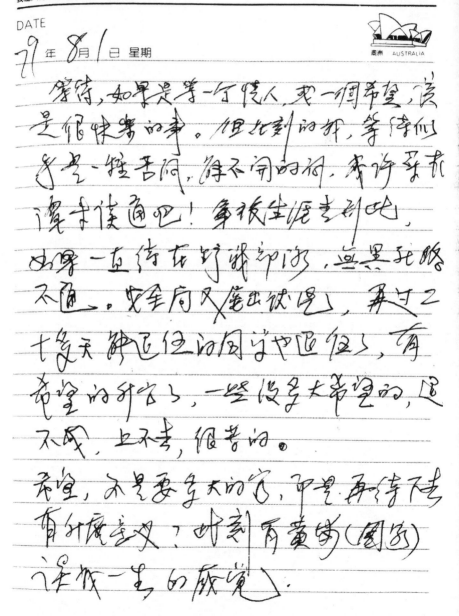

Better talk too little than too much.
少說幾句總比多說幾句好。

DATE 79年8月27日 星期

阿拉斯加 ALASKA

同學黃中原隨我任司令官的幕僚來金門，升上校了。今年八月中旬也是本期同學任15年，有不少要退伍了、離了15年、有上校的，有中校、有的還幹少校，這裡頭真正與品德、才能有關的似乎不多，關鍵在於還是關係，所以感嘆的多，讚賞的僅一二而已。

令人慨嘆！前後何望？

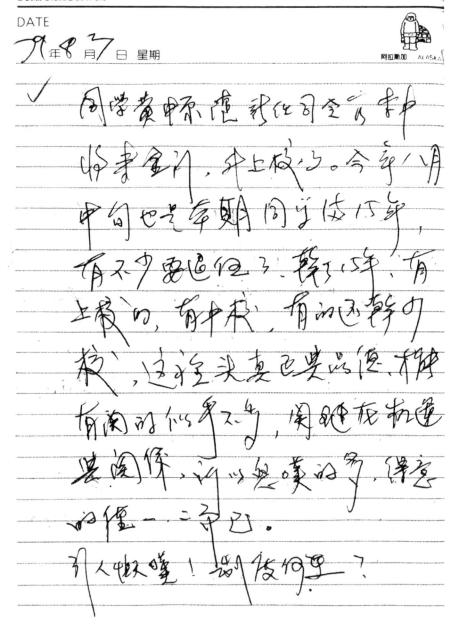

It is better to suffer a wrong than to do a wrong.
因爲人家的錯誤而受損害，總比自己犯錯好。

DATE
79年8月8日 星期

今天是爸爸節，對常年流浪的我們似乎不具有多少意義。其實對於在金馬的軍人也一樣，大家都如此說。

倒是最近接太太幾封信，大多提結婚十年的感言，幸福感已很深了，這是夫妻兩人努力的結果，但是大先生不在，其實是十二萬分的不願意。

最近以來很煩，我司令官要做簡報，都是些無意義的東西。但奈何也，真是可憐又無奈，這是當代中華民國許多軍人的同感。

Progress is the thing that puts most books in the discard.
進步這種東西，使大部數書籍成為廢物。

DATE
79年12月3日 星期

英國 ENGLAN

八月主委，經一場不甚愉快的要事，看破了許多，現在的許多只要会兩件事，便能升官：① 逢迎拍馬、
② 拉関係、套交情。
這兩件事我都不会搞，真是很難過，20年前進軍校，豈知有此一日！

Let any man speak long enough, he will get believers.
任何一個人，如果講話很久，都會得到相信者。

DATE
79 年 12 月 25 日 星期

韓國 KOREA

金门

今天是聖誕節，到小金门去看朋友
找一只烟斗。
不知为何今天对何海在此地方、
一些长官刚罵完了官兵，不要带小
姐到港区娱乐场的，回头她
自己就一个女人，四大巨头和那个
女人在港区，关在小房间内、弄到
晚上十点多才放她回去。
当长官的，大概当权派的，每天在
卡拉OK唱、跳，真是不简单
手。

Are we growing in proportion to our opportunities?
省察一下，我們性格的成長是否和機會成比例？

DATE
80年 1月 1日 星期

一年过了，提不起精神。
我的一天開始。
沒有希望的去年。
展望新的一年，
也看不到希望。
日子，怎如此的黑，如
此的暗，革命之路怎走
成地獄之路？

To be trusted, prove yourself trustworthy.
如果有人信任你，足以證明你是值得信任的。

DATE
80年1月5日 星期　　　　香港 HONG KONG

三毛自殺，死了。

我的感覺是她始終活在一個~~理想國裡~~，但理想是永遠達不到的，即使達不到，再走也是白走，走了算了。

她被讀者「神格化」了，她自己也已經活在「神話」世界，顯然已經脫離了人間；但明明她活在人間，矛盾、矛盾，解不開的死結。

只好一走了之，但傷害了萬千的「三毛粉絲」們，真是很可惜！

Tact is the art of building a fire under people without making their blood boil.
在人腳下生火，而不令人冒火，是謂「圓滑」。

DATE 82年6月28日 星期

82.6.28 花防部報到，
畢業18年，第一次到花蓮，有新鮮感。
自行開車到花蓮報到
台北—宜蘭—花蓮。
路很窄，驚險萬分。
沿途風光很好。
畢業至今18年多了，我還是老
中校一個，同學少將都幹過頭
了。不比這些，但為何41歲了，
仍陷自己於絕境中，無力無法，
又無能脫困，到花蓮度假吧！

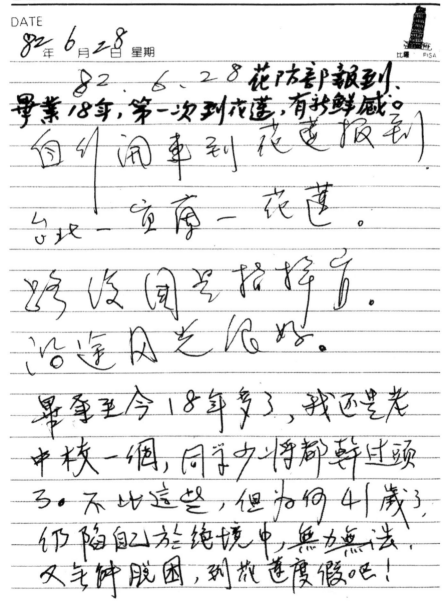

Though the past is irrevocable, it is not irreparable.
雖然過去的時光不能倒流，可是並不是不可補救的。

DATE
82年6月28日 星期

從去年考進三軍大学，经一年苦讀，終於畢業了，沒有叫我第六度外島已算天保佑。
小路，路復國，学生时代和他不熟，雖都是砲兵，但未一起玩过。他現在是「花防部砲指部指揮官」，应有机会升少將。我去接副指揮官缺，一向「謠傳」正副主官是同学，最後都搞得不欢而散，同学会見面不说话。我以為，這种事不会在我身上発生，除非是那种很爛的。小路是個嚴謹的人。

輯六：狼煙 30 年，家書抵萬金

妻，民 58 年

大妹，民 56 或 57 年

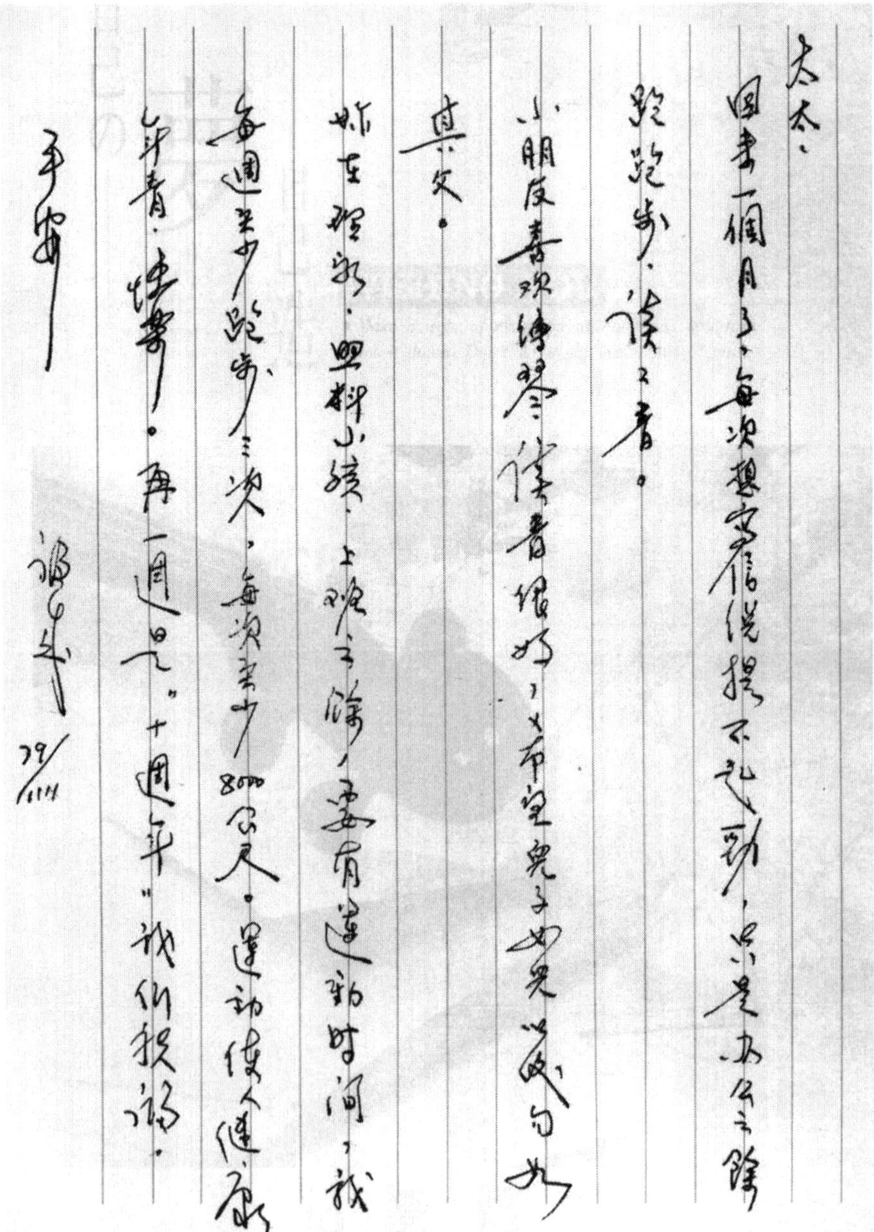
太太：
回來一個月了，每次想寫信總提不起勁，只是辦公之餘
跑跑步，讀讀書。
小朋友喜歡練琴，練琴很好，又希望兒子女兒以後自如
真父。
妳在經營，照料小孩，上班之餘，要有運動時間，我
每週至少跑步三次，每次至少8000公尺。運動使人健康，
年青，快樂。再一週是"十週年"我們祝福。
平安
福成
79/111

太太：

今天是結婚十週年，早在七、八月份想要好好慶祝，

可惜天不從人願，只好等有空再補了。

家事的工作都特別多了，近來我一方面忙，再看

想利用一點閒暇讀些書，也比較心寬舒。請

太太不要見怪，唯一只想靜靜看些書，

也覺明年或有機會參加考試，以免太誤

多人會對，前不好意思。博士班三年才能上，

還是天保佑了。關於家事或台中市

適有事由你全權處理，好是我們一

的全校代表。

小朋友們能有一了健康的生長環境，比

考第一名、比學位的學歷重要，所以教宗

邦只能鼓勵他，並給他壓力。

至於鋼琴，看老師他們能學甚好，一方面

讓他們自己有、要，「物盡其用」，一方面培

養興趣，以後走入歧途抵念小。

好自己即有心讀書，便要有「得」，所

謂「定、靜、安、慮、得」是也。不以己

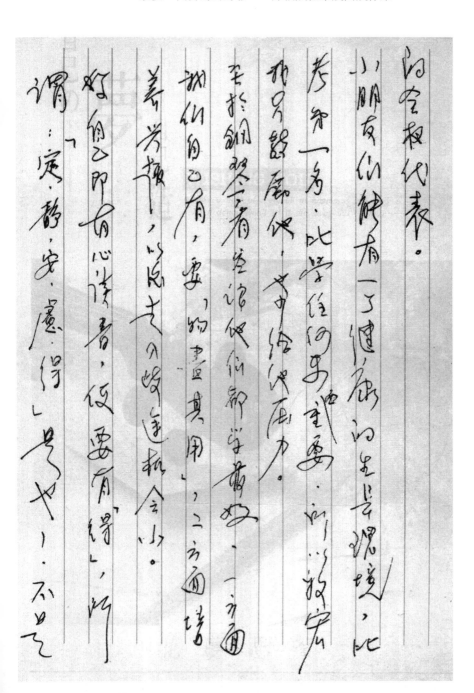

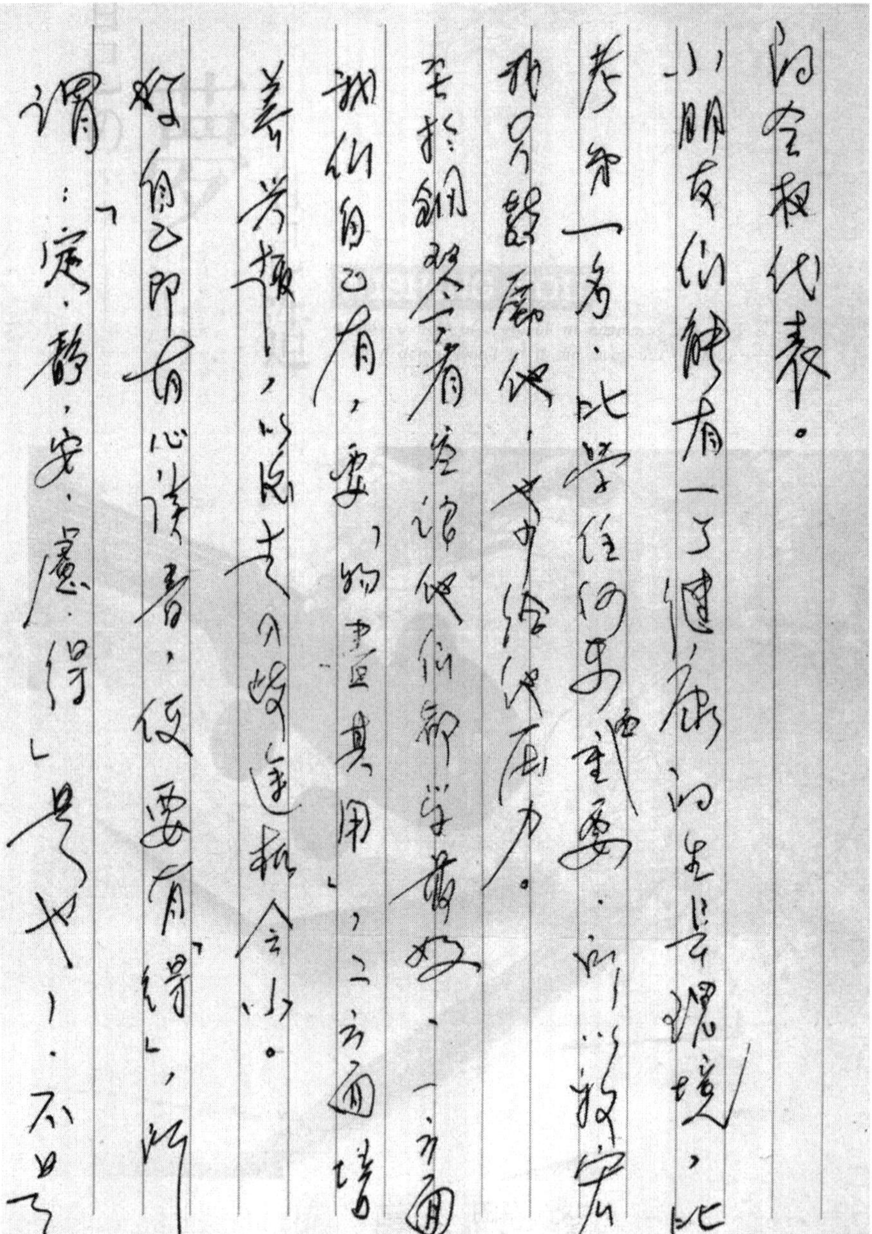

老爺熊師、胞兄們！你其四書，我一字不漏讀過二次，你不敢說謊，我就改戒了，敬接你說：三十遍，還要讀。

十一月七日劃撥26000收到沒？

平安

闔家歡樂

夫字

79/11/7

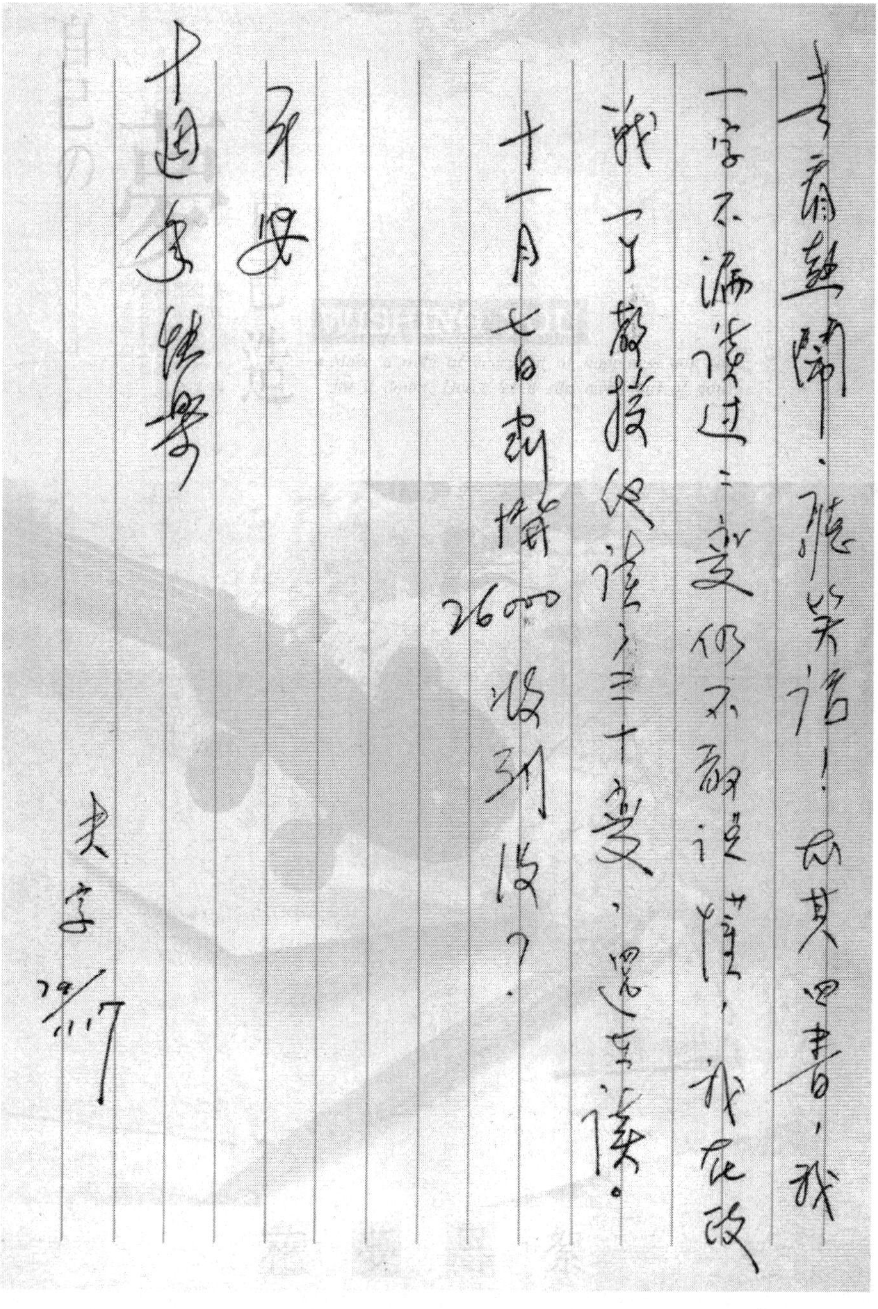

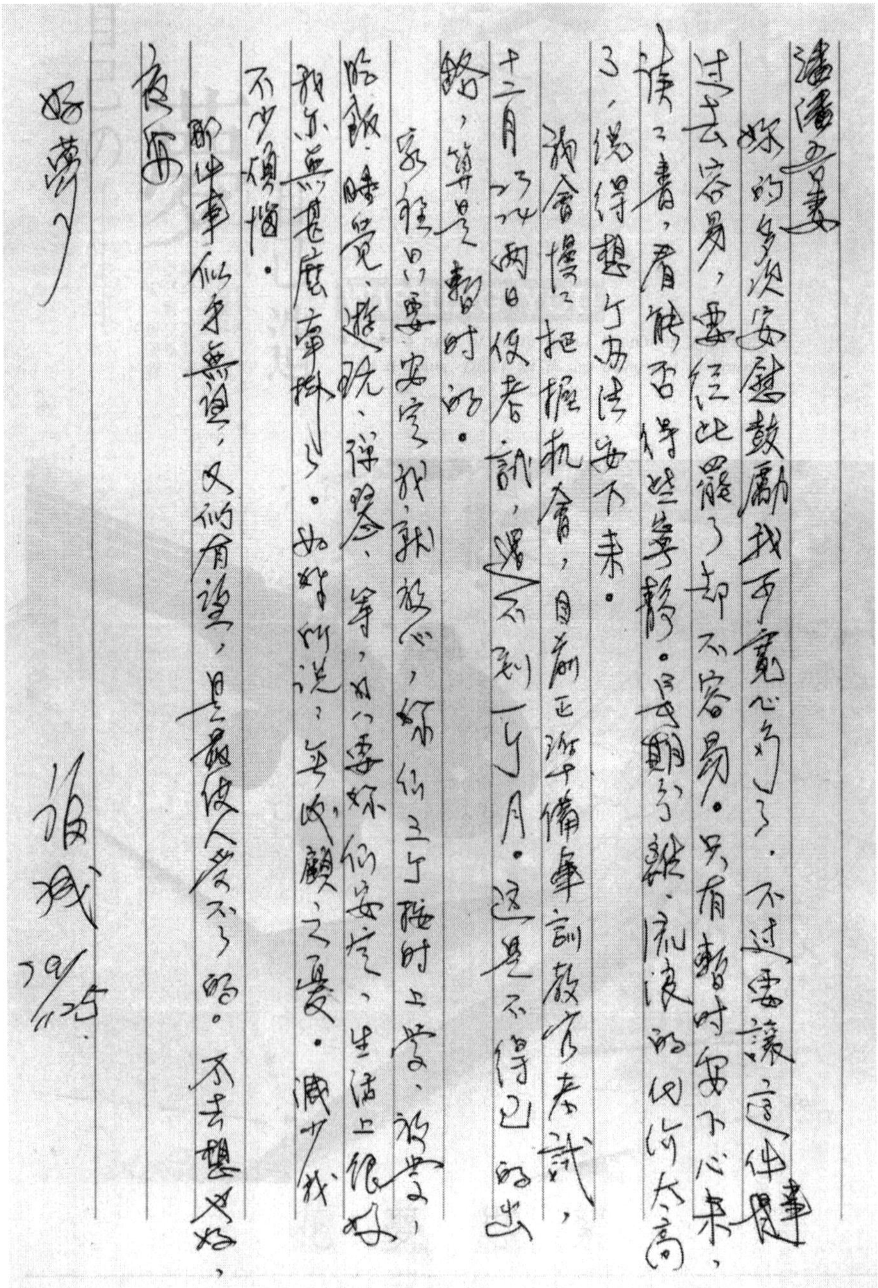

潘潘吾妻

妳的多次安慰鼓勵我要寬心多了。不過要讓這件事過去容易，要從此罷了卻不容易。只有暫時安下心來，讀讀書，看能否得些寧靜。只是期望了能，流浪的他們太高了，總得想個辦法安下來。

須會慢慢把握機會，目前正準備軍訓教官考試，十二月廿六兩日便考試，還不到一個月。這是不得已的出路，算是暫時的。

家裡只要安定我就放心，妳們三個按時上學、放學、吃飯、睡覺、遊玩、彈琴、等，我只要妳們安定，生活上很好我亦無甚麼牽掛了。如妳所說，無後顧之憂。減少我不少煩惱。

那件事似乎無望，又似有望，是最使人受不了的。不去想也好，

夜安

好夢

福成

79/11/25

太太：

已寄給三萬給妳（十二月新偉送），及看護証三人份，收到來信。

「宋樸」是我同學沒錯，寄100元給他即可」，不大去了。

我家自從婚後不太好，是頭痛的問題，運動量太少的原因（仔仔三人皆是），以後我在家會常帶她們運動。

最近準備考試，工作壓力也大，很懶的寫信。

祝

平安

派國

79/12/12

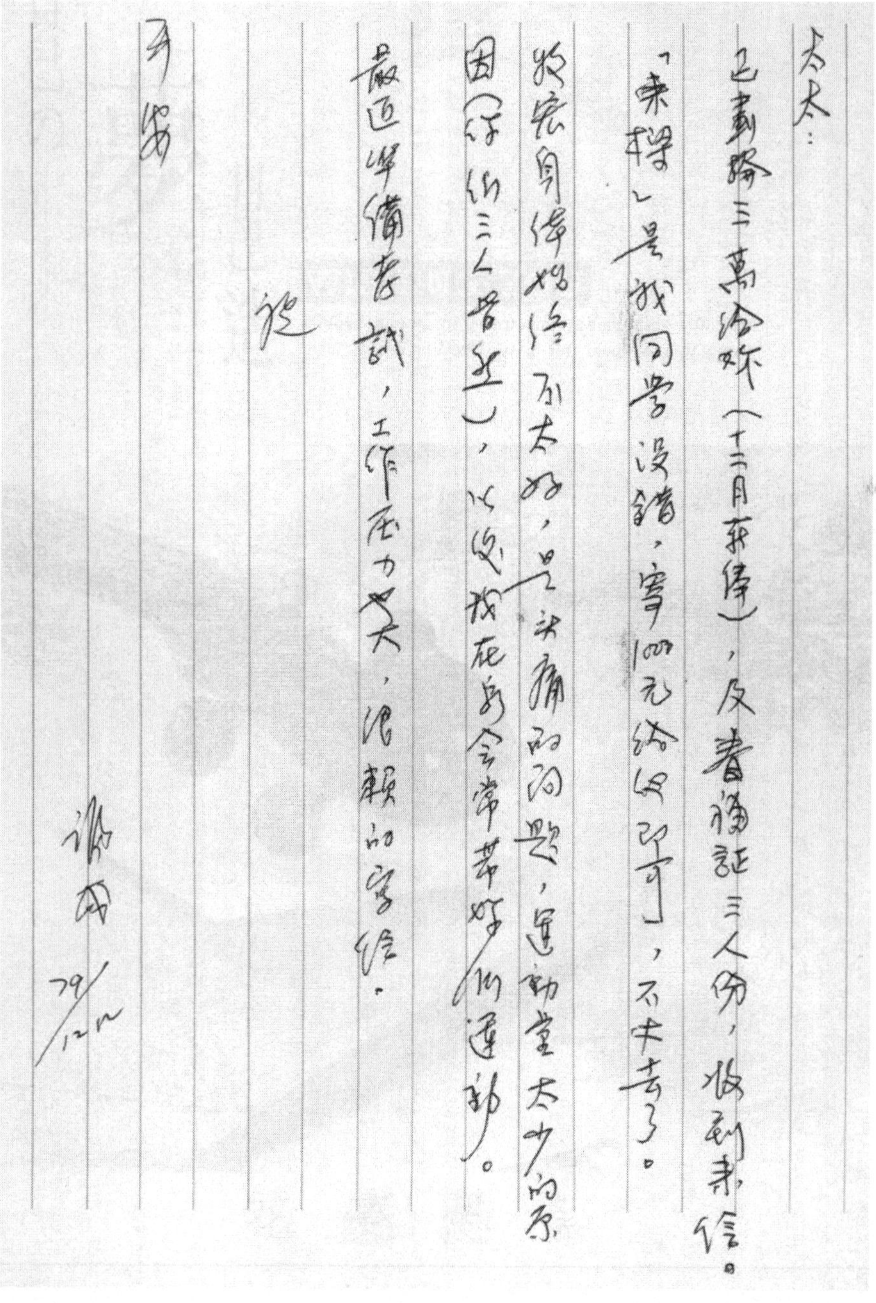

太太：

有一個月的時間我在準備畢訓教官考試，昨天和今天總算考完了，心未放下很大的壓力，立刻提筆寫封信。如果能考上，元月底回台受訓，三月底任職。希望很大，但願此次能過關。

從十月十日回金到今，二個月了。好像單身漢一樣，加上事情不如意，實在是很難過的一段時間，未曾有過，似乎是快過了。也不知妳們過的如何！今夜是聖誕夜，沒有一點"節"的味道，靜靜地一個人在室內寫信，外面有狗在叫，荒山，淒涼。

兩個媽一個爸你們還好吧！寶寶寄賀卡到台南，台龍回了一張來。打他時問候大家好。

如果沒有其他要務，我本月28日會回台灣一趟，六天。兩個月不見好像兩年或更長，或許十年夫妻，感情有了寄託，也有了牽掛。

平安

夫字
79.12.24 金門

寄三万及舊稿收到沒？

愛人：

此次回家修房，應是很安全的，應無意外才對。不過MC卻今沒來，似有存疑，是不是經期不順之類的。如果真的有了，就安心的生下來，不要拿掉。一方面傷身，一方面家庭人口多一位何妨！再過十年我們都快50歲了，也熱鬧些。是不！而且我擔心此次考試沒希望，再過三、四個月後回台了，可以幫妳洗尿布，豈不有趣嗎？

妳九月廿日寫信時，MC沒來。現在我回信是九月十三日，來了沒有！做愛乃夫妻之間特書之事，責望勿有压力，有則有，無則無。

平安

清水

80.1.13 金門

太太：

信都收到了，近些是不能回去了。可能要到十月二十多以後才可能休假。我儘量提早。甚麼書帖就拿了，妳沒有寫，信的前或後外，都未說明是誰。是親戚的話，問周嬙，是同學（及其他），除劉、吳二人外，都可隨便。但也未必就放心，要不要以後再說，重要的是勿存壓力。

平安

注意：信箱改了。

福成

80.1.26

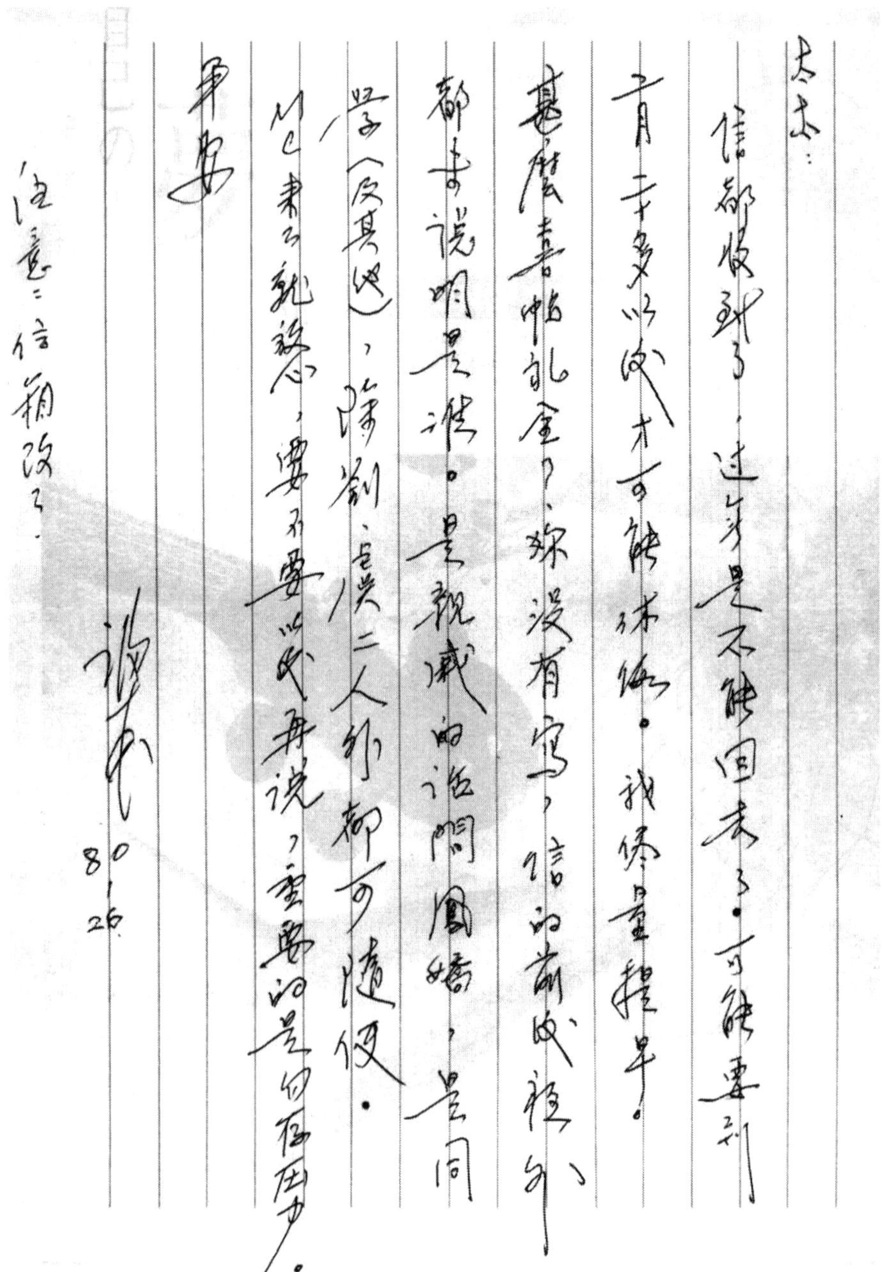

親愛的太太：

近來好嗎？我們的寶貝兒女沒叫妳頭痛吧！快過年了，妳們也該放寒假。要好好利用休假日。前封信妳說要去東部玩，就好好的玩，只是要注意安全，外面的飲食衛生，一年才過一次年，應留下美好的回憶。

預定二月八日開工，陳媽的兩件和周嬌青梅的兩萬直接劃撥給他們外，餘寄給妳，（我留下一萬多元，反多5000元的特別用途）。如果郵局不誤誤的話，妳在二月十二以前可以收到，正好春節可用。 我此甚好。

平安

復國
80-1-30.

[illegible]

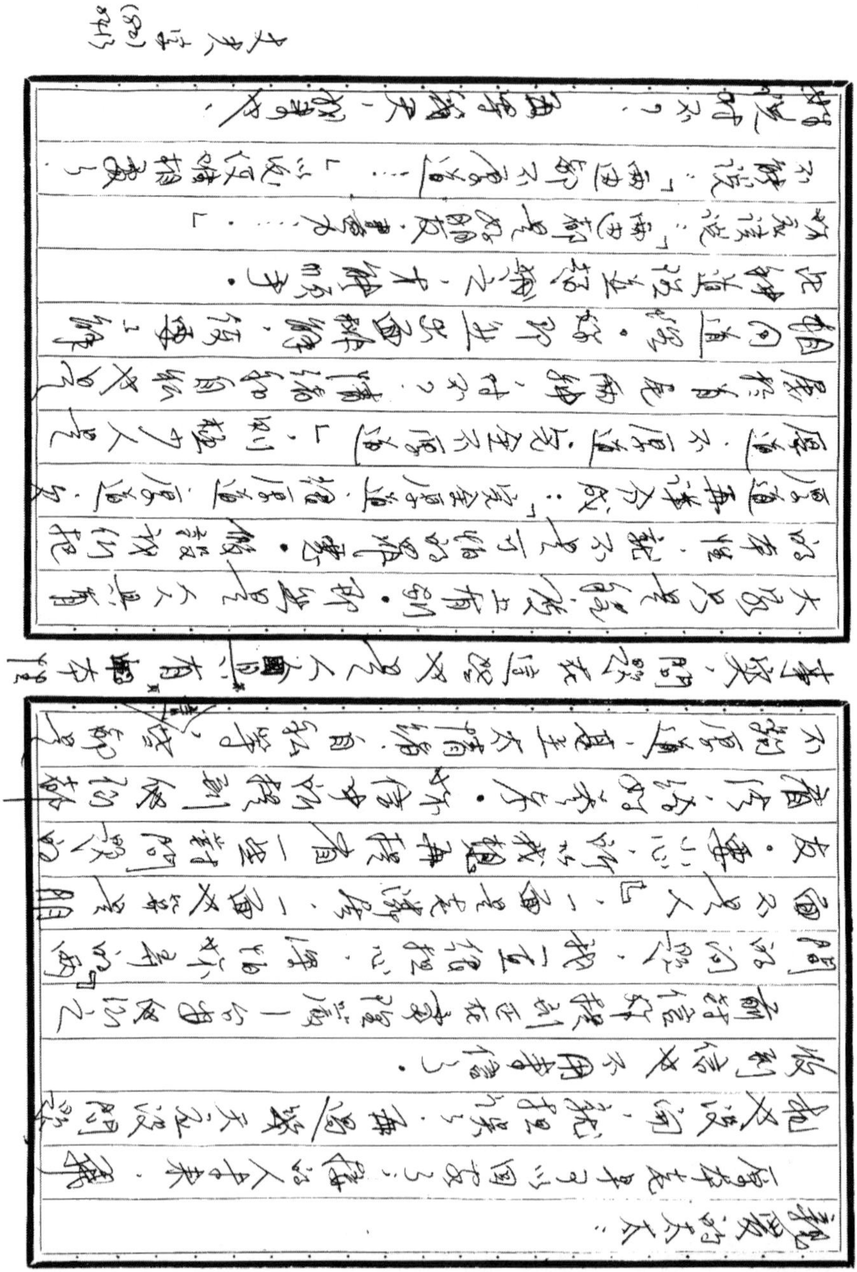

福成：

不知不覺、日子過得還真快、今天又是星期一了。你回台也快一星期了。天氣的轉換，自己要多留意。保重。我這兩邸有些咳嗽，很久沒給孩子們寫信了，是想讓他們有些抵抗力、這兩天冷多些。自己油煙肉多，那也不好看些。可這天可停寒。最近晚上我的，夏睡不好；除了想你的，做得滿手動作。

上班下班，回到家中是最舒的。自己喜歡的收音，自己要做的事，自由自在。我的21年大部份是為了賺錢，孩子們的讀書問題，另外當然也有。現在已有一些在外，幫了不少。所以21年存到，生已走，秀的學生，只他一切還不錯。

中午我到我看會回班午睡，利用此時寫了信，今早得到郵局把孩子們的錢，順便寄信。

先生（爸爸）在家的時候，家中生氣增添許多。不在家，自己不如寫寫家信。

祝

萬事如意

太太

79.10.15

星期一 12:31

太太：

又是一月了，時間真快，再過十天就春節。妳們此刻大概是休假在家吧！忙着办年貨、打掃等。這幾天氣很冷，妳們身体不好，是最难过的，多利用時間運動，正常持恆的運動是保持身体健康的好方法。

向太太說声：对不起。近来沒甚麼寫信心情，所以很少提筆寫信給妳。最近好，那兩本「十週年紀念集」可以給妳懷舊，休假在家時我看了那些信件，尤其是早一点的，例如「高登時代」的頗有趣的。

春節前記得向「一爸兩媽」及親朋好友拜个年。代替老公向大家請安。

平安

福成 82.2.5.

福成：

學校開學了，一切都是新氣象，自己總要有個計劃（畫），把自己的工作做得較以往完美，且多充實自己，因為學校上的安排較忙碌些，晚上也吃睡，作息倒還好，人生旅程並不是很長，這幾年難得多和你們一同做些想做的事。教書已二年後，每晚都得檢查一些功課及予以簽名，使我已慢慢的開始投入學習了，教書是自己（也樂了）家中的生活一切安穩快樂，同學們很為我著想學習，如今自己或許勞碌擔了，不覺得累和煩惱。所以真的你應付自己多保重和寬心，因我們的收穫即是你。

工作進行如何，（記得）開始我們即得着順其自然的態度和積極的進行，自己一定要克服一切，定下心靜下來看些書準備功課及考案，理想，總之天下人對自己即是不利，突破自己才是最重要的。

又好久未接到夫君的來函，甚為想念與牽掛。孩子們漸漸長大，自己感覺也輕鬆許多，比較有多餘時間保養，最近添了一些新衣裳，以前真是太省了，不然那會有今天的樣，你說對嗎？最近留直髮，看起來又年輕許多，再加上心境的開朗，日子要如過的，曾經有一段日子為你的工作煩，其實想「通」了，真是「空」也，像條大路通羅馬，怕什麼呢？、不過單獨的你，對自己的前途，和適應社會等等，即是決考慮之道，你的老母、妻兒，千萬不要意氣用事、靜常能很自不會損失一些美好的東西。颱風天，撿到一天放假日子，家中生活真優閒。昨晚2:00才睡，今6:00起床，現在每天都是晚睡早起。你陸官同學會寄來會員冊由君勝等到人，我幫你寄出參加此同學會，通訊錄回家你再看。今中大哥、母親都很關心我們，有時我真的怕，不夜來，所以沒回電，不過我一直會打電話問候一聲，就此擱筆，早上去郵局順便提錢寄信。祝好

太太
79.9.7
早8:30

福成：

可好！錢我搓了20000元左右，你寄多少。已够交了會錢這個月還要向老爸借。(過年不想會錢交不出去)。現在一切都OK，12月開始会好了一些，已經輕鬆了。

昨晚和友蓉姊兒打電話，讓我得知大姊那的消息。有時候不敢常打電話給大姊，怕自己言多必失。(關於他們家中問題，他家人我都認識，每個人我都不能得罪)所以等有人接才打過去，昨晚一聊又是二個鐘頭，利用不怕只怕說錯。自己很小心了。

說到重点時，以目前的情況，你自己更要以最謹慎細心的態度處理任何問題。(包括工作)這段時間或許是又一個你想不到的考核，記住埋怨的話(對此時毫無益處)。目前大姊說外力都用不上，這些時候再加油。一切安心等待、忍耐。(你自己再加以判斷)

「圓」的做人处事，我倆都應得加強訓練。上封信自己也寫了一些怨言。一切都謹慎些總是好。

大姊說這年底她会再請益，同時你去金門也一年多了，過些天也正好那時是你滿時。

我会把和大姊談的話，利用阿娘他們在的時，告之，你放心，你自己心裡也要有個算，記住千萬不要在「人」面前表現不悅的形象。(和你聊天這麼久很少聽到)。再謹慎些　祝

太太
79.10.17
早7:10

安好，一切如意

福成：

今接到你來信，林[illegible]也收到了（我已有二封信都寄到90836），所以這封信不敢亂寄，卻找不出一個信封，使青說急急地把它封了。已知你寄了2000元。

對[illegible]了太姊這些我會[illegible]一段時間停擊，你放心。至於和你拜會的，我想逢年過節我會打電話請安。今年母親電話已打，你放心吧，[illegible]。不要常常以我為[illegible]人吧。

太姊有把個人命令給我聽，所以她要你有[illegible]事情[illegible]，他定會出面，因對方已略告知她，所以你自己一切情懷（言行）、應酬時千萬要留意，以免失陪。

過年到了寄些賀卡，太姊要你寫的報告你寫了嗎？她說有收你寫。自己在和好友講談。自己在[illegible]一下。同時也靜下心來，充實一下自己的功課，書本太久不看，容很陌生的，也很吃力，效果差些。

這幾天氣轉換，好久你來信還是不到，好像有我不願你下去。所以，自己要有[illegible]去旅行，這是比不上在家和好。

[illegible]你那也有留意，有些事也是[illegible]，但也不能[illegible]，你說是嗎，寄上一份[illegible]，我[illegible]不信，所以[illegible]。

79.10.18 [illegible]

親愛的先生：

連續幾天自己像个大作家一樣每天寫工作報告，晚上都在通宵，昨夜到凌晨5時才打瞌睡了，真奈何！

有些事情說起來真好笑，校長竟然要我們將工作報告寫成一本書，連同77、78年的課程都要寫，自己沒親身的体會要陳述，真是太離譜，所以很多事情好處理，就是一笑置之，要拿嚴肅的事，這真還難不倒我，只是常做一些昧著良心的事，就好在別的地方修身養性了。

這一陣子牧云可把我整慘，身体差得不得了，每天到了4、5點（凌晨）起床就咳嗽，咳个不停，我就得起床，照顧，並按摩背部，擦藥油，這兩天總算好多了。不吃藥了，用食療來治咳嗽。一个多月，幸好牧云還能吃，不然身体可真吃不消。

佳青還好，精力充沛，很乖巧，不打一點不睡覺，身体也比云云她們還好些。

結婚十週年那天本來想提筆寫封信，正好弟弟一家人來報到，所以忙著做飯、煮菜，晚上累了也早睡，可是心裡卻一直記掛著，十年的婚姻真不容易。雖然不是十全十美，我覺得很滿足了。先生、孩子，人生還有什麼可求了。至于我自己，小時候家窮太晚沒有念書讀書的習慣。這現在加緊腳步，希望有所長進。

最近可好！要提筆時就寫來吧！26000元已收到了，現在的經濟比以前差很多錢都很好，所以在台的衣食上我都不操心，家中一切都還可，不要掛念，要多保重，不多言。　謹祝你

身体安康，一切如意

芳芳 77.11.28

親愛老公：錢不夠，同事說我生氣。

耳朵最近直癢，有你在想我們，可好！每天忙接不停、稿、工作、看你的筆筆。

卅一日帶小傑、小佳去上提琴，接著我要去老師、師母們到老師家去玩、吃飯、也好熱鬧、自己開的小姐姐她，有空也，總比你們要分了的多，孩子們都很好。祇是很想念你吧——說要回來了。

教委有篇文章我的[illegible]直不信，寫出了好些的平安。這如說了一句你們團永的念念，孩子們長大了，平安中帶著一份甜蜜。你們真是皮皮的有些事而不知何時被她弄好，例如她要被罵（新的）隨髮精湛的，更很是好陪心，所以可她可的很好。

還著去上課，再聊，祝

安好。

太太

79.11.2

福成：

寄上你所需的証件，收到告知。你的事我會盡力叮嚀，很多事情得看開些，「盡人事聽天命」也許有好運得呢。喻娣來我這兒，聊了很多，你放心我叨叨說，所以喻說了某方面是有些不對勁，對一切的事都希望「完美」不夠柔順，所以說的和做的我們就得打折扣，但你放心我會隨時要她保持聯繫，除了幫我們也是關心她。利用上課時間不多言 順祝

萬事如意

身體健康

P.S. 昨日帶孩子去烤肉，挺好玩的！明一日是「冬冬」參加。

太太

79.12.25

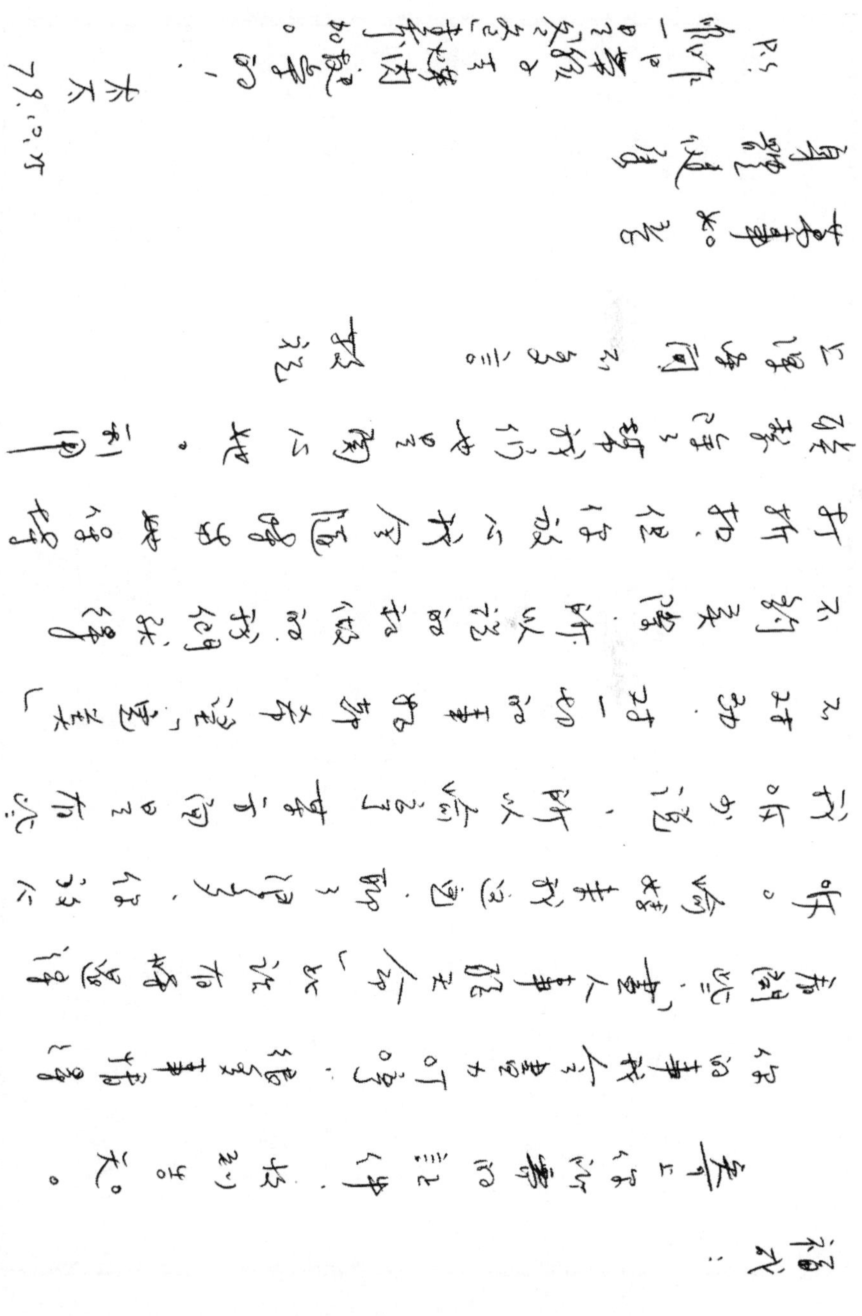

親愛的老公：

最近身體老是很疲，實是你心太思念我們了吧！

家中都好，生活過得很忙碌，兒女倒沒。昨日也放假

早上我們和輝哥跟着葉老師、師母，一塊到葉老師

學生家，就在土城的山上，真棒，有魚池、漂亮的山坡、

我們學會了釣魚、真是開心、一天很快的過了！小孩

累了，我得整理家務，也弄到十二點多才睡。

自己身體上大致都還好，祇是覺得手的部差了些些。

今安晚，明天準去醫院看看，檢查檢查。教全月考

這回考第四名，經常每天檢查他的功課也花我不少時間。

真是天下父母心。

今晚義輝和我們聯絡，講了一些問題，對了，我們

除了等待以外，你是否也想到別的路子、平常你這方面是最內行了、我想你該想到了吧！、你自己斟酌看看、若太太說呀 不妨也讓我分擔了解。

又是新的一月、工作、各方面都還順嗎？、自己有好多保重。又該發薪水了、本來要標一個會的、可是同事家的那會因而下月再標、標了就要上寄給我、順便事前去。沒那麼多少、我要付會錢、十二月份開始我開始輕鬆些了二萬元的死會、你不用操心我的經濟。可是薪水得盡快寄好嗎？、最近家信少些、可是心常是記掛著、不多寫

順安祝你

平安快樂

太太
67.11.1
11:00.

福成：可好．

很想念你，每天的生活步調卻一致，上班工作，下班家庭，孩子們也是上學、放學。大体上說來卻算乖巧。自己的脾氣也較以前能忍下來，心性的增長，讀一些經書的好処，較會用自己的智慧。我的經書老師毓老說：「讀經書是將古人的智慧變成自己的智慧」，我覺得真不錯，可以時間上運用得不夠自如，但自己睡眠時間也長些，睡不飽易生病。這兩天台北氣候甚差，敏感的我們卻有些不喜欢。

這兩天半夜都聽到孩子的咳嗽聲，自己也睡不穩，半夜總是要起來，月考快要到了，上星期五~~過~~因生病，就考差了，這孩子對分數的好壞自己了解，所以也不想再責備，鼓勵他建立信心，所以我們做的只能幫助他計劃如何準備第二次月考，每天分配方式功課習慣自己安排到11:00，可是對三年級的孩子來說，睡眠會不夠。

二天的假期很充實，星期日早上在家和孩子做功課，我就看了報紙。一早帶二位老人家行路旁，一個半鐘頭就走完。那段路程。回到家中帶他洗澡休息，晚上讓他們看國父傳，報告很長篇。但看看了看卡通片，孩子每次都吵別人看他的，想大些會好點。太調皮如命了。不過越大越差。我們孩子都瘦了些。

金門氣候，還適應吧，是否要太太寄些衣服或吃的。工作還好嗎，心情上是否能如以前能靜下來看些書，有空就多握筆聊聊，總是對一些的有感而發，明年的五月即將來到，自己方面鋪路，搭橋，也告訴太太要如何做。家中的母親最近還好，大哥常到房的師傅，從母親說話中精神較佳，當然老人也都是有些老人病，應該是上年紀的。不多聊了，又要準備上班了。祝

平安、健康

P.S 有時想二月初的假期還真長呀！

太太

79.11.13上 5:30

福成：

入夜後深人靜時，孩子們都已入睡，天氣的變化，對兩个孩子比較適應，所以做老師的都很輕鬆些，其它的都還好。

現在每星期上二堂課，連續坐二個鐘不休息，還真有些累，讀讀學有意思的，其中有一句話讓自己很尋味：「人要是為了吃飯而活那太容易了」偶而都會抽空看一下書，學是綫練習思，才会有收穫。

今年天氣還好嗎，自己多留心。工作、學業之餘不要忘了讓自己輕鬆心情。家中最近音樂季，每个人都搶著要練鋼琴，技安已不用我盯他練琴，漸漸品味出琴可調劑身心。佳青也要無時，教佳青的方法稍微改一下，同時上兩課，學的增長，自己的耐力也增強不少，每天抽些時間陪孩子們佳青：給你這是老孫子、多多要我生氣。

最近錢寄些，所以也沒寄錢給台中娃，不過我曾打個

问候也沒明，不過年底因為他們新房蓋成，我是準備

一些要送給他們，四孩各一萬元。希望那時候輕鬆些。

我的身体很好，唯一手指全發抖，忙得連感

冒都沒時間。你自己多保重，每天期待着假日來到，

這回在金時間要延長一天才能休假了。你一個人很清靜

看得開。日子是過得快，我們每天人多熱鬧時間的消遣

成我的中心消遣。學校家庭很單純。你安心。不用寄了

祝你

萬事如意、身体安康

太太　79.11.6

11.30 到

福成：

不去想不去算一天天的過真快．最近身體的不穩．被病纏住這些時之咳了一個多月．尤其半夜常咳到咳嗽難．自己也跟著噁心嘔．最也常去看了．這二天可說快好了．生病居家的體力卻減退．可是身體還是第一．咳得很厲害．自己也因為心臟．也有些不對勁。昨晚開始．天氣下降10度．差太多了．全門都少也是吧．多注意身體。

謝謝你還關心我們的結婚十週年．以前我們都還要好的，唯一你的工作因為詞語而得擱在一邊、想了很久、自己覺得真的我們不需再等得有沒有都要算了、現在一定要讓自己的心靜下、當然不容易、可是真得去做、有多想找個路子走走、記得你以往的做事都是如此。你這記得不學課文字樣詩意的好東西了。

依你的程度，再加上用功，我想你博士班沒問題的，再加上家裏也無後顧之憂。台雄說英文要考博士班要加強。其它需要什麼資料來信告知，太太幫你寄。

你同學邱先生也打電話，可是也答得含糊的問（他的朋友）所以一定不要期望太高，以免相對的結果，那就太累了。

其實，我勸他不用煩心，一切順其自然。

在金重新再恢復以往的實力，專心看書寫實驗除了工作。碩士班不都由金六考上的，加油吧，太太孩子們替先生各打氣！天下無難事，祇怕有心人。前封寄錯地址，被退回。因是676誤寫636

台中母親即被的說，大哥也換成醫師，啥不惑也，你要忍吧！有空就二三字的問候老母親。自己現除了吃外又得寄好如以前儉用存錢。吃些就是了　再聊　祝好

太太 29.11.21

8:00

福成：

每天每天的過呀，教小朋友的生活過得特別快。氣歸氣，可是他們總是天真無邪的一群。還真喜歡他們跟大人相處，總是知足的開心。和他們每天快樂無邪！分別和他們個別聊了天，總有些害羞的，有些孩子全部都和家長都會告訴你。

昨日校長請假一日，我請半天帶他去三總檢查，正逢台軍同學，很照顧，讓我們照X光、驗血，開了兩份藥，肝藥，白血球高些，肺氣指標氣，輕微氣喘咳嗽。咳了一個多月，中西醫都吃了，自己查不出如何是好，深怕他變肺炎，還好，自己都很小心注意。每星期要門診就醫。檢查。今天吃了昨日開藥，似乎好多了。（打針不算了）。瘦了.4公斤，每天校長還會吃，雖然吐了也不少，可是吃吃不吃好，味口很好，很多吃肉菜。他吃很不用我操心。昨日下午在家休息一下午，今日月考國語還不錯竟考100分這孩子懂得用功。唯有付不夠本錢，做媽媽的我得多補充他營養。今晚睡前喝了一碗中藥 潤肺的藥湯，希望沒白費心血。（12月3日）

佳青小頑皮，我請姐姐一請玉美帶回台南休息，一來我也休息，照顧兩個都有點做不到，稍累了些，明年此時也是一年級的學生更不可能如此輕鬆地度過過這年，台南媽媽身體還蠻好的，所以請老媽帶帶幫我照顧。媽媽以前也帶我們五個孩子，還得多學習。

每天早上和校長一起出門上學，到學校很早佳青學唸書，8:30才上班，新聞不理，日子還過得去。

台中母親身體也還好，我想過年再給她老人家些錢了，因為我回前已向台雄借了8万元，收支但即時算起是台雄的了。其它都不欠了。1000元拿出都看不見就買吃的多、水果、肉菜，我們伙食吃得很好，我希望儘量從食物中讓家人健康。我自己很好，請安心。那你這學期考試，你自己決定吧，太太的我，是隨著

先生的意。我祇望先生事事如意，家人平安。即是
金錢所換不來的。故居你向較涼，晚上睡覺又是靜悄
所以特別買了電暖氣，晚上給他使用。這個來，我們覺得都不
對了。你乾弟楊文彬寄張賀卡，請回。｜鳳親
嘉義縣義竹鄉義竹村108-56號。

Tel. 05-3411243.

還有一張喜帖，若(聯絡)接你回信，我會
幫你處理，你不用寄。你祇要告訴我
以寄多少較恰當，若你未回信，我將
寄1000元或600元。千萬別重覆了。

於中華民國79年12月14日星期五。

次男 東樑　｝我想起來了，你的陸官同學
次女 幼莉　｝

他哥哥政戰的教授對嗎？你覺得我是否去，不去可能給1000元對嗎。

祝

事事如意，身體健康

太太 79.12.6
1:00

順安：親愛的：

想你回到金門一定適應了好多天吧，人身在江湖身不由己呀！古話總是說得這麼恰好。

希望大，失望也大，不過總要克服過去，人生十之八九不如意，我們共同克服吧。別氣餒，自己打氣，家裏還這麼多人替你打氣呢？一分耕耘，一分收穫，我想很多事情是要十分耕耘，一分收穫，所以想通了，你就會快樂些！

你剛收到就如此我的，祇差我沒讀做考而已。不知你是否感受到。所以你一定要頂下來，再努力，福成很多事情是得到通，不論讀或其它都是如此，我們盡自己能力做，其它順其自然，當然（方法手段還是得用），這樣子壓力不會大。此說自遠不過萬來，人生幾短，又何必如此對待自己呢？

台北今天甚冷，18左右，金門定更冷了。多穿衣服，注意身體保暖，太太不在身邊，自己要留意。年紀愈長愈感覺對方的重要，你說是嗎？牧家很好，佳青也如在台南時那般。今天又下雨又冷的天氣真令人心煩，但自然的事定我也祇能感到無奈。

自己從小學不甚（讀書）不多，所以現看書信感吃力，沒有才力，時時也容易丟筆。最近這年來自己都慢慢培養看書習慣，增減讀些知識，不然文盲就有份啦了。

身體很好，我起來做家事蠻快樂，可是現還在等M.C來信，有些提心吊膽。想寫信時就提筆，生活總是要些東西來調劑，我每天把想念老公的心去練字，希望有一天能達到某一個程度。你呢？好好的照顧自己，你不是說人要活在希望之中。再鋪路吧！夜已靜，晴如剛做看些書要睡了，也午今夜就此停筆。祝

安好

更期望早日你能安定下來，不要老年累月在金門戍地，太辛苦了。心中徵感不平。數數日再三個月左右就可回台灣，真為期很近了。　太太 80.元.9

福成：

心煩吧，我想我倆是相同的，盡是些難快樂之事如許心頭之悶。今晚很想偷個懶，但還是去上課了，正好趕上。

原則上鼓勵自己去參加考試，不論成敗，都是備案狀態，不會辭職的，以防我的沒自信，考上也不一定能走得成，所以祇是當作考試來藉此來自己看些書而已！看書就想睡的我可真是呀！很羨慕會讀書的人。

一元薪水參考下，別忘了告訴太太，如去任職至得要想好，將來大一月份走前三份喜帖，可把我們炸得稀哩呼嚕的，可是人情世故呀？

原則上年終獎金呀，我想就把阿嬤、舅舅的10000元都寄給他們，姨媽（台中）2000元，你認為如此妥當嗎，來信指示。台南爸媽也要給些沒算，不過不能少過去年，平日做女兒的我也算是一毛不拔的。因而所剩也不多，過了好年倒沒問題。也要排一下課的行程，（可能的話）提前告訴我，讓太太也有了安排，等待常讓人感到不安，所以自己從把等待時間安排得緊些，好才過得快和好。又說完了，祝你 好事平安

80元月10日

福成：

（方便的話可再寄一些（1000左右紀錄）
送給我吉三、四年級老師。）

今天初二，回娘家的日子，感覺自己是近乎一些
所以回娘家也就在家休息，也因此幫同事值班，很
遠到的同事可回娘家，幫著孩子值班，使得
班級具，得向很快，再加今天即可下班，本想
可以，出去看台園，她前台北是近的第一值即
不住，下雨，下雨天的路如此也就有任務了。
說降，姚、模、看TV等。日子很慢閒。
昨天年初一印後主編，很多好很方便。
什麼時候可退休。這年今年台南中
擇年了，其他的也回回學校，很多人即不在家
所以也就作罷。謝謝，快回台灣，大人是否
再說，最與我不能很好，可是還是得自己
安排自己，才有希望，得說對嗎：這回回台中
自己看到的，介法太太是了很多也看得
要向的，所以新年如意，快樂，孩子們也樂，在
學我也好不好，新年快樂，年安如意

太太
初二

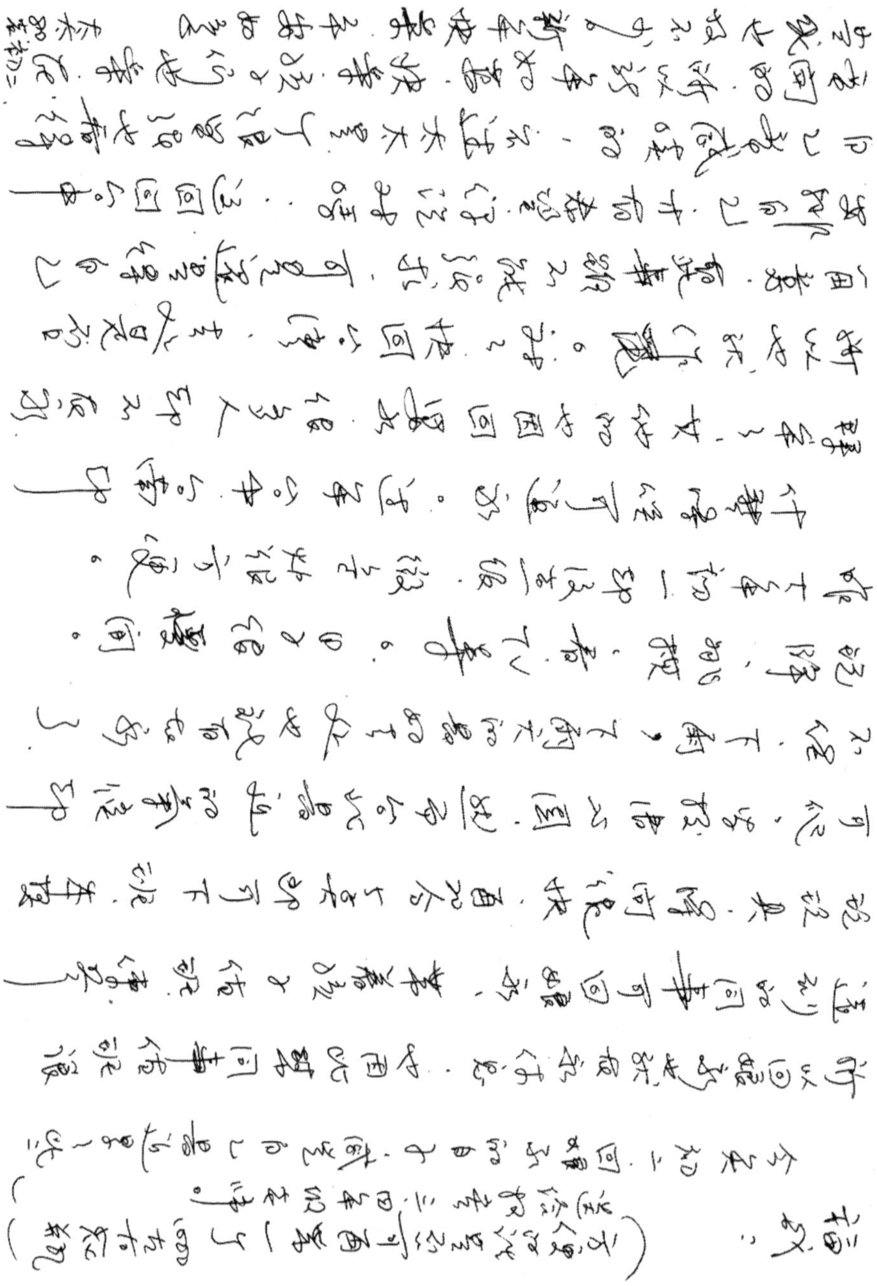

福成：

过春节你没有休假，因而我带了个孩子也不回台中了，待你回台时我们再一塊比較好。过年我带孩子在台北过，礼拜上我会请台中来过年。初二我还是回台南一趟，初六得上班，所以初五即返北，時間上也很紧凑。

20000元由你寄也好，順便2000元也寄上，請风嬌幫我拿紅包袋包好再給台中母親，我会TEL說明，可是你要事先告知。

这两天也較情緒些，还好M.C来了，你放心，我不会隨便拿小孩，上回真的是吃了中、西药不敢生，拿孩子很可怜，我很怕。所以若真的怀了就得生。这回自己倒是有自在的和老公做愛，從心底所以也很盡情的，時間上差了幾天，是担心了些。

我还好，孩子也好，你放心。

喜帖要寄多少你未告訴我，我用鉛筆寫在信紙後面，請速告知。这两个月真是破財，禮金連續三个炸彈，所幸我们两人賺，要以前的人不得了。六个月了，幾千塊，真是得勒緊褲帶都吃不够用了。

需要什么東西来信告知，我寄給你。又是11点多了，得休息，明早一大早又是新的一天開始，今天去燙髮、洗衣，回家还要什么？看了TV，整理小東西，寫个信，对了还有學人，教孩子作文「寒假要做的事」，寫了又不满意，寫成暑假游泳，我气了半天。所以今后教这很差，明天叫他再寫一篇給我看，才讓他睡。晚安。

祝你

萬事如意、平安快樂

太太

80.2.16. 11:30

親愛的伴：　我想寄些吃的給你 就是否

又好久未提筆了，每天忙碌不停，練琴，我好喜歡這功課，打毛衣，看故事書，都11、12點才能就寢，你呢也忙怎樣又有運動呢？可好，大家甚為掛念你，身體有否康復呢。

上星期(四)曾打TEL回台中問安，聊了一會，還好，不過人老了，頭痛也跟著多些，台中姊姊說也還好，也請她老人家北上過年，我想你在台北，我許會北上，所以此時過年會仍在台中，再接老母過年吧！也想省錢的問題，所以你就寄上2000元至台中，同姊會幫我處理好，老公不夠你生活，所以我就好回出事了對吧！

你說心好了，人生啥，age也慢慢的增長，對於這些也想通了許多，何必斤斤計較，(對別人都不會)對自己人又怎會呢。

你所言我在星期日晚上接到，得到你的音信平安，心中甚安。下星期四我回台南接丫弟了，我家又向好了，這位小姐還不要回來，說要在台南過新年，台南沒人留她打打，我沒有些女孩婦，還有多年的老毛病了……

好高興今日考，週考數學考差了些，這回期末還不錯，考100分三年級，的指引，總算過了。他說老師說在這學期第三名，老師送他一枝鋼筆，不過他可得意了，太美，獎品都當不好，不過我會幫他保管，算在這補上獎勵，上星期三我請了半天假，他請一天去三峽看病，在我付費。還好二天的考試都還算理想，國語98，數100，有時也真是天下父母心，晚安，有空聊

祝

萬事如意，平安快樂

伴

鳳

81.元.27.

福成：

一星期一星期不算日子，不等待，日子过得真快、佳青不在家，每早带着校去一趟上学，搭便车的10分钟都到校。我呢，就在学校上课，我想我的每分钟都未浪费，可是人倒底不是机器，仍会疲乏，所以每天只看些电视打打毛衣作消遣，学校教姊姊们每星期天去年都回乞很喜欢她们生命归主。

心情还是好了喔、家書抵萬金，别忘了和太太孩子们报告你的平安了。我们想念你。

闻东路不通车上轿事，所以你也别心急，我想很多事情总有熬出来的，只要多少前去，又对了，记得年年你是心心我还年天的，对吧。

我将我的行程大约告诉你，我在2月1日或1月31日下午将回台南接佳青，2月5日再返台北家中，2月6日学校註册，2月7、8、9去台東玩，过年初二将回台南娘家，现都是一学期回去一次，所以趁假日就回去多住几天。你若有假期需要我配合的或你配合我的都可商量一下。好嗎，家中一切都好，放心，台北天天是雨，幸好佳青在外婆家，不然可真是受罪、又冷又下雨，也够烦人了。最近脑子裡空闲时大部是牵挂你。

祝　好

薪水我已领 24000元
寄帐费用请指示多少钱　　太太 80.10.14 11:30 夜

p.s. 太太再记
2月15日春节 2月16日（初二）2月20日返校，回台南时间祗有4天，时间很短。2月25日開学，又是新開始。

福成：每天早上大都七點半左右起床，整理家事，順便做个一〇分鐘的体操，若是還有點時間就織點大毛衣，最近晚上的時間，陪他們兩个寫寫功課，看个電視，其它則沒做什麼。一天天的日子過得很快，一晃就那過了，在家看看書報，順便看一些有點營養的東西，隨意看看報章雜誌，去大陸，蕙娟、阿嬤帝等處遊玩，這几天兩人開始斷斷恢復，天氣的不正常，容易讓人生病，還得父親留心。我也因還好，稍有感冒咳嗽，還好吃點藥。倒是兩个小孩的輪流感冒，讓我折騰了一番。你一人在，做太太的不能照顧你，自个你可要當心。多喝水，多休息。書讀得如何，其她已近，在此給你打點氣。大家都很念著你，這次休假回來，兩个孩子好爸爸的你照的了。太久沒見面，做太太的也是各方面都想念，你呢？

讀書讀到通就一切順利，做人處事也一樣，對一些事情的處理我看淡，能不斤斤計較，日子也活得快活些，自己感覺已慢慢進入此種境界，一切都是在學習我摸索中，信書已能走很多條了，脾氣很大，得慢慢的改之。總之就是吃得不飽，一切都還好，最近經濟較緊，對了今年的兵役也來寄來，我寄去的兵役單（以掛號）也未寄給我份，若有其消

你寄的每个信，都有看到。祝

平安快樂の

潘

5.12 早上 6:50

福民：來信收到、畫未收到、謝謝你如此用心。自己是小看一些修心養性的畫，但在工作上我還是看了一些屬於孩子們的畫，因到家想帶青青了，白天表演以下了班會帶她到武功國小溜溜、再回來看吃夕，是要輕鬆的。自己也蠻喜歡，縫製衣服和織衣，所以一週做件衣服給孩子穿，我給她挑，不過做衣服非得孩子在家時我才能量呀，不然還得她搗蛋得不像話，今年我騎車子、把我手都摔傷了，害得我打她（比較不敢騎了）。

對了，我已經打低至政戰問何時放榜，它說11月25日放榜（家在校門口）報紙不到，錄取者直接通知你們。別忘了告訴我考試的消息。不多寫，夜已深，祝

好

潘潘

7.21 晚12:00

郵政標準信箋

牧公在台南很好，昨很巧遇見老楊了，要好很。青青很會說話，也喜歡熱鬧，每次到我和她家，聽到風響、門鈴響，都會怕得哭。很奇怪，爸爸你還在我家，家裡總是熱鬧許多人，除了太太喜歡，孩子們也喜歡得很，但身為軍人之妻，須學訓練和習慣這種生出門在外的日子。

事情很多都是要做的，他要整理等。今年的天氣較熱，請公每天多做一些運動，但常有懶心，現在懶心較差，做運動對身體的確好。謝謝你的提醒，自己體重減少一些，瘦了又很多，印可多了。好現象。太太似乎長胖了，自己是比較不喜看書的，但請專，所以假若遇有些疑問，我們的，我好人

7.22

令有時好。萬希望孩子們像你喜歡看書。

郵政標準信箋

親愛的你好：

今接來信，內情均悉，你說最近要結婚了，使我非常的高興，先在此地為祝福。你說仍在當連長，那是磨練，不必要說是苦，把它看著是一台戲，你只不過是其中的一個色而已。我記得我以前曾給你談到朱元璋在北京大殿上，感嘆的一付對聯，他說「堯舜淨、湯武生、恒文丑旦、古今來見多角色。日月灯，雲霞彩、雷雨鼓板，宇宙間一大舞台」。把一切看、成是喜樂。才是人生寄居在這世界上的真正意義。你說你父母給了你沉重的壓力，你現在是自主了，又是現役軍人，一切可以自己作主了。耶穌說我們要原諒別人七十个七次。更要想到大舞台的遭遇，我們的心中压力已就減輕了，你說是嗎？我的工作早已丟掉了，我是今年四月中旬住進榮民總醫院開刀，五月出院回家休養，你知道我是一個人，進說是兩条腿，周家是四条腿，这種痛苦是可想象的，我的一切生活上的工作，还不是靠着兩条拐杖一双手維持到現在了嗎？環境是靠人去支配的。我本不想把这些事告訴人的，我覺得可以給你作一個借鏡的。我從出院到現在一直在家休養讀聖經，現在已經可以丟下拐杖作事了。再過一些时間就可以復原了，不必顧慮。總之你是信徒，把一切的重担都卸給上帝，求祂替你担負。你要多讀聖経，多祈禱，那怕是最簡單的三兩句話，一定把他當為早晚必修之課程，这樣你的負担就会減輕的，希望假日来玩。不恭之處請原諒。

祝你

平安

69.9.30

快樂

王兆敬啟

親愛的你好：

今接來信，使我非常高興。你們成家後，有了家的責任，這是神所喜悅的，祇是大喜之日我未能前往祝賀，去年你來時，我曾表示過，不希望你來陪了，因為你來陪了，我很難處理。你已知道我的個性，如是你本人要名，我很高興，你就明白我的意思了。我目前仍未作了，不過每天比以前更忙，大多數時間花在花園和兒童圖書館幫忙，是此代作的，完全是一種精神上的安慰和享受，只是義務服務，每天上午七點鐘去，有時到晚上七、八點鐘才回來，你如果要來的話要先通知，否則我家是找不到人的。我一切都很好，希請勿念。代問你的新婚夫人好。

順祝
近況好

70.3.7

你們平安喜樂

王兆風

福成你好：

收到你的信已經很久了，近來較忙、身体常感疲乏，未能即時回信，請原諒。上次你大哥來电话說要中來，結果未來，不知為何，电话中我說不要帶太多東西：是因為怕孩子不適合此地的氣候，有很多的人家由新竹來此，孩子和大人都不適合此地的氣候。為顧及這一点，我的意思等於一個時期都適應了，回去搬來不遲，是否使他生氣了。請有機會把話與他說清楚免生誤會。敬之前生活多加保重。

敬神祝福你

勝利成功

彼此相愛

王淑

71.11.21

Love One Another

台北士林郵政 9314 信箱

民70.12.

哥：

昨天打電話給公司，以我生月子為由，請求延後交屋，一個月為限，元月十日左右交屋如何？

我於本月2日產下一女嬰，由於產後子宮大量出血，連打數針不止血，才幾十分鐘，血壓只剩四十，我覺得全身冰冷，眼睛一直看不見東西，但听得到医生的种々緊急救治的吩咐，和新生兒的啼声，也許是那稚幼的啼声，激起我下意識裡有一种捨不去的信念，於是我到鬼门關繞了一圈又回到人的世界，連医生都覺得奇蹟，我又一次的走过生死的边緣，生死祇在一線間，而我竟能一次又一次的渡过難関，自己都不敢相信了。

祝

好

[illegible]嬌

馬祖北竿 P308～6号

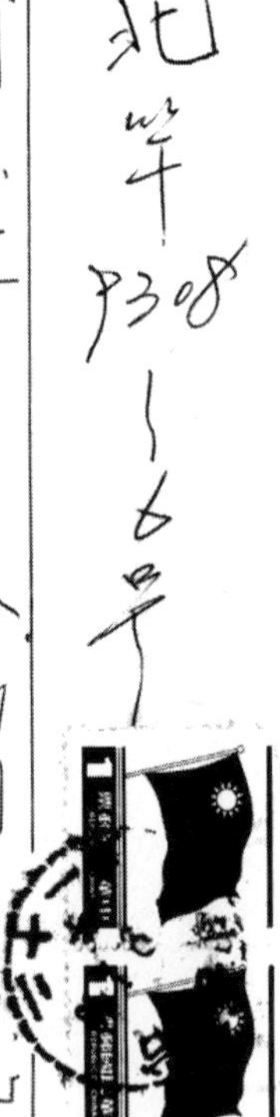

二哥你好：

來信已收到了、近些日子來 媽的身体也較以前好些更、媽說你端午節回來團聚很是高興、更希望你在八月中秋能夠回來我也期待着能夠實現、你說是嗎？你說小龍的字比以前進步他很高興以後也將再力求[illegible]努力、

我現在五張也跟以前一樣、其實並不怎麼累的、聖曰：勞其肋骨、餓其体膚 這是人該做的事、好吧、你自己 多注意你的身体、

再見 順

祝你健康快樂

弟 [illegible] 代筆

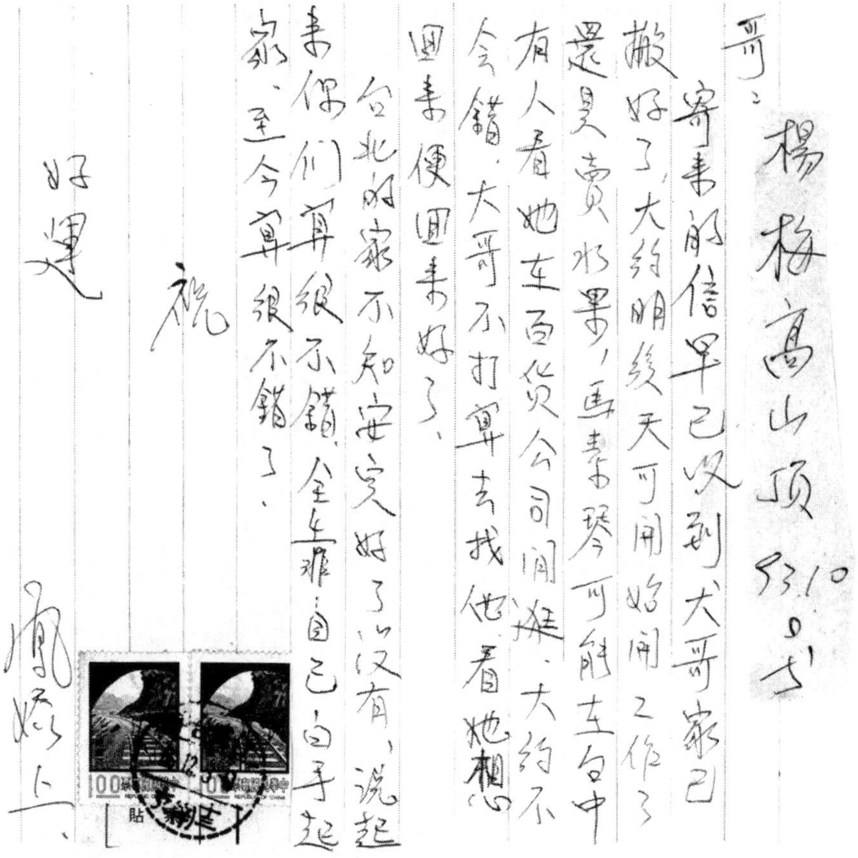

楊梅高山頂 83.10.24

哥：

寄來的信早已收到，大哥家已搬好了，大約明後天可開始開工作了，還是賣水果，再來琴可能去台中有人看她去百貨公司開延，大約不會錯，大哥不打算去找他，看她想回來便回來好了。

台北的家不知安定好了沒有，說起來你們算很不錯，全靠自己白手起家，至今算很不錯了。

祝

好運

鳳嬌上

金門郵政50836附信箱

哥ㄟ

謝ㄟ你寄來的酒、收到了。曾經打電話給你、是逢你一營長大人外出、真不巧、祇好以後机轉告你、想ㄟ還是寫信來得實在些、聽二嫂說你的歸期有變、不知是何時、上週老母親生日、媽ㄟ說等你回來再過、反正相差不過十天、所以一等等到今天、才知你歸期已改、也祇好順延了。

媽ㄟ最近身体是好了許多、但心情卻難平靜。大哥家正在春秋戰國、媽ㄟ處在那、實在也很難為。尤其婆ㄟ的角色、在婚變中、一直是難以自處的、也祇有期待這場紛爭早日結束、身為妹ㄟ的我、也不好說什麼、不是嗎?順其自然吧~、

祝

好

鳳嬌敬上。

馬祖北竿 9314 信箱

哥〃你好，一個月了，未收到你的隻字，不知你最近
說心中十分記掛，又因近來工作較忙，所以一直沒有給
你寫信，
房子除了尾款七萬外本月15日前又要繳房屋火
災保險費千餘，及过户手續費不足千多，共約二千元
二嫂最近都沒有和我聯絡，到时她沒有寄錢來，我会先
付，你可放心，房子沒租出去，每月都要付出一大筆
錢，實在不合乎經濟學，但是又何奈〃，
大哥現在似乎真的自新，和朋友合果作買一部大貨
車，專跑外縣鎖貨品，每天忙得不亦樂乎，大嫂在
工廠上班，似乎是好的開始了，媽〃在新至村帶小孩
身体老樣子，春節期间和舜任阿姨將作北部之遊

民 72.元.8.

你家自然是其中一部了、明旺的工廠，現在也日夜趕工，自然生也多多了，也許你下次回來他就搬家、為了要擴充工廠呵！我們老樣子、今年做、球拍的工作也多每月可做一萬六七，也算不錯啦！若不新房一再的要錢我会很好過年的．說到過年，不知你回來不！要不要寄点臘肉什么的去給你呢、．若要就來信要否許我也好早準備！．的二嫂過年後似乎要去上班，小孫孩子呢！是否請媽媽去台北帶呢！寒流不斷，台中也很冷，馬祖一定更冷，要多保重．

祝

平安

大姊上

72.元.8.

哥哥你好！

昨天是「大寒」，而今天本省天氣是入冬以來最冷的一天，窗外冷風颼颼，室內也冷得手腳發麻，本島尚且如此，你身在海的另一方，想必更冷，且又身担重任，你們的辛勞可想而知，忙碌之餘，每天面臨浩瀚的大海及吹來刺骨的海風，心中的寂苦，自是難免的，但是，在人生的旅途上，當然不能事事皆如人意，祇有儘量的剋服環境，控制自己，並尋求另外一種寄托，寂寞孤獨自可消除，

房子之事皆已辦好，但因你尾款七万未繳清，該稅金多元1500元，連同房屋火災保險，這次共繳了3[illegible]元

前星期你的小寶貝，小牧宏發燒住院，現在已完全

馬祖北竿郵政93140號

民73元2

好了、最近台灣又流行感冒，真是防不勝防！我的小寶ㄦ也得了，尤其小孩，竟因感冒長久不癒變成氣喘，如今成了長期病患，害了他一生的健康，花再多錢也在所不惜，一定要治好才行。

年關近了，大家都忙，不知道你的假期定了沒來信！若心中悲寂，不妨提筆寫寫書，也能會快活些！媽媽一直念你，你說寫信給媽媽的。她現在新王村，每天無所事事，希望能把身体養好希祈要她別那麼愛操心！夜很深很冷，下次再談多多保重身体別著涼了。

祝

平安

[illegible] 上

[illegible]

二哥你好：

好久都沒動筆寫信給你問安了，不知近況好嗎？媽媽很想念你，

鳳嬌現在暫不能給你寫信，因為她五月下旬發生了車禍，右手腫得無法動彈，其它並無大傷害，敬請二哥放心好了，沒什麼危險的，

二嫂在母親節有寄來六佰元給媽媽作禮物，另寄一仟元給鳳嬌買東西吃，因為二嫂沒空下來，只口中看看鳳嬌，

我家大小一切均安，勿念吧，　五十 叫 暫停

祝

軍安

順

妹 秀梅 手跡

馬祖北竿 P314 号

民70.5.1

民74.9.24.

哥：金門郵政8963/一一號信箱

來信收悉，要的東西今寄上，但不知作何用？
媽媽現住這裡，一切很好，也胖很多，大概是心寬体胖吧！你大可以放心。
母親心記掛兒子本是天經地義，媽媽对你表現較為激动，但也是出於愛子之心，你若久未來信媽媽每天望著綠衣使者，一次次的問可有我兒來信、報紙新聞時每天留意著可有[illegible]關金門的新聞，兒子是否平安，畢竟血濃於水，你就是他身上的一塊肉，這種思念不是金錢可以撫平的，所以我对於你少寫信，对國家的作法不表同意。

為人丈夫、為人之父、為人之子都有他應盡的責任，這些責任，除了金錢外，還得真正的付出愛心，我覺得你對媽的能力有限，身在軍旅時間有限，但寫寫信，幾句關懷的話，則定是能力之內，別讓孤獨的老母，每天目送綠衣使者、失望而過吧！

不知道對我的說法，你可表贊同呢！

考研究所準備得如何呢？如果考上了，對我們家無疑的是項記錄吧！也是少有的，我們都祝福你，若真忙，少寫信也就好吧！

祝

如意

鳳嬌 敬上

9. 24

哥哥：金門郵政八九六三附一號

來信及匯款已收到了，勿念。

媽媽在你返回駐地當天即出院了，因為病房沒有床位，回家療養也可以，26日到大哥家休養數日，那是大哥的一翻心意，媽媽不忍拒絕。今天下午媽媽會回來，秀梅家明天起秀梅要開始上班了。

媽媽的病是長期的，愈往後、情況愈差，身為孩子女的我們都必須担負起照料的責任，若情況不好時要秀梅全天候照顧也不行，她還有家有小孩要照顧，最少要兩人輪流才行，不過這都是以後的事，到時候再作打算，不管出錢出力，做子女總要盡力去做才行啊！

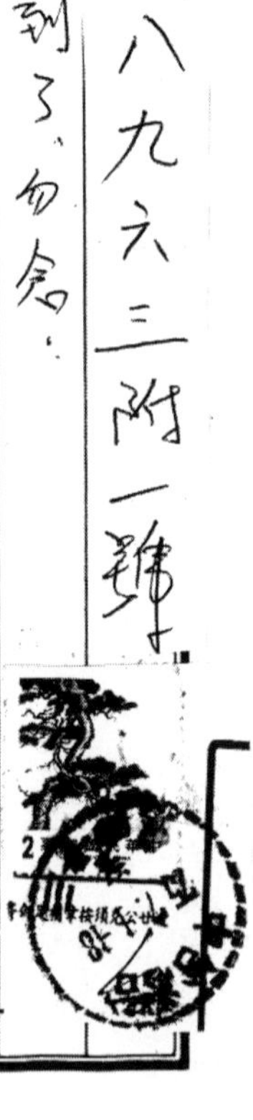

寄來三萬，連媽媽所說伙食費1500、共支出12500、餘17500留待
將來再費用媽媽的錢我也會讓她花在有用的地方，前天
買電子血壓計3600元，配一付眼鏡400元，另買一些藥、及化驗
糖尿用品也花費近1000元，媽半薪領24840元，故目前媽媽還
有一些錢，尚不必動用你的錢。

祝

如意

鳳嬌 上 6.30

民75.7.1.

金門郵政八九六三附一号信箱

二哥：

來信及錢均前已收悉，今又接你端節來信，才想到給你回信。

前天媽之的病情一度亦現危機，接到医院打來病危的電話，就一直忙到現在，病已穩住了，目前沒有危險，勿掛念，你的老同學孫虎誠很幫忙，你下次回來該好之的謝人家。

秀梅早在媽之住院前就已經全面停工照顧老母，白天每天到医院照顧母親，晚上則回來照顧小孩，她的老三祇有一歲多，白天我可以照料，天黑則哭鬧不已，秀梅只好回來自己帶，若媽病情好，則晚上無須人照料，若病重時則我在夜晚到医院去，媽之的病相當不穩定，時

好時壞，所以我們的照顧採机動性的，因為明旺、玉懷工作都不能停，五個孩子也不能不管，但是母親我們還是會照料好的，你無須掛心。

秀梅雖窮却也不平白被救濟，拒收你寄來的兩千元，照料母親大家都有責任，你要補償她，日後再說好了。你也不必太自責，自古忠孝難兩全，媽媽也從未怪過你。二嫂每晚來電，詢問病情，並寄來五仟元，雖不能來照顧，但也盡了心了，媽媽也很感安慰了、

大哥之事我不清楚，他也去看過母親數次，對你們之間的信件來往則沒有提起過，我側面了解，他已到山窮水盡了。上月底因違反票据法，被送法辦，雖花錢保出來了，祗怕事情尚未了結，真象我也不甚明白，因我不懂法律，祗有往後看了。

鳳嬌上，
6.13

金門郵政70836號信箱 民78.6.27.

哥：

收到你的來信、和寄來的書，心中無限的感激，二十年的悲歡歲月，總有你與我共渡。每當心情低落、情緒低潮時，也總有你給予精神上的支柱。上天待我真是不薄，得此兄長，何其有幸呼！

劉俠的故事我早有耳聞，也曾看過多向報上的散文，她除了對生命的摯熱愛，也愛親人、愛朋友，對國家那份真愛，及緻徽的思考，寫了一篇篇動人的文章，我真的很佩服，相形之下，我只是何滿其幸，而又何其不幸呢！我比她有更好的條件，卻落得如此的下場，人生啊！人生的路如果能再走一次，我定然不會再把自己走進如此的婚姻胡同中。

現在回到現實，媽媽的身体還好，我的家也總是如此，秀梅家較有希望。

投資穩定的進行中，跟原先的預料一樣，但願能安穩的渡過我的春秋戰國時代，下次再談。祝

好

嬌 上 78.6.27

莊敬自強信箋

哥：　　合江郵政7067號信箱

許久沒有收到你的來信，心中正掛念不已，忽收來鴻，高興萬分，我早已知道你的事情有變，否則不會了無音訊，這也許是命中注定的磨難，我雖不是宿命論者，但多年生活的磨難，迫使我不得不看開，看淡，凡事隨緣，命中有終，皆莫強求，就如緣起緣滅，皆非你我所能掌握一般，我希望你也能放開心胸，以靜待動，總有柳暗花明的一天啊！總之我想你了解我的心意吧！

老娘身体老樣，妹妹每週帶他去看病，也常買些東西、水果、日用品給老娘，她的用意，我想正如你心中所想，此小事你不必掛心中

房子一樓基礎工程已完成，目前進行二樓的工程，因颱風來臨，已停工數日，沒有造成災害，算是大幸了。

莊敬自強信箋

有関投资公司之事，也未了結，一家在法院進行訴訟，算是最麻煩的，另一家投资代表監管財產（土地），若能賣掉，（最近有買主在談）三個月內，可拿三成左右回来，這也不是你我能强求的，因其他大戶才有決定權，我們只有等啦！上懷身体也還是老樣子，唯一的安慰，孩子很乖，兒子已經讀國一了，成績好壞是其次，沒有交上壞朋友，染惡習，每天按時上、下學，不用我操心，是稍足安慰的。

秋節將至，天氣漸涼，你獨自在外，要多珍重，年過四十，步入中年，身体的調護，便不如年青時候了，這是不容你不信的。

祝

心安

妹 鳳嬌 敬上

9.12

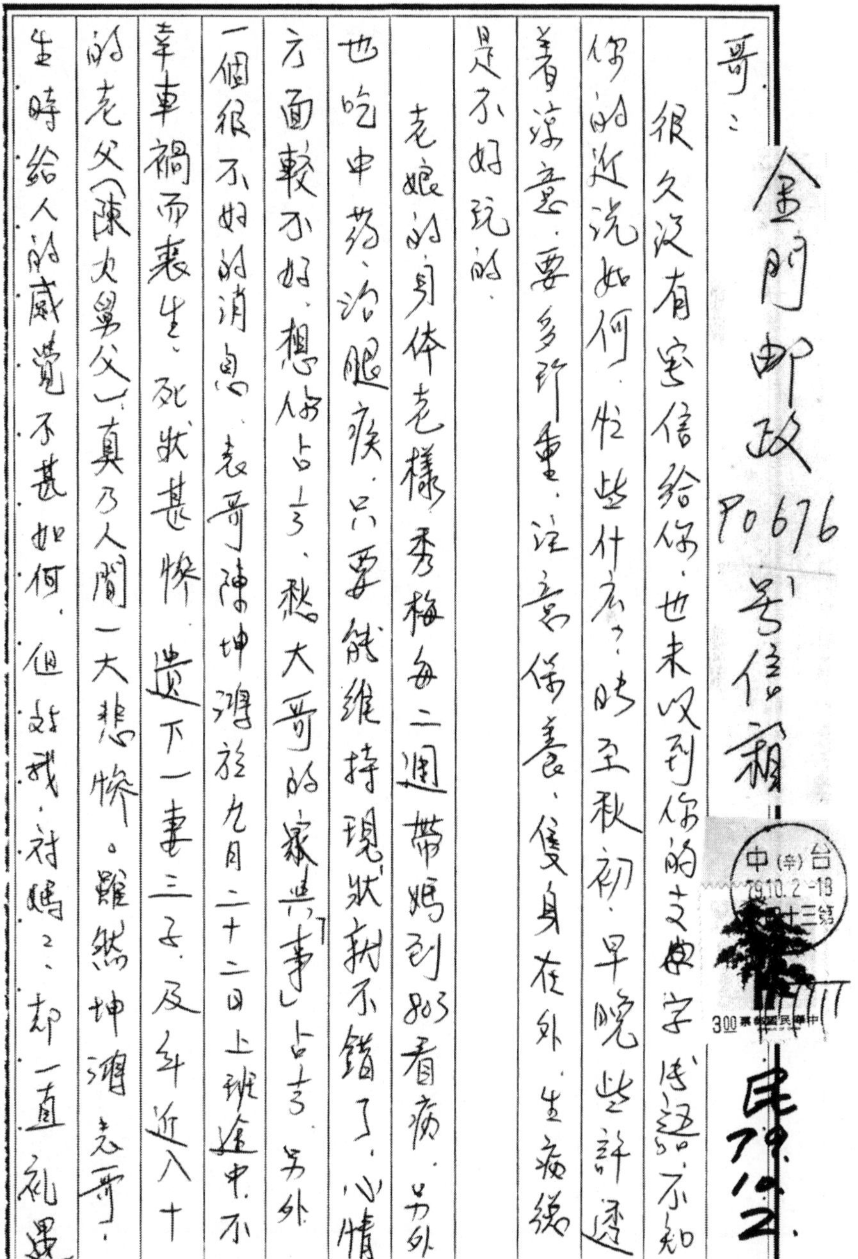

哥哥

很久沒有寫信給你，也未收到你的隻字片語，不知你的近況如何，忙些什麼？時至秋初，早晚些許透着涼意，要多珍重，注意保養，隻身在外，生病總是不好玩的。

老娘的身体老樣，秀梅每二週帶媽到803看病，另外也吃中藥，治腿疾，只要能維持現狀就不錯了，心情方面較不好，想你占一方，愁大哥的「家興」事占一方，另外一個很不好的消息，表哥陳坤潮於九月二十二日上班途中，不幸車禍而喪生，死狀甚慘，遺下一妻三子及年近八十的老父（陳火鳥父），真乃人間一大悲慘。雖然坤潮表哥，生時給人的感覺不甚如何，但對我，對媽媽，都一直很禮遇有加，如今遭此不幸，真另人不甚稀嘘，想々、人生不過如此，有什么好計較的，在世如何意気风發，如何得意商場，又如何落泊潦倒，兩腿一伸，還不是一坏黃土而已，不管，窮富，也不過擁有一坪多的地，真是爭什么？共誰爭呢！想々我天天忙碌，辛苦，也真不知是為何？爭什么？爭什么？天知道，命該如此吧！

生死有命，告訴你這消息無需你痛，也許這才是他唯一的解脫也不一定呢！

若有空寫信給老娘，一提起你，媽總忽不住嗚咽，這就是母親啊！

祝

秋節愉快

弟 鳳嬌 敬上

10.1

天鵝牌出品

金門郵政 90676 S 800號信箱

哥：

提起筆來，真不知從何說起，玉懷病逝，雖早有徵兆可尋，但總覺得來得太突然，讓我一時手足無措，不知所以然，整個人渾渾噩噩的，多虧大哥、秀梅、明旺，和玉懷幾位難得的好友，全力相助，料理一切後事，遺体火化成灰，但十四年來，日夜相處，內心的痛楚，卻不是那麼容易抹平的，他！是個愛家的男人，留下稚子，離我遠去突然也放心不下，走得不安心。

每當午夜，一片寂靜，不禁想起我一生的悲慘命運，不禁潸然淚下，一生的困頓挫折，不因婚姻而改變，如今更走上茫然難卜的前途，望著兩個尚不知愁滋味的稚子，安祥的睡容，更叫我心碎，想到以後的日子，漫漫長的路，真不知我還有多少心力支完全程，努力的雙肩，能扛得起千斤的重擔嗎？未來真是個未知數啊！

你數封信中的勸慰，道理我都懂，祇是要在短期內完全遺忘這14年來的美滿又談何容易，今後我祇有讓工作來麻木自己，也賺取自己和孩子的生活費，對孩子我會儘力讓他們如常人般長大成人，雖然我力量有限，但也祇有走一步算一步，日子總是要過下吧！生活應不成問題，你也有自己的家，自己的事業要費心，也不必太為我操心，免得加深我的不安。

希望時光能沖淡我的愁緒，歲月能撫平我的悲憤，更該讓我自己慢慢的走出一切吧！！

為我祝福

妹上

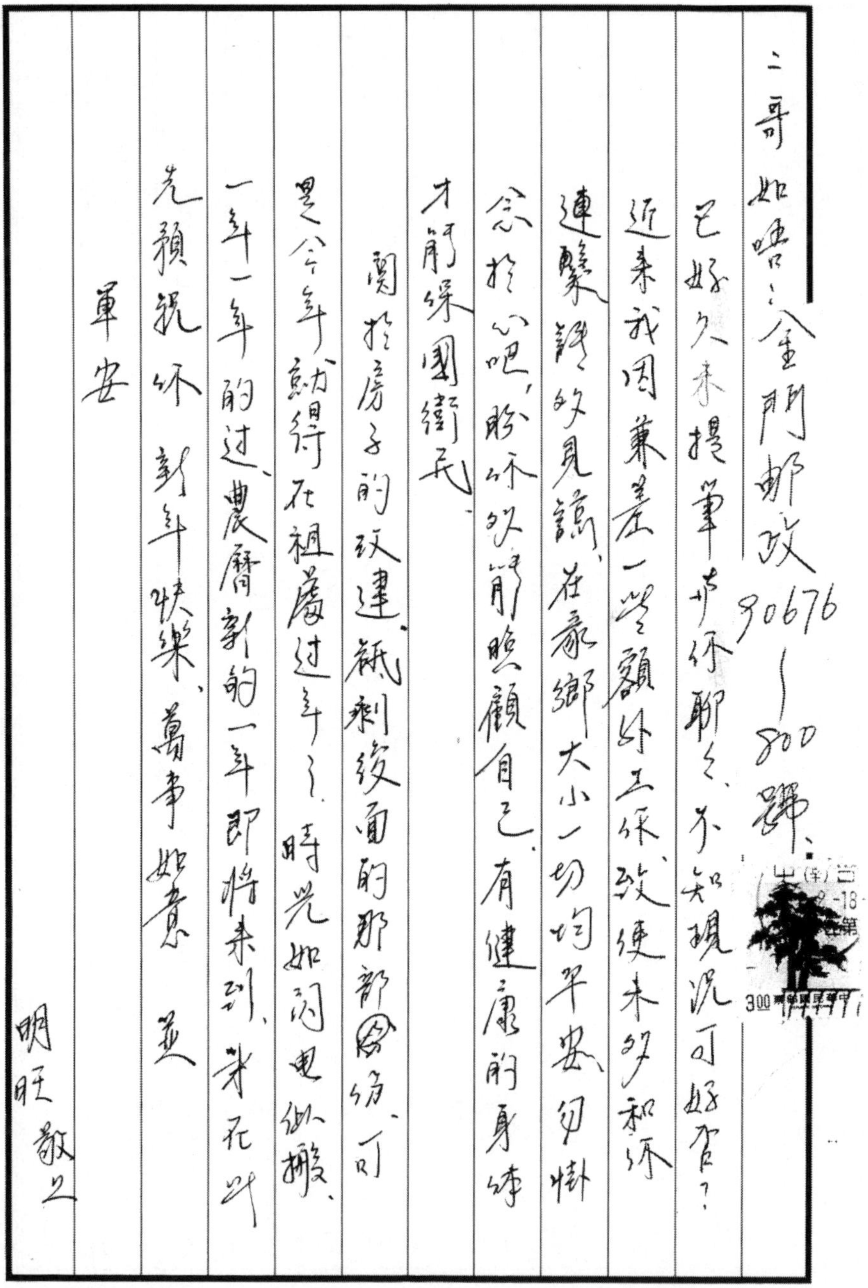

二哥如晤：

金門郵政90676～800號附

已好久未提筆寫信聊聊，不知現況可好否？

近來我因兼差一些額外工作，致使未多和你連繫，請多見諒，在家鄉大小一切均平安，勿掛念於心吧，盼你多能照顧自己，有健康的身體才能保國衛民。

關於房子的改建，祇剩後面的那部份，可是今年就得在祖厝過年了，時光如同電似撥、一年又一年的過，農曆新的一年即將來到，我在此先預祝你新年快樂、萬事如意 並

軍安

明旺敬上

二哥：你好！

最近因年關已至，比較忙，到今天才給你回音，媽媽東部旅遊已安返家門，玩得很盡興，也開了眼界，媽媽很高興，並且已經決定在春節後十五天，再和同一旅遊團做為期五天的環島旅遊，費用大約五六千元之譜，事先告訴你，好有個底。

貸款之事因不知你貸款帳號無從查問，但我查問了我的尚須16萬餘，真可怕，三年來付訖七萬元，卻祇還了兩萬本金，其餘的都是利息。

大哥是否給你答覆了呢？結果如何？

祝

好

鳳嬌 上

舅舅：

您好嗎？

今年ㄌㄧˇ已經收到了ㄌㄧˇ物很好看我很喜歡，您還要幾天才要回來，我和爸媽都很想您，奶奶想到您就哭了，奶奶說金門很冷沒有人跟您說話您會ㄓ ㄇㄣˋ嗎。金門很冷要多穿衣服。

敬祝

一　快樂

外甥

联台敬上

莊敬自強信箋

哥哥

失去聯絡許久，今天剛見來信，真是高興萬分，不管你身在何處，我們對你的思念與關懷，分毫不減，祗希望你一切平安、順心，則願足矣！

我的帳號未變，祗是金門劃撥，要一週始能以到，目前我們的房子尚未動工，因為我們利用重建辦理過名的手續，將來可省下數萬元的稅（玉懷的名，要更為我的）（秀梅和明旺也各有屋權及地權）這些手續耽誤了時間，大約下週才能動工，其詳情等你回來再談吧，我自然不必急於一時了，我的情形也還好，玉懷的身體不算好，祗在控制中而已。

媽媽的身体也不理想，看中醫花錢不少，略有起色，已經能自己行走二、三分鐘，拿着拐杖可以行走，

莊敬自強信箋

哥哥

失去聯絡許久，今天忽見来信，真是高興萬分，不管你身在何處，我們對你的思念與關懷，分毫不減，祇希望你一切平安，順心，則願足矣！

我的帳號未變，祇是金門劃撥，要一週始能收到，目前我們的房子尚未動工，因為我們利用重建辦理过名的手續，將来可省下數萬元的稅（玉懷的名，變更為我的）秀梅和明旺也各有屋權（及地權）這些手續辦說了時間大約六週才能動工，其詳細情等你回来再談吧！其自然不必急於一時了，我的情形也還好，玉懷的身體不算好，祇在控制中而已，

媽媽的身体也不理想，看中医花錢不少，略有起色已经能自己行走，二、三分鐘，拿着拐杖可以行走，

莊敬自強信箋

六月23日中國時報．報導大陸中医有関骨刺的治療．須重推拿．讓血液通暢．配以適當的投藥．可以事半功倍．現在媽媽每隔天去推拿一次．加上中藥治療療．每日所花不少．上月二嫂曾寄來四仟元．也可補貼一下．再過三天．媽媽可領到半餉了．故目前尚不致有問題．但要若持續三、五個月．怕財力可現危機．今將一切詳告於你．讓你心理有個譜．早作準備．

祝

事事順心如意

妹　鳳嬌

哥哥

寄給媽媽的錢已收到了，媽媽很高興，但吩咐你要保重身体，注意飲食，可別苦了媽媽太刻苦自己。

今年的母親節我和二嫂秀梅三人合買一盒上好的人參給媽媽，她人參吃完很久了，最近身体又不很好，所以我決定送人參，媽媽一聽二嫂立刻寄來1500元共襄盛舉，不過礼輕情意重，又實惠，媽媽也很高興，母親節那天我們要去郊遊，可惜你無法參加我們的盛會是美中唯一的不足

最近大家都忙，忙着工作賺錢，為各人的家庭幸福而全力以赴，希望不久的將來大家都能改善生活，提高生活的層次，下次再敘 祝

軍好

小嬌 敬上

5.1.

哥哥：

來信收到了，因存忙，也存懶，更存煩，所以至今未回信，勿怪。中東戰事起，想必你們也更忙了。忙歸忙，勿忘珍重自己的身体，不必心念家事。老母也不用掛心，有我有秀梅，有大哥嫂嫂會照料妥當。我們各人也都會把家中大小照料得很好。你儘管把心放在工作崗位上即可。

弗尚未滙到，过幾天吧！我想不至有問題，郵局說外縣滙款較慢。

祝

平安

[illegible]上。

1.31.

房子年前能法定否

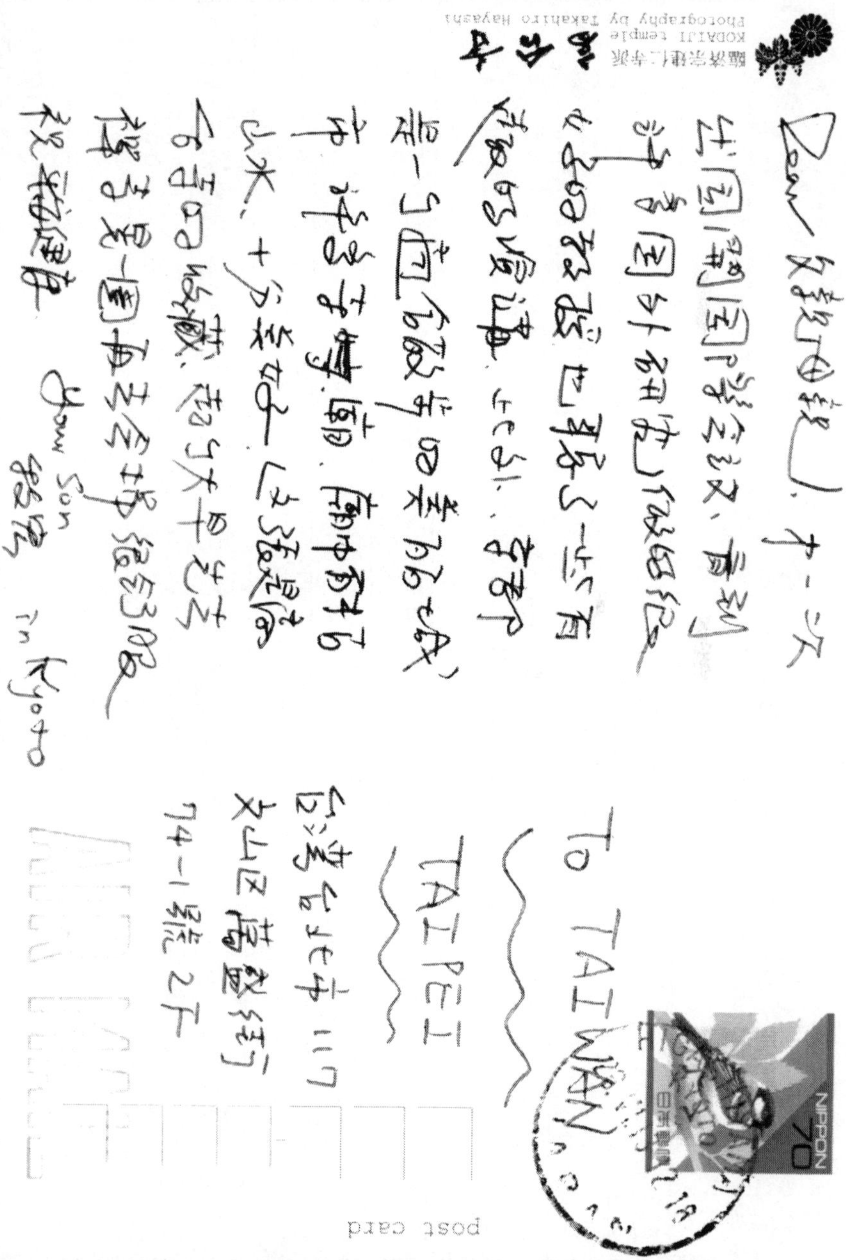
KODAIJI temple
Photography by Takahiro Hayashi
TO TAIWAN
TAIPEI
in Kyoto
NIPPON
70
post card

爸爸：

你心好麼？我在台北睡的好，你心在金門睡的好不好呢？我和媽媽過得很好，也吃的好，媽媽帶我去學游泳，我現在會ㄇㄥ氣和合手著ㄈㄨㄣㄎㄆ一ㄠ真是好玩。

我和媽媽都希望你心趕快回家。

~~敬祝敬~~

祝爸親節快樂快樂。

兒牧宏敬上

七十九年八月七日

此信都由兒自己寫的，祗有祝父親節快樂我告訴他要寫此句也。

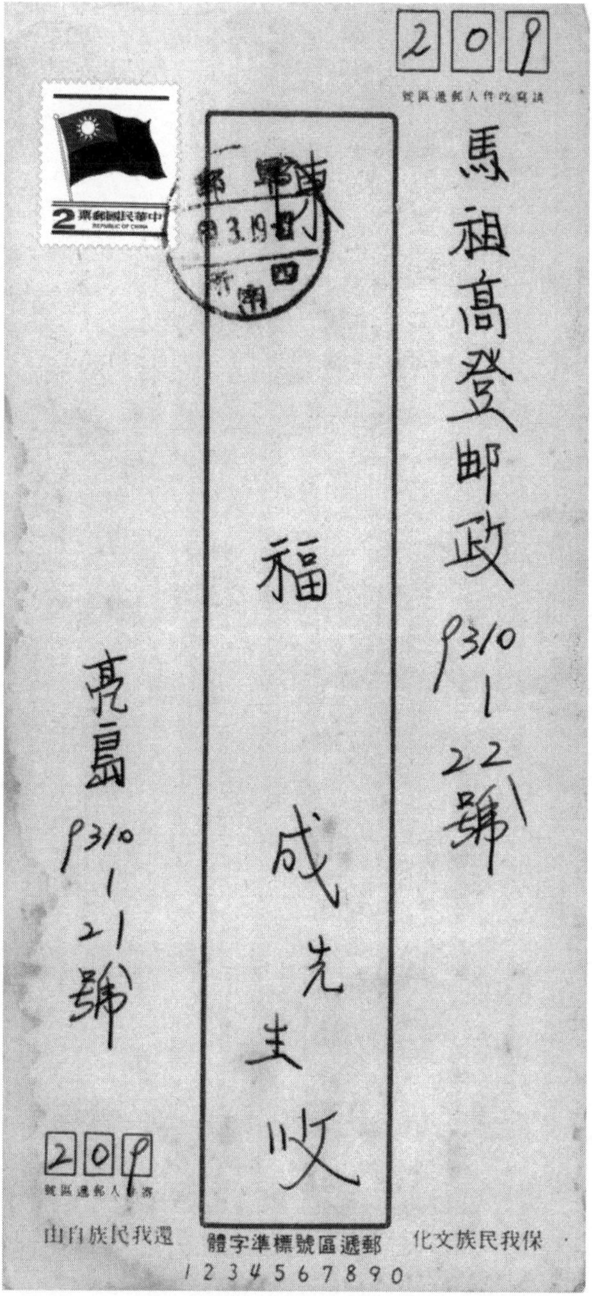

209
請寫收件人郵遞區號
馬祖高登郵政
9310-1 22號
福成先生收
亮島
9310-1 21號
209
寄件人郵遞區號
還我民族自由
郵遞區號標準字體
保我民族文化
1234567890

哥：

上次哥寄的信想必已收到了。信上提及之事、關於留藝問題係調查了沒有，到目前為止是沒有收到元月份留藝媽為此事担心不已，希望你能儘快回信、關於媽之身体現在平平沒有任何不適，媽無目前沒有到台北看病洪珍妙希望媽之再去看一次新陳代謝科，但媽之希望在春節後才去。

大哥生意興隆、玉怡明旺平平。

其餘大家均安好

祝

闔家安吉

妹秀娥上

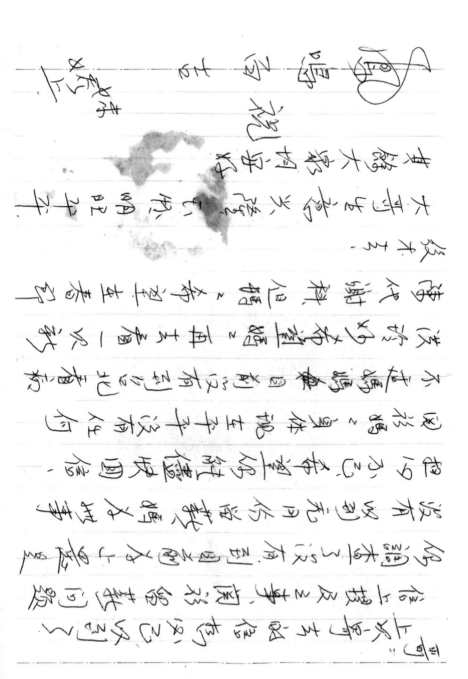

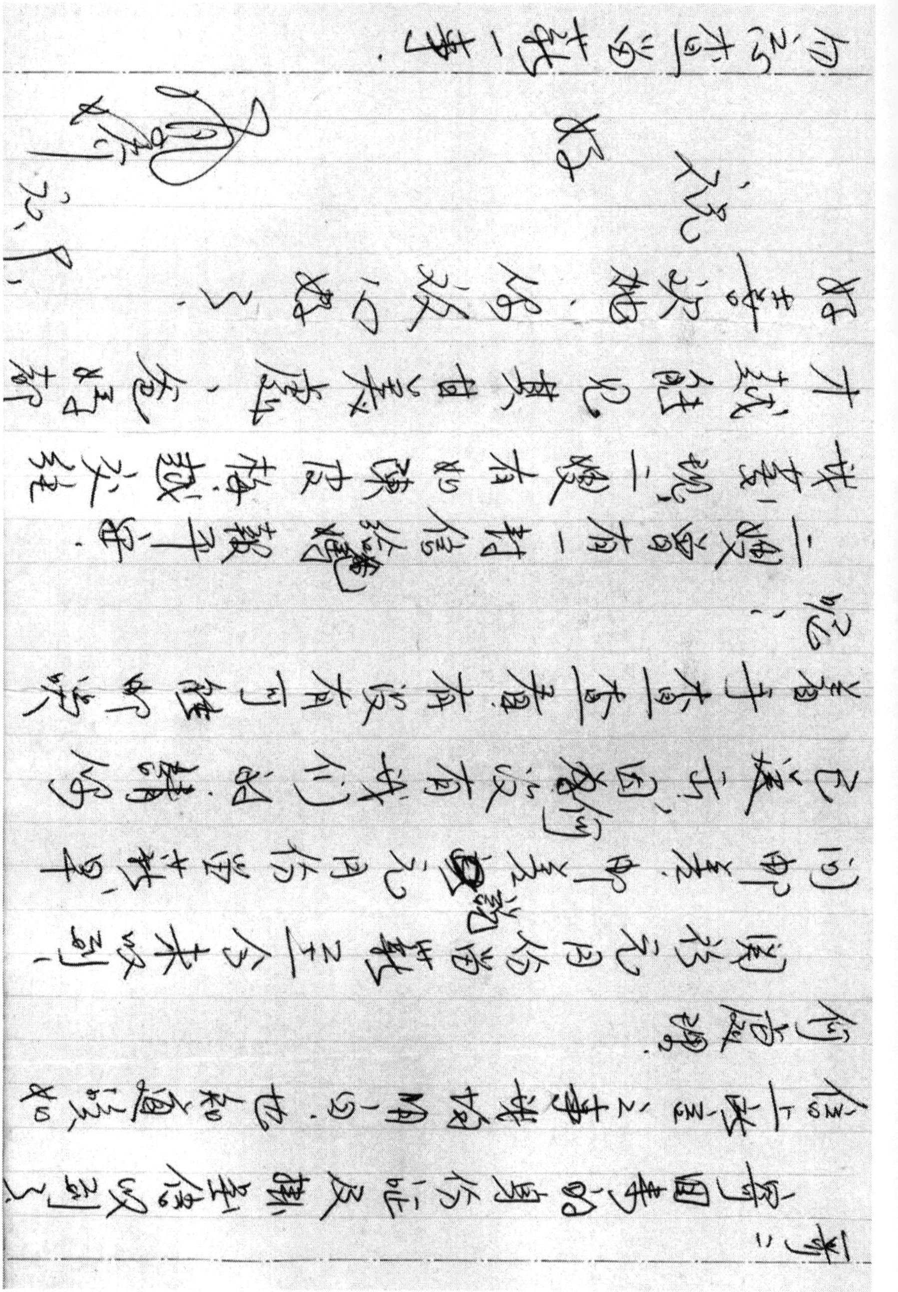

哥二：

寄回來的身份証及掛号信收到了，信上所言之事我均明白，也知道該如何處理。

関於元月份當薪至今未收到，問郵差，郵差說已於元月份當薪早已送去，因何沒有我們的，請你着手查查看，有沒有可能郵誤呢。

二嫂曾有一封信給爸媽報平安。我發現二嫂有如陳皮梅，越交往才越能見其甘美處，爸媽都好喜歡她，你放心好了。

祝

好

[illegible] 妹 元.月.

勿忘查當薪一事。

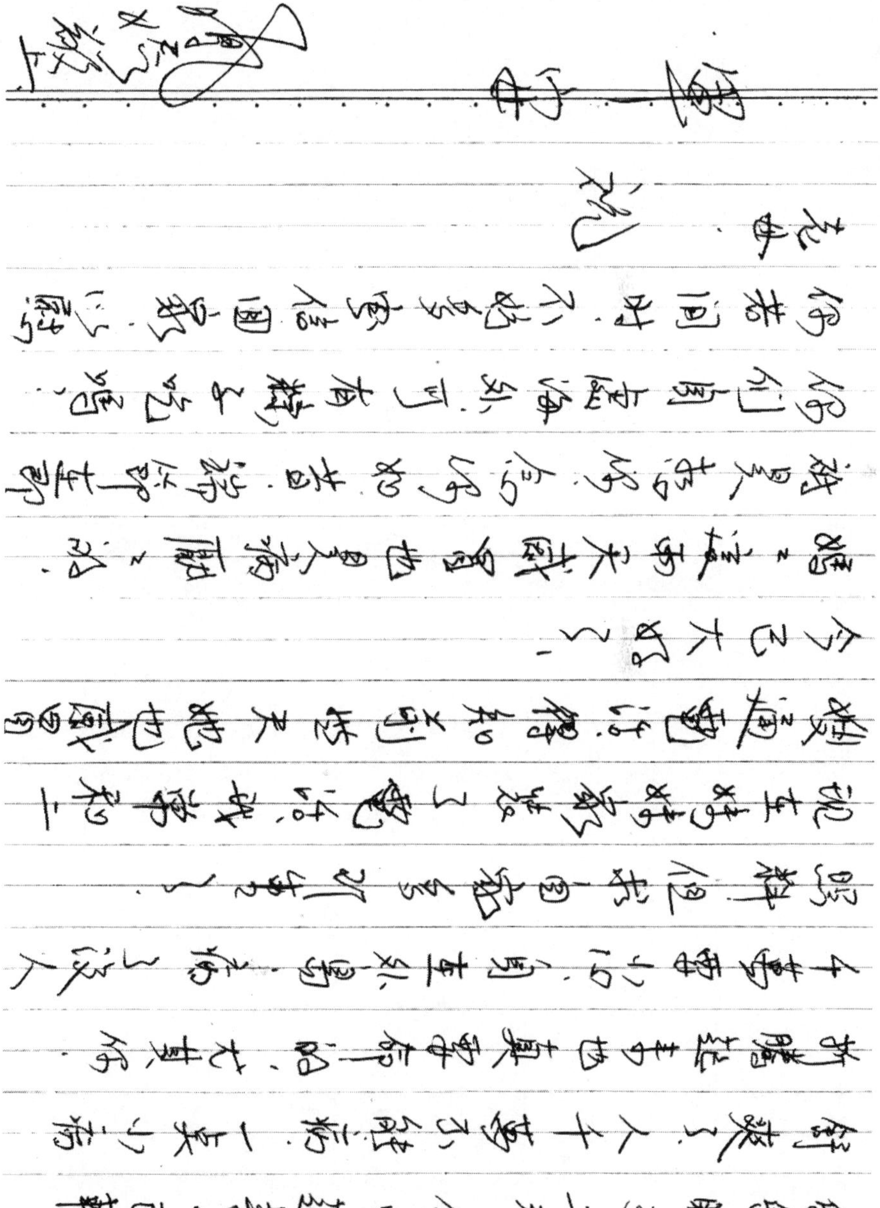

福成：您好！

好長好長的日子未能與你聯絡，今年新年度獲得其住址，利用這段時間給你去信問候！前星期曾至太平鄉向嬌兒一遊，很高興兩位小妹皆有兒女，當阿姨的我無形中感到不好意思，再不加油也不行。先前還以為你結婚，卻知還是單身一人，不快點也不行喲！我們家已搬，不過還是沙鹿，那天回國來欲回來參觀一遊，很久沒見面，你的小孩聽說週歲了，家弟也在馬祖受軍。一時也不知該如何筆再不暢談，只好簡單几句，下次再敘，順頌

愉快！

小何姨：
仙桂 上
68.7.14

RAE SHENG BRAND 勇士牌出品

福成：

天寒相信那裡更甚，可注意早晚多添一件衣服，我於農曆8月6日訂婚，介紹人是你媽最小的妹妹住中南(英)，我先生與我同年歲，於台北某電子公司上班，家也住中南。可能明年正月方結婚，到時候希望你能參加我的婚禮。祝！

百事可樂。

以桂

68.12.14.

二哥：

整整一個多月了、一直未收到你的支字片紙不知道你是忙得連五分鐘都抽不出來、還是人忙昏了頭．誰道你不知道我們那份盼望只媽媽每天都倚門盼望愛子音訊．担憂得寢食難安．盼你見信速来片紙．

元月份留藝說未收到、二月份留藝也沒下落．前兩封信、不知你是否收到、是否去查留藝問題了！

大哥、和我、二妹一起寄給你寄香腸臘肉希望春節前你能收到、就如同和我們一起过年一樣．

春安

佩娟 上

福成：

你好、來信按時陸續、因上了年紀、所提適合才還、希諒宥、並盼你在外島貴体健康、公私順利為盼、你寄很多海產品也按時收到食用、我想王罡早有寫信給你、寒舍賤体粗健、請勿念、希你在外島保重貴体、專此敬祝

康安

爸字

6月外

輯七：袍澤情深、帶兵帶心

未來她也許有一番事業！

她是誰？

建祥實業股份有限公司

陳連長：

對不起，這信來的真是太久了，我自請檔数半次以消站上打瞌睡，害誤正事。

1. 黃偉修要我代他謝謝你送的螃蟹酒，他女友看了這麼大的螃蟹，竟呆得快暈倒！

2. 潘清我只和她見過一次，請她去了希爾頓吃了冰淇淋，聊的很愉快，不過兩兩分手，對不起，我無能，花太貴了，貴的莫名其妙！

3. 紀念品已買好，每份35元，100份，這一兩天內就寄出，東西好壞，送的適當與否，見仁見智，只希望你們會滿意！

4. 和士官長見過一面，本堅持要請他上歌廳再吃個飯，他趕緊趕往三重參加大拜拜，最後也只得和

臺北縣樹林鎮光華街十號　　電　話：6812861‧6812610

建祥實業股份有限公司

他在西門吃了飲料，搭車送他回三重，過幾天，他才說話
還回來找我。
5. 曾歸討，張瑞達退伍返台。都沒有見到面，尤其
張瑞達，和他約好在台北車站對面又美見面，我赴
在大門等了很多小時，一直找不到他，時間到了，他
也打電話回我家，說他也等不到我，陰錯陽差，
這裡只有一家美珠美，我真搞不懂他去了那等了
打電話回退伍沒了，叫他或其他人找我，打到公司 3118923
我隨時恭候！
3. 包書達兩天的心經寄出，謹嘴的人寫得我太忙了
很遺憾所說連長不用你的假又有問題了，和你
見面的時間又下又錯過了，請讓錯過，我也失望！！
希望會有奇蹟。
請代向每個弟兄，我煩死了，好忙！！
謹上班時間偷空由由寫的，sorry
鄭麗
80，6，10，

67.7.100×100

臺北縣樹林鎮光華街十號　電話：6812861·6812610

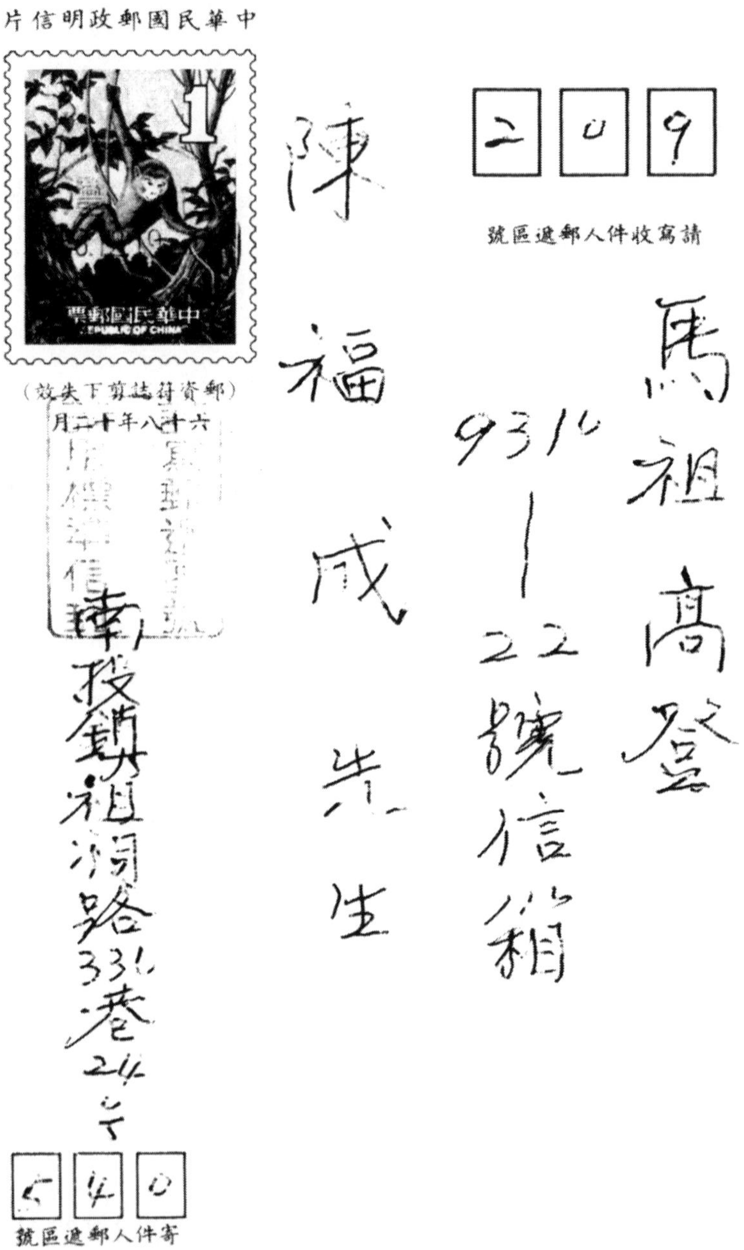
中華民國郵政明信片

中華民國郵票 REPUBLIC OF CHINA 1

(郵資符誌剪下失效)

六十八年十二月

209

請寫收件人郵遞區號

馬祖高登

931-22號信箱

陳福成 先生

南投鎮祖祠路331巷24之5

540

寄件人郵遞區號

建祥實業股份有限公司

連長：

我現在我爸爸的公司學習，沒薪水（自己不想拿手，沒臉拿）仍都自己混飯吃，每天平均都晚上7:00～8:00才下班，又自修晚上參加經濟部辦的國貿講習班，及又補習，連禮拜日都排滿課程，進了公司才覺得自己無所能，自己每日忙於學問，我覺得自己的外語，對意志的要求，自己勉強自己，十多天下來仍覺一無所得，差的還很，所以與他們的聯絡的事就一天天拖了下來，于情的阿娟，我平均三天和她見面兩個小時，所以們要諒解我，也請代我向老芋頭，史想洲，蕭明波，陳建興……及王連長每個弟兄道歉。

這兩天將去買些東西慰勞大家，應可請你們嘗罷。

又請向營長、營長夫人、副連長好，說不再和他們聊了，營長處也請代我問好，糟糕，一天只4小時真是不夠用。

不騙你，當軍人也有太多的好處，

祝愉快，

勝綻 80、6、10

67.7.100×100

臺北縣樹林鎮光華街十號 電話：6812861·6812610

老哥：

对你的責怪，我不敢辯白，只說抱歉，真的抱歉！

女人追到手了，說不定過幾天就結婚了。不过難說，還有近来"龍体"欠安、就庆幸你說的那句"沒死掉吧"。

何時可回来，告知，如何与你聯絡

謹此 祝

最快了！

新年快樂＋X'mas 美好！

何欣

12/6

建祥實業股份有限公司

連長：

接受欣喜的方式有兩種，一种是有准備的，一种是完全沒有准備的。

當您託把您給我的兩瓶"稀罕酒"交給我時，我真的是臉都給笑僵了，這真是"驚人之喜"！

雖然與您只是一次面、聊幾句話，再加上您在那邊時給我信中對您的描寫，您的形象卻已深刻映在我的眼前。

在此先說聲遙遠的"謝謝"，只是您可別忘了這以時寄我們喜糖！

祝

愉快

西信何 敬上

69.6.10.

67.7.100×100

臺北縣樹林鎮光華街十號　　電話：6812861·6812610

達長鈞鑒：

斗柄東指，春滿乾坤，新年即在眼前，唯們特書此函恭祝 鈞座佳節愉快，事功彰康泰！

華年也，唯們來此受訓已一年有餘，約莫本月底以前可望同時歸建，唯念逢此佳節，未能與 達上長官、弟兄共歡一堂，頗覺遺憾，總請 鈞座下達唯們渴望親愛之忱！謹此 敬頌

軍祺

士 鄧再偉
葉俊材 敬上
[illegible]

69.2.13

連長鈞鑒：

來信至今才收到，只因天候惡烈運補困難，所以要法馬上覆信，尚請見諒！更感謝你的關照，在此僅表我內心十二萬分之謝意。

退伍，離我還有一年半呢？只因自己當時太愛國了，糊里糊塗的簽下一筆，這一筆卻帶給自己無限的悔意，事到如今，又有啥辦法呢？認命了吧！在此生活上雖較單純，但是此地的指揮官卻是一個非常難纏的人物，只好事事順著他，要不然啊，會被臭罵一頓。連上弟兄皆安好吧！最後煩請轉達我向候之意，謹此！

祝 鈞安！

氣森 草上

[illegible].3.15.

福成先生：

真對不起，我是去年十月就離開豐原回家中休養，一年來身體康復欠佳，雖然如此，但能自己照顧自己，每天過着深居簡出，與世(事)無爭的平凡生活，這種平凡是社會平凡而平凡。

福成：先後獲[illegible]，歲月不居，賢兄妹已成家立業，令尊令堂健康如常，您在軍中為一代[illegible]幹部，為國家盡忠，將來前途無量矣。

帋短話長，再談

祝

全家快樂

趙金中 上
68、12、28

寄製賀年卡已收到，謝謝。

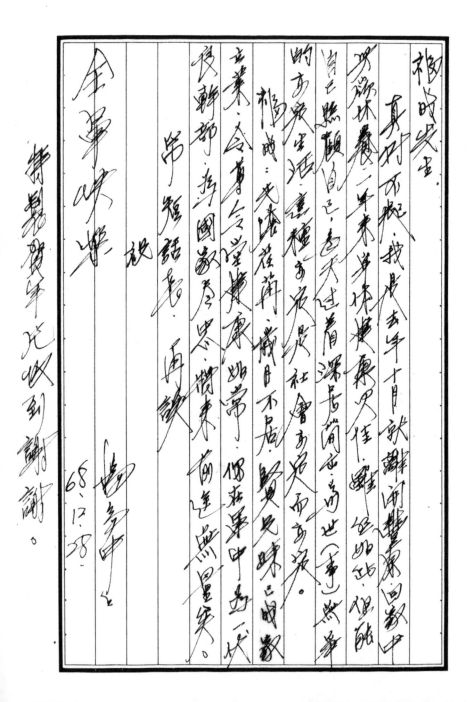

陳兄：

弟回台，投入新環境，工作多，規章陌生，手腳遲鈍，久久不能適應，至今才慢々步入正軌。以致懶得提筆，遲々未修書問候，請兄多多諒解。

在高登的歡樂時光，受您多方照顧，工作順利，智識受益，使我難忘，奈想再去，但机会不再有。

檳上開花了沒？，新的年度，帶給您亨通的官運，祝福您步步高陞，為國做大事。成家了沒？，喜酒可別忘了請我。

回台，謁識歡迎您來草舍敘敘。

住：(07) 831-3825 (晚上6時至9時聯絡)

辦公：(07) 261-4171 轉 306

祝

軍祺

弟 武雄 上

三月十日

大哥：

許久沒收到你的來信，心裡上覺得有點難受，啊！一切祇怪弟沒常去信所以如此。其實弟實在一直找不出時間來提筆和大哥聊天。

現已是深夜八點多了，但是弟剛從南部載菜回家時候，依此句話，相信大哥能瞭解弟的工作情況才對。

再過個兩、三個月弟很可能開設五金行，若開業，弟定通知大哥的。

前幾天，曾為你寄上年糕，是否收到呢？

愉快

安好！

弟 俊華 上.

連長您好、

時間過得真快、退伍也平安到家、花這一年多多、多謝連長照顧、順利退伍、連長若有返台打個電話來、讓我表示一點謝意、有寄點花生已讓連長品嚐試一下、若有什麼事、我能效勞、我很樂意接受、剛到家一切都不太習慣、也不知道要為什麼、總而言之、謝謝連長、草此、願常信搭達、

祝

春節到了、祝連長春節愉快

軍安

高幸民敬上

69.2.10.

電話 3116682.

老哥々好：

真抱歉，這陣子實在是忙，無法提筆，
全賴吾兄功高的前線戰友的關懷由心探試感歉
疚、時光過得真是令人不敢相信眼過已
經離你二、三個月了，雖然我們到真的之論
不過我仍無法忘記那段艱苦日子跟你在
一起，能過從學了許多，無論那方面做人處
事、社會倫理、教育，無時無刻多多令人懷念、
你說從來了兩位大廚師，相信一定能討
適合老哥的口味才是，只不可能如我這粗魯
之者，辦不了什麼好菜，不過老哥還是說得
相當滿意也許是私情吧對了那時回以惠查

通知一声到此一游吧！此地是向别人租来的，不可以跟豪相題並論，屆時我会盡地主之誼招待你。

祝

快[illegible]

永[illegible]

[illegible]

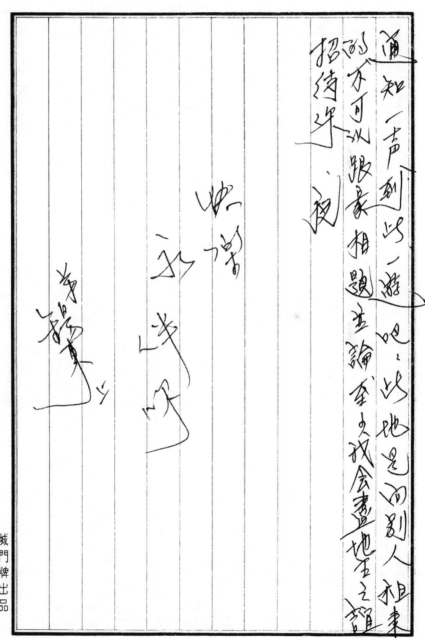

匡長您好．

雖然你們單純已退伍回到可愛的故鄉，溫暖的台北，但我依然是在名單中生活，尤其是和您在高登相處那段快樂日子，每天無憂無慮的日子，說多好就有多好．更何況我有那麼一位開明又民主的匡長，在此較您老百姓自由的身份向您說聲．謝謝．謝謝匡長給了能忱的照顧和鼓勵。

回到台灣也有不少日子，在這日子我每天就是努力賺錢，剩下時間就是待在家聽歌享樂。別的倒沒有，對了匡長已訂婚，那什麼時候給能忱打炸彈呢．望您告知。同時定准時赴宴。

交代之事．在此給了簡單回答．照准，叫我就搞

弟能忱 上

77.2.8.

Ps:來信於今日接獲．所以回信較遲請原諒。

陸軍軍官學校
CHINESE MILITARY ACADEMY
FENG-SHAN TAIWAN
REPUBLIC OF CHINA

福成你好 來信收到 知道你在連[illegible]

步中為國效勞 工作表現高異 一別數載

念，願你努力加餐 及時自勉 未來的成功

全靠自己的奮鬥 我對於書很有興趣 仍

在担任[illegible]期又國軍語錄於今相長[illegible]要，今年

三月曾在高雄醫院因膀胱結石開刀 幸上帝

保祐很快康復 今年平安 知道常常能想自要

八年抗戰九死一生 能在母校於讀書於實屬大幸矣 生活

如常 每天4:30起床 5:00禱告讀經 6:00運動 [illegible]

為國[illegible]同僑 莊敬自強 團結奮發 復國之良机也

安好

同學代向好

[illegible]

1220

老大哥：

非常抱歉，這些日以數天，一直未曾給您書

問候大哥您，祗因回家工作一面再三的繁忙

所致，拖至今才動筆。諒大哥身体安康好了吧。

自回來，可以說幾乎沒有空檔的機會

本想找個時間拜訪朋友去，可惜一直沒找到空

許？所以一直沒拜訪朋友。再說回來，這個段

環境上也不許可。說到嚴重事啦，唯一祗有拼命

的賣力的工作。

討了，大哥幾時結婚，到時候別忘了，來找

小弟[illegible] 敬上

連長好：

這樣的稱呼，似乎要習慣矣，俗云，一日為师，終身為父，在我想法裏，你畢竟是我的連長，盡管彼此感情不下知己，但敬仰之意何當比它淡呢？！

謝謝連長及連上各同志，如此熱況的歡送我，亦安然返家，由於剛步入社会，一切倒覺得有矣不習慣，好在多日來的訓練，使我得保以沈著的心情，面对著更並堅苦的挑戰，在過沒有當兵前我時常聽人講，當兵能使一個人改变很多，当然的所謂的改变，是由壞变好，由幼稚变成熟，歸納起來，不外氣質和涵養上的訓練，連長來，就當手於這一點、我以一個退伍人的感觸、渴望連長繼續保以相同的作法、貫徹到底、使連上每一個同志、能在兩年的軍旅生活裏、得到更多的好處、体驗更多的世事、介以進入社会後更益無窮。

在外島我也住了十個月又二十几天、在這一段期間內、承蒙連長上長官的照顧、一時也無法一一去函致謝、渴望連長能代為轉語，日後定会專函問候、且轉達長官交代的事情，我已打电話到他家、是他哥々接到的、另外他女友的事、过几天我会再去辦、請他放心、最後渴望連長代我問候連上各弟兄、以問此

68. 6. 27

添勝 敬上

福成：

該再給可愛的連長寫一封足以表白我內心懷念的信，近來忙些什麼呢？我沒有忙別的，還是爲着買石油的錢而奔走，然而我卻忽略了我已不是六年前的双十年華，感情仍然是在0°C以下冰凍着，就為了這現實而血淋淋的社會。老哥你說我的做法是否錯了呢？在深人靜之時難免心中充滿幻想，想畫出一幅美滿生活的圖樣，但這美麗的憧景，似乎離我很遠……該如何去抓住呢？好深的一門學問。該不是老兄所提吃那些欠揍的，我試過好多遍了，一點兒可口奶油的味道也沒，完全是想消除繫在心中的"白白的"吃……那是你說"欠揍的"，不是密封，先前已是DISTORTION。

可以說大夥兒都忙，連也諾来往都很少，陳俊欽有了老婆，如今已樂不思蜀，要不然也不致于麻了一隻手，黃蒼海也不再獨唱在滿西樓唯獨老夫"吾本將心託明月,奈何明月照溝渠"
句起我往事一層層;唯有寄一份懷念在心的深處
長久不消失直到永遠。談談你的趣事也好開心
心,來信有空之時.

祝

筆安

友斧之
68.5.14.
加拿大

福成、

來信收到多念，你之心情恩叔瞭知，今年春節時，我曾到台中，當時未見到令尊，僅見到令堂，現你在軍中應安心工作，必有良好前程。家中其他之事不必多想為要。

今寄去相片五張，爾後如你喜歡叔可隨時會寄給你。

你的工作重要，應以工作為要多多為國珍重。

此致

健康

恩叔

樹雲 四月二日

福成吾兄：

這次休假旅途愉快吧！二個月不算長亦也不短，今天收到老哥你來信，才知道這兩個月过的真快，弟原也是排在三月份休假，不知那些討過老婆的人提議，不討老婆的半年休一次假，這下可苦了我們這些討不到老婆的了，一張公文我的假就泡湯了。這樣也好，休個三次就搬家，多看些東西少用冤錢。

現在還有彈吉他嗎？我現在時間較多想學可惜，已沒這麼好机會，再有一個老哥來教了。

接連長職務還勝任吧，我想對老哥你應該是肯定的，能在你麾下應該很榮幸的。謹此

祝老哥

步步高升

武安。

愚弟

國樑

敬上

68.3.26.

連長鈞鑒：

曲指一算揮手告別連長，不知不覺已經是四個多月的光景，雖然離開了砲三連，雖然連上長官們的叮嚀、同志們的囑咐仍記心頭，尤其連長那付師相始終讓我忘不了，真後悔當初忘了留營，以讓我常向連長請教為人處事的方範。一直是全營最優的一連，第三連在連長的領導之下，我想此刻也不錯才是，因為我曉得連長很有幹勁、很有辦法、從高登的各項競技來論，就很明顯的[illegible]出連長的才華，難怪友軍常對我說：「好年青的一位長官。」

小弟退了伍始終是一付含酸相，吃人的頭路說不好聽點，當學徒，說現在年青混點經驗，以便來日有所發揮，前些个日子，小弟調升採購，或許是混得太久了吧，以致混上了這个職位，未知能否完成我的願望，則非得主連長的指點，我看就難以成名、成業也！

不曉得劉座回去了沒有，若有那就麻煩連長代小弟問候一下。

通信班过去為連長惹了不少的禍，在此小弟要的是問心有愧，我記得班上过去是全師競賽第一名，但願這回也不讓連長操心才是，只也還是得讓連長費心思考場極最後在此願祝連長能早日升官、

順祝

愉快

弟金宏上

0430

老弟如晤：

你的油印公開函，昨天我已傳閱過了，甚是想念那邊遠的英雄戰士。在這佳慶節日中，接獲來函，倍感親切，盼望一切多自保重。

有件事對不起老弟的，就是我這杯喜酒你沒喝到；我甚至破了例，連隊裡的同事，一個都沒請；話說回來，現在我還不是過得好好的，反而在生活上更加輕鬆愉快，這倒是我未預料到的。來日若有機會，定與內人專程請一次你老弟；畢竟我們相處一段時間，有所感慨，有所了解。

最近，我生活狀況尚可，公私兼顧，不勞他人操心。你呢？能否寫個親筆函聊聊。說不定九個月以後，我即與汝在他鄉會面了。餘言後敘

祝

軍安

學長

梁勳 台筆

67.9.18

a.m. 10.

福成兄：

接信多時，未能及時回音，尚望見諒，由於工作之故，延時遲之，據你所云，你家庭可稱美滿，幸甚，以你講之你兄妹而言，目前妳之成家，是有其歸宿，亦是一件喜事，你之訂婚，兄見在此祝賀你，何時返台，不妨撥來南部一趟，藉此可以見之並可敘舊。

如是來台，不妨先行來電話告知，"(07) 7415760"，是我家的，如不能來亦可聊之，

我全家平安，一切如舊，皆不介念，時屆歲尾，民年前後，我等亦遙望祝福你身体健康，

祝

軍安

弟 祖權 寄

1/2

敬祝
聖誕
新禧
恭賀

福成兄：

又是新的一年
再予你、
無限的祝福。

弟競磊敬上、

当此関头、正是兄殺敵報國之良机、
望反攻号角一响
兄能高奏凱歌。

連長您好：

外島一年多的軍中生活承蒙長官的照顧，十二萬分的感謝，如今身在台灣想起往日的生活點滴實回味無窮，我於27日早晨9點抵達基隆港，直接搭車抵達台東，如今依然待在家裏，處理此家事，再做打算，連長如能做歡迎到寒舍坐坐。謹此

祝

愉快

屬下
坤煌敬上
68.12.1

報吉連長：

我已於六月二十二日返回家中，如今也開始工作了，想想在高登那一段，承蒙連長的照顧，使我能安然渡過兩年兵役，回想起來，高登尤然在腦海裡，現在又能回想，而日後想再踏上高登，大概困難重重了。

由於剛回來，要避免在家吃閒飯，我就只好先到外面找個工作暫時做一下，等有更好工作再另他就。離開高登這段，連上弟兄要一定異動很多，但相信大家能相處融洽，共同把最後任務完成。在此深深祝福大家萬事如意達成國家所負任務。高登生活也曾嘗過，一切辛勞我不談，只說聲，謝謝連長在我服役兩年期間的照顧。謹此

祝

快樂

蘇進財敬上

68.7.9.

福國你好：

來信敬悉，謝謝你的記筆，我近來的一切如常，常讀多念，我現每天去坐教室，平時在家裡，除了上班以外，就是看書，閱讀聖經，現了自得其樂，以就是了。你的來信似乎情緒很煩亂，這似乎是如今年輕人的一般狀況，你要知道你目前正處在一塊試金石上，以是、磨練的好機會，「聖人有言，天將降大任於斯人，必先苦其心志，勞其筋骨，餓其體膚，空乏其身，行拂亂其所為。所以動心忍性，益其所不能也。」一個人在年輕時要為將來的事業，磨練出基礎來，所礎固基堅，則不失也。聯時不要忘記讀書和運動。餘不多說。

順祝

戎安

王洸 筆

68.5.16.

電話(039)—329214

福同你好：

恭讀來信，內情瞭然，過年後了，我以莫有給你寫信，請原諒。你們在前方，為了保衛祖國艱戰過一個平安的新年，實在辛苦了。你說一個月後可休假，如有那時，請來舍小玩。你說我對你有此教誨，實在慚愧，像我這樣的人，還能對你有影響，實感榮幸。我祗是本著「哲人」有言：「可與言，而不與言，失人。不可與言，而與之言，失言」的原則。僅把此些你已經知道的，再提醒你而已，因為一個人的成功與否：要看他接受力和自制力，就我們現在的環境而言，他已經三十多歲，先總統蔣公，還常常提醒他努力擴充知識，何況我們是一個普通的軍人，如果想有所表現，必須朝夕警惕不可，故此我僅以倚老賣老的態度，時常多提醒你一些，但注意的了須知已。希望你不要討厭才是。你的毛筆字很活潑，但有字帖常練習，因那是我們的國粹，在發揚國粹、復興文化的運動中，希加以發揚為盼。我的一切如常，希請勿念。

順祝

戎安

王兆 順利

64.3.5.

福成伯伯：

賀卡我已收到，近來好嗎？我近來好學，也希請勿念，如回來，到我這裡來一趟，我有話要給說，來時請先來信告知，我的電話是 22714 號。一切少敘，

祝

健康快樂

王淑華

68.12.12

連長：您好！

創業之初，百般艱難，忙忙碌碌自不在話下。加上最近右腿骨折，更有份慵懶。

承連長仍記得賀卡，深感快慰、歡愉。臥於床，艱辛的執筆，謝絕了「她」的好意，我非親自寫出內心對您的敬意和感激。別人代筆，総另仍嫌不足。

走筆至此，微有倦意，盼您有空返台能至舍下走走，您住台中，距此不遠，起碼打個電話告訴我，你時返台?!盼能告知。希此，祝

新春快樂

萬事如意

賀軒敬上 68.12.22

「這張小卡片，托「她」選的希望您也喜歡」

匡長你好

我是事業有點小麻煩，所以不得不轉到高雄創天下，望匡長返台時能到高雄來找單獨一玩，我略盡地主所做的。

在高雄我有电話是軍哥公司的，白天可能較不易找我，晚上都可以找到我。电話号碼是2729161，2729162，2729163。

祝

安康

附、有一事請匡長代辦，若副匡長佳接到我信時請代轉回它住的地方

先謝謝匡長

熊時筆上

69.3.25

老哥你好：

信回的很晚，是該上回休假回來忙到今天，又辦提前休假回家過個年。真怕這封信你收不到了呢？

聖誕賀卡已收到了，謝謝。真抱歉倒是我的沒寄出去。來外島已年餘了，年底將回。居處地址已改，電話沒變（北市松山區麗林街12巷2之3號「七六五八八九七」）有空就來。

定婚是個喜訊，恭賀喜結鴛盟。夫人是馬祖人嗎？你確實也該有個安定的家了。我尚不知貴府地座落何處呢？也不知你何時能返台，我記得你心到馬祖好像好久了。該不會在那兒定居了吧！

你們我中尉升了沒，我今年、十月就和你一樣了。一肩三條。時間是很快的。不是我退伍還早的很每天算都來不及。倒是常來信。我還十個月才離開此地明年就守到我家裏吧！我家不移防的。

至此

敬請

戎安

弟 明琛 敬上

69.2.6.

福成您好：

很對不起您，我最近整理信件，在檔子裏面發現您在65年元旦以前寄來的一份賀年片，是不是小孩子收到，還是什麼人收到後沒有交給我，我發現後非常歉疚，請多原諒。

很久不見了，近來很好吧，您媽媽還在台中住嗎？鳳嬌那邊的地址我也找不到了，也沒有向她們寫信問候，真是抱歉，不知最近是否仍在馬祖前方，請見信後回信，並將鳳嬌住址寫來，以便前往拜訪。

祝您

勝利成功！

叔，張濬啟

65.3.12

連長您好，

能再次接獲連長的來信是能任我感覺最快樂而最得意的事兒，如今我也退伍不少時間，一切都尚在努力中，要謝謝連長您給予的鼓勵，我也會謹記連長您的提醒，萬事急不得。

目前我的情形是白天上班還是木工技藝每天五百五十元，晚上下班回來在「正統通運公司」兼個小差每個月二千元，雖然這公司是五○兄弟他人合開的，但薪水還是照算不誤，連長您認為我這個作法嗎？願能來信告知。何上，

祝

安康

能任上

連長您好：

自我退伍至今也將近兩個月了，一直都忙於找工作，沒時間寫信給連長您，還望連長您多多見諒。雖然我們隔著一道不算近也不算遠的海洋，我祇有借著這張薄薄的信紙來表達我對連長您的敬意，也謝謝連長您在這一年多對我的照顧與教導，並希望連長您不吝賜教的多多寫信來教導我，謹此。

祝

軍愉

戴春垂敬上
69.3.7

TS. 麻煩連長順便代我向輔導長問好。

連長好、好久未寫信了、小友帶來的東西

已收到、謝謝連長、我買了、準備茶和、

牛肉乾、給小友帶回去、連長、外島、

氣候不好、要多加保重身体、

自我離連長後、連長在那裏、有沒有比

以前會更好呢、

連長自我離開連長快一年了、連長、

過得很快就可以回台灣了、希望連長好

外島能立大功、很快回來結婚

好讓我可以吃喜糖、連長如要回台面

請連長要我新竹作客去、

俊金上

68.8.12.

連長鈞鑒：

來鴻已收，謝謝！首先恭喜你啦，何時請喝喜酒呢？相信也快了是嗎？

到此也有三月餘了，一切皆已適應如常了，在這的確是較為孤寂些，有時無聊的不知要幹啥好，在這用水更是感到苦惱萬分，加上運補困難，有時一連好幾天都吃三寶大餐了，在這唯一的好處就是精神壓力較輕些，任務單純，但常在島四週海面一大批漁船聚集在一起，任務也挺繁重的。最後煩代候全連弟兄們安好。敬頌

鈞安

[illegible]敬上 69.5.18.

成哥、

很抱歉許久沒寫信給你了。如今提起筆來想想真快
去年寒冬踏上金門島如今又有些寒冷的氣息了，一年
了。平靜的度過什麼都沒得到，平白的蒼老了一年。
你到馬祖較早這封信、還不知你收到否，也快返
台了吧！收到信給我回音、好嗎？

祝

戎

安

弟 國深 敬上.

68.11.28.

福成吾兄：

來"片"收悉！謝了。唯弟流年不利，今年始有好兆頭，抽空提筆致候！

別說弟是捨不得2元5毛的賀片始有此言，因回顧一年來事事不稱心，雖是年頭結婚，但婚假剛完，接著住進了"杜鵑窩"，再接著大腳開刀兩次，然後腳指頭又被砸個稀爛，真是悲哀到家了。昨天還去看过X光片，能見到骨頭還"碎碎平安"呢！拉雜的扯了一堆，只不過是告訴你吾"大難未死"說不能還是"必有後福"呢！

一別多年未見，老哥可是長"高"了，長"胖"了，或肩上多了些花呀或是草呀！煩請來信告知，並期望着"何日再吻君"！

祝

軍安！

弟

台北人　69.1.11.

老哥你好：

官運就别提了，目前只想退伍不作他想了。我奇怪你比我早到小島如今我還有半年不到你怎麼還不回家。

婚後住台北住是很理想到底是大都市啥事都方便

未婚妻還好吧代為問候。年底十一月後信就不要往這寫了寄到我家還記得住址嗎？希望我這次六月份休假能在台北見到你和你未婚妻。

預祝

新婚快樂

弟 周澤 敬上 69. 6. 9.

([illegible] 122巷27號 TEL(07)658857)

陸軍軍官學校
CHINESE MILITARY ACADEMY
FENG-SHAN TAIWAN
REPUBLIC OF CHINA

楠成老弟：平安！光陰荏苒，日月如梭，
聖誕花紅，北風送寒，又是一年！
你們在遙遠的前線捍衛祖國，應該我們
寄賀年片才對，我在官校教了三十年，
一再承蒙遠贈賀年，上帝保佑，親健
常健，經常在南部演講國際現勢，並
在台南亞勝、高雄中船、中鋼、台機、台船、唐榮
安慰鼓舞士氣，書生報國之意可嘉，現在每期
担任美國年譜已發表二十六期之多，打破官校紀錄
九朝元老，沂頒信增與教學相長，知足常樂，安好

祝
聖誕快樂
新年幸運
同學知我者代問好
恩師十一期 [illegible]
1207

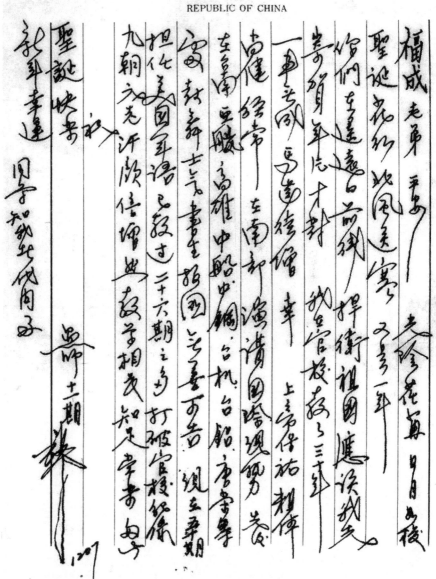

福成兄：

座下退任至今，心情如石落湖中久久未能穩定。提筆似千斤，今逢清明節，獨自家中，憶及往日連上長官抬愛及弟兄們照顧，為此面生不安，即提筆問候，尚請諒解。前些日子收到連長來信，使我萬分欣喜，我以衷心為連長恭賀與祝福，如需夫子盡力之事，勿客氣，夫子盡力就是，吉普酒可記得讓夫子分沾一點。

夫子一退任為自己裝組一部音響，甚至為朋友裝了幾部音響以殺時間罷了，目前白天幫人家忙。這是我目前寫照。最後順便幫夫子問候連上長官（謝謝）。

敬祝
愉快

愚弟
坤煌 敬上

王冠出品

陳大哥您好：

來信已收到了，謝謝大哥您的關懷，近況可好，一切如意吧，甚念。由於最近比較忙一點，很少提筆，請大哥多多見諒。日子過的實在真快，退伍離開高登至今已有數月之久，使我感到非常的懷念高登裡的生活及大哥您。連上的弟兄們是否還好呢？煩請大哥代我問候一聲。

大哥不是小弟我愛喝酒，使在非常想念大哥您的「老母」酒，不見怪吧。哈哈哈 謹此。

祝

軍愉

弟春奎敬上 0511

輯八：遺珠補綴

— 留住一份情和心

本書編者（正中），台中東工校園，民 57 年。

妻（右二），高中時，約民56年，台南。

學生課間作業紙 ①

課目 邏輯理論判 （第一章） 班別 5-3

學號 117 姓名 陳福成 日期

一、試簡述黑格爾辯證法之大意。

答：黑氏的辯法就是其所謂的邏輯，而視之為內在的自我運動，而且是相當的內在正確方法。主要更以否定為核心，由於否定之判斷，使使思想不斷向前發展。具体言之，原有之思維就是靜態，而否定則為動態，兩者相遇是矛盾。正是所謂的正反合三段歷程，不停的推展而能達到絕對理念。這種內在矛盾又為演變發展的動力，是人可以統一在內的，其目的在達到無用的境界，而非是是所謂之那人製造、擴大矛盾。甚錯

二、唯物辯証法之矛盾法何以錯誤？

答：此又名對立的統一和統一的分裂法則，是說明變的動力的法則。其思想宇宙固有內在矛盾而變動不居。一面是萬世萬物都包含在矛盾而依矛盾運動發展，一面又認為矛盾可統一。也舉例氫氧為矛盾，統一為物即水。其實兩者在化學變成水，所謂矛盾對立，氫氧二者乃為差異並生而表明其性質不同，而且氫氧之結為水非自發之作用，而是人為外力處理。列寧說：「將統一分裂為兩相對立之物而觀察它，即為辯証法之要矣。」可見他把對立解為矛盾，為大錯之。對立如左右手相輔，而矛盾為互相排斥。

三、唯物辯証法質量法則何以錯誤？

答：此又名量到質及質到量之轉化法則，是說明量的變化可以轉變質，而質的變化又可以產生量的變化。恩格斯以水之三態說明質與變。其實不論那一態都是由H₂O組成，本質並未有其他變化，可見，他的舉例違常識也與不合，何能為一理呢？

學生課間作業紙

②

課目　　　　班別

學號　　　　姓名　　　　日期

他之所以如此，無非堅定其共產黨徒的信心「資本主義之最後結果必可覆是為共產主義」。其實資本雖發展，但不一定用於剝削，亦可用作福利事業。

四、唯物辯證法之否定之否定法則何以錯誤？

答：此乃克服矛盾、解決矛盾的一種方式，第一個否定造成矛盾，第二個否定解決矛盾，不過否定之否定並非消滅本人之事業，他以麥子發芽為例，麥粒消滅是為否定，那麼麥之多年生物開花並未被否定，可見其雖在自然界中找到特殊例子，確然不能自圓其說。其實宇宙之間並非盡依機械之機歷程。一切有否定，同時也有肯定，一方面是相制相剋，而另一方面是相生相養，決非否定說之以偏概全可以解釋的。

五、唯物辯證法、反對形式邏輯何以錯誤？

答：唯物辯證法最反對形式邏輯之同一律「A是A」，他們認為這在事物不變化的前提下才能應用，並於變化中求事物「A是A」同時不能不是別的東西，故「A是A同時非A」已。要知「A是A」指主詞和主詞之同一，反之，則人同時等於人，而又等於他物，更可說「唯物辯證法」同時又非唯物辯證法」，如此世界上任何一物又可等於任何一物，則亂也。

學生課間作業紙 (2)

課目：匪黨理論批判〈第二章〉 班別：
學號：113 姓名：陳福成 日期：

一、辯証唯物論和一般唯物論有何不同

答：費爾巴哈是自然唯物論者。他認定人腦子的思維不過是肉体的活人。而主觀世界也就屬於自然世界。所以人的思維本身也是自然世界之一部。故所謂唯物論大致就是認為宇宙一切現象，都以物為根源，任何事務不外物質的存在及其活動。

但馬氏以為費氏之唯物論不充份，仍須加以改造。於是他便把黑格爾的辯証法搬了過來，武裝唯物論，成其所謂的辯証唯物論。此乃馬克斯之宇宙觀，是匪徒深信不疑的哲學，是無產階級爭鬥的精神武器。然其二者並無多大差異。

二、試指陳辯証唯物論的第一個錯誤？

答：首先是其宇宙的本質問題。他和唯心論相同錯誤。認為宇宙的本質是物質，並且否認精神存在之獨立。其實宇宙是一個大的有機体，其間是彼此聯繫，彼此影響的。誠如國父所言：「統指宇宙之間不外物質精神二者」。天人、主客、心物並非彼此對立。

唯物論認為物質不滅，但現在科學已證明質能合一，始能不滅，故又失去科學上根據」。再者近代哲學對物質之詮釋和傳統哲學頗然不同。因為物質分析到最後已非物質，而是一種波動，也是能之一種。故以辯証唯物論認為物質變化和運動合一。哲學上並非唯物論所有，亦可用唯心論，故我們亦可言精神和變化合一。

學生課間作業紙 ④

課目：匪黨理論批判　　班別：

學號：　　姓名：陳福成　　日期：

三、試指陳辯證唯物論之第二錯誤？

答：「意識是將來的物質的物質」，「思想是人類大腦表現出來的改造出的物質」何等荒謬？思想與大腦了然不同，思想可以自覺自知，且不依時空；大腦不能自覺，且要依空間。辯證唯物論者思想的辯證唯物論。說非其大腦的辯證唯物論，如把他分開心物合一，則其理論從何而來。不牟其維論其存在先有思維，思維為存在所決定。其實我們應站在心物合一之觀點上，認為大腦中神經作用，故合有物質和精神兩要素。因此物質有知說，更斷定宇宙間沒有純粹物質或純精神存在。兩者相依而生。

四、指陳辯證唯物論之第三個錯誤？

答：存在既影響思維，而思維同時也影響存在，此乃不可否認之事實，由歷史更可證明：盧梭的民約論影響法國大革命，康德思想一般，更影響德國統一。所以人在社會中受社會影響，同時也還思想改變社會。所謂「時勢造英雄，英雄也造時勢」即存在思維之合一。

五、辯證唯物論對共匪有實踐上有何影響？

答：因為辯證唯物論由物質出發，只視一切存在為物質活動，於是走進而強調物質，抹煞了精神，自然人性便淹沒了。更因辯證唯物論是匪黨的實踐哲學，他們只重現實，蔑視人類的意志，只視人類為工具，把人類和物質等量齊觀，則只認力可以決定一切。故有「人海戰術」、「康生計劃」的演出。

綜之共匪今天走向反人類反道德、反正義及出賣國家的罪行，這都形成意思的導演，可以說是基本理論錯誤，觀念錯誤，導至行為的錯誤。

福成先生：

謝謝贈書。藉書中詩篇認識您，以詩會友，結一段美緣。

寄予祝福——

平安！快樂！

[illegible] 書敬
96.5.16

福成詩弟：

生日快樂

[illegible] 敬上
2005年6月15日

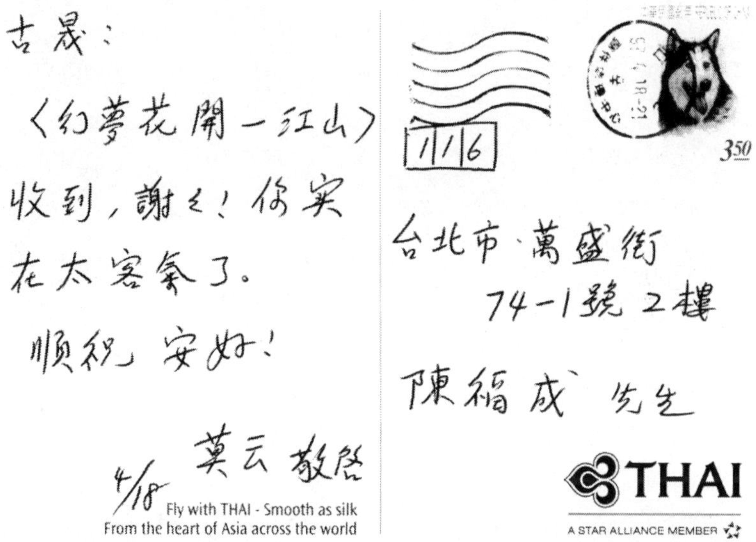

古晟：

〈幻夢花開一江山〉收到，謝謝！你實在太客氣了。

順祝 安好！

莫云 敬啓

4/18

Fly with THAI - Smooth as silk
From the heart of Asia across the world

116

3.50

台北市 萬盛街
74-1號 2樓
陳福成 先生

THAI
A STAR ALLIANCE MEMBER

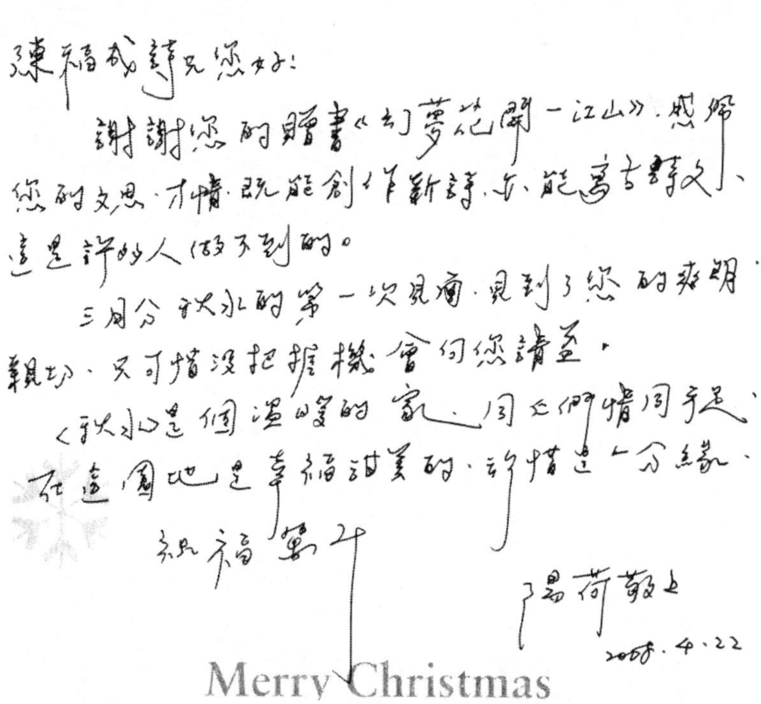

陳福成詩兄您好：

謝謝您的贈書《幻夢花開一江山》，感佩您的文思、才情，既能創作新詩，又能寫古詩文，這是許多人做不到的。

三月分秋水的第一次見面，見到了您的爽朗、親切，只可惜沒把握機會向您請益。

《秋水》是個溫暖的家，同仁們情同手足，在這園地是幸福甜美的，詩情是一分緣。

祝福 萬千

陽荷敬上

2008.4.22.

Merry Christmas

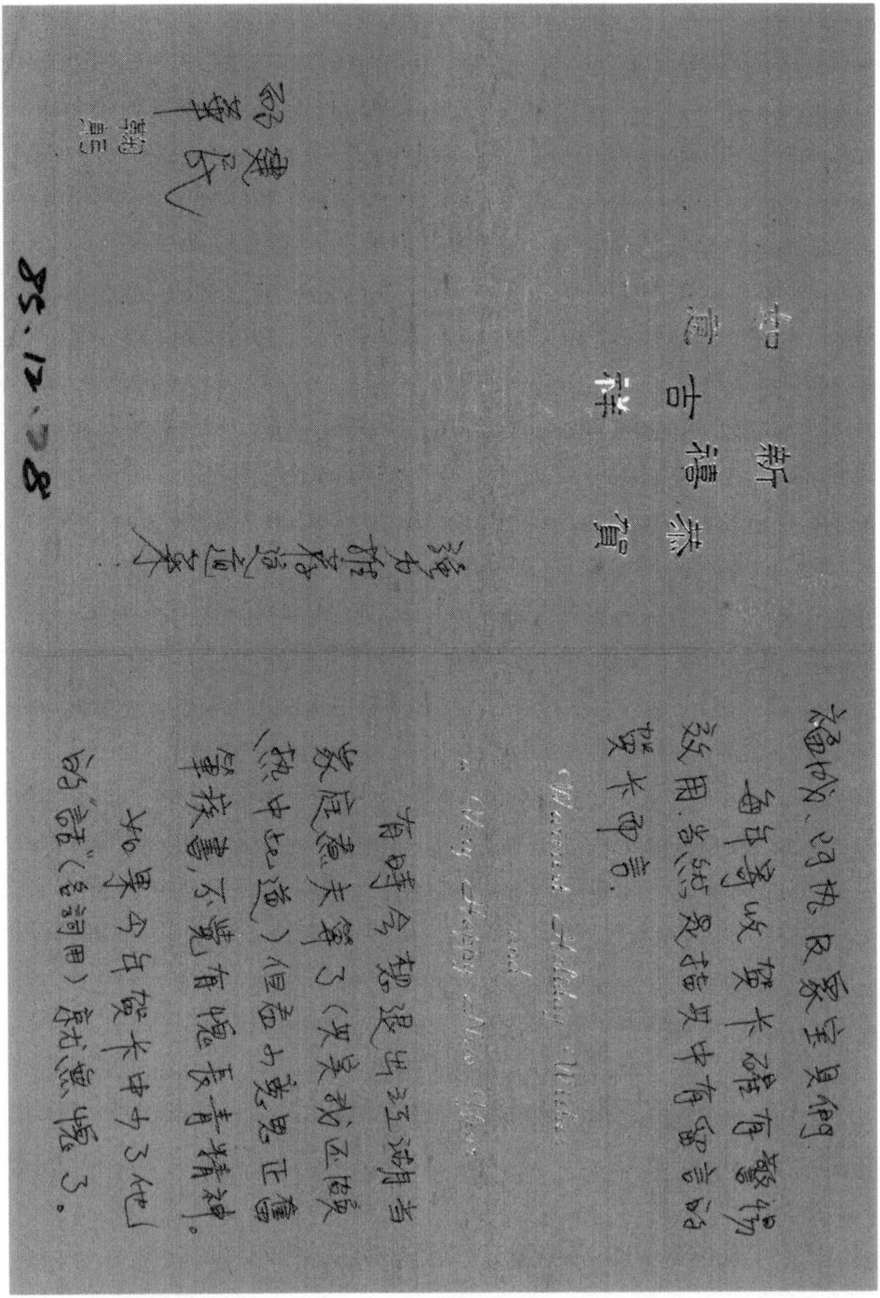
福成、阿快及家宝貝們

每年寄收賀卡確有警惕效用，当然是指其中有留言的賀卡而言。

Warmest Holiday Wishes and a Very Happy New Year

有時会想退出江湖当家庭煮夫算了（其実我还頗熱中此道）但每次竟是正奮筆疾書，不覺有愧長青精神。

如果今年賀卡中少了他的"話"（名詞用）就無愧了。

恭賀新禧

吉祥如意

強力推荐這道菜

建民
丽華 鞠躬

85.12.28

福成：

迎春納福　平安如意

Wishing you
A Happy and Prosperous
New Year

感謝多年来
對同學联誼
的努力與付出。

林鉄基敬贺

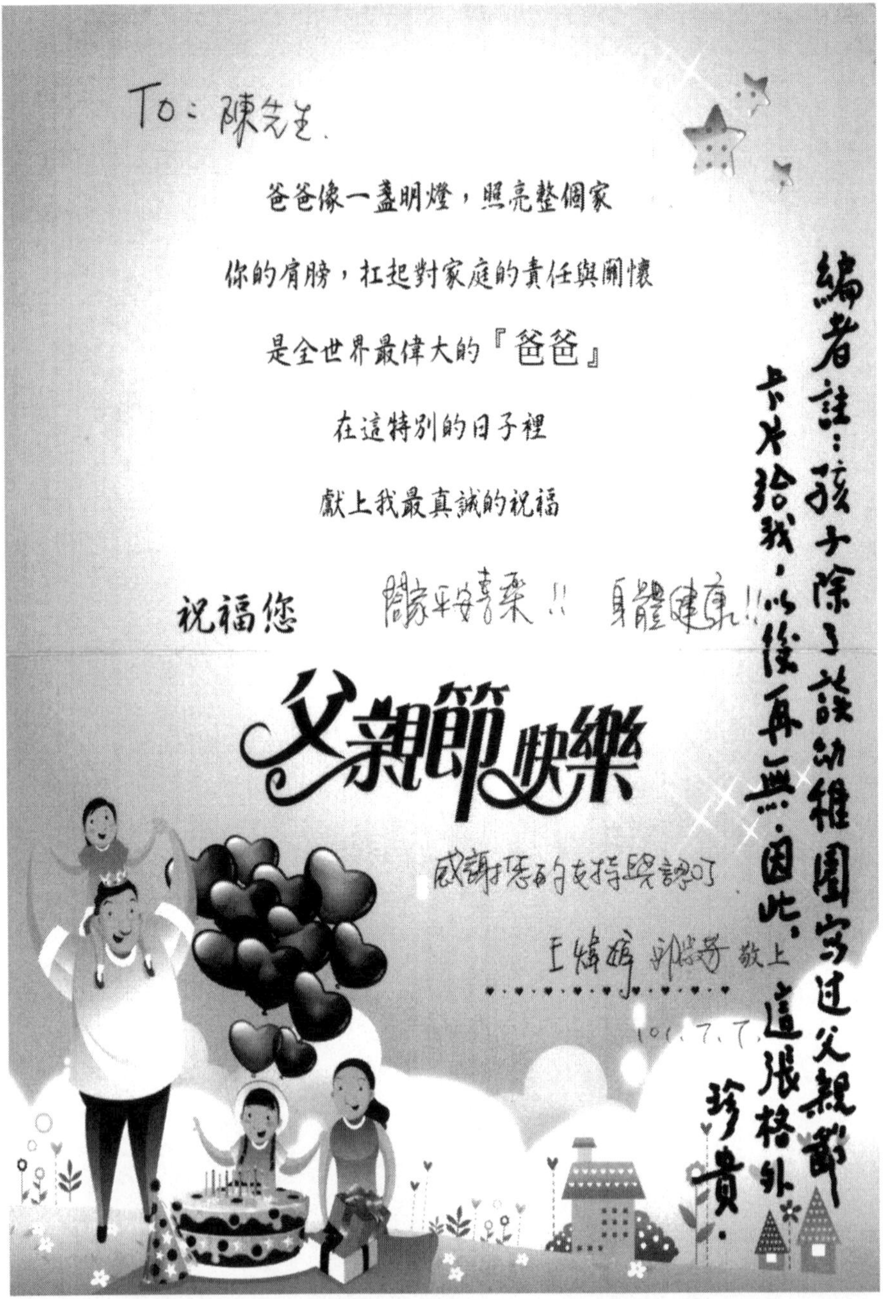

To：陳先生.

爸爸像一盞明燈，照亮整個家

你的肩膀，扛起對家庭的責任與關懷

是全世界最偉大的『爸爸』

在這特別的日子裡

獻上我最真誠的祝福

祝福您　闔家平安喜樂!!　身體健康!!

父親節快樂

感謝您的支持與認可

王緯婷　郭心妤　敬上

101.7.7.

編者註：孩子除了讀幼稚園時寫過父親節卡片給我，以後再無。因此，這張格外珍貴。

陈凤娇主编：

您好！

《华夏春秋》第五期已于前日收到，谢谢您能将我为高準教授的大著《高準诗集全编》所写的拙稿《飘零世代的永恒寄托》续刊其中，这让我非常荣幸！对于您们不畏强权地宣传春秋大义的精神，令我深深感动！祈愿您们的《春秋》之流，将来能够成为华夏民族的骄傲！

我见贵刊还有《现代诗天地》栏目，遂不揣浅陋随奉寄，附上拙诗稿《月亮之歌》（外四首）请斧正，看能否适合《华夏春秋》利用？

高準教授在电话中给我透露，拙稿《诗心明月证流离》亦被贵主编青睐留用，准备刊于第六期《华夏春秋》上，荣光、幸甚！幸甚！祈愿我能有幸成为贵刊的长期投稿人为好！谨此一并致谢！

恭祝

撰祺，

黄光曙　敬上

2006.11.15.家中

福成兄道賢：
新年將至，萬
物回甦，春風
又起之際，在此
祝福您：
新年快樂
諸事順遂
子青敬上
九六、二、十

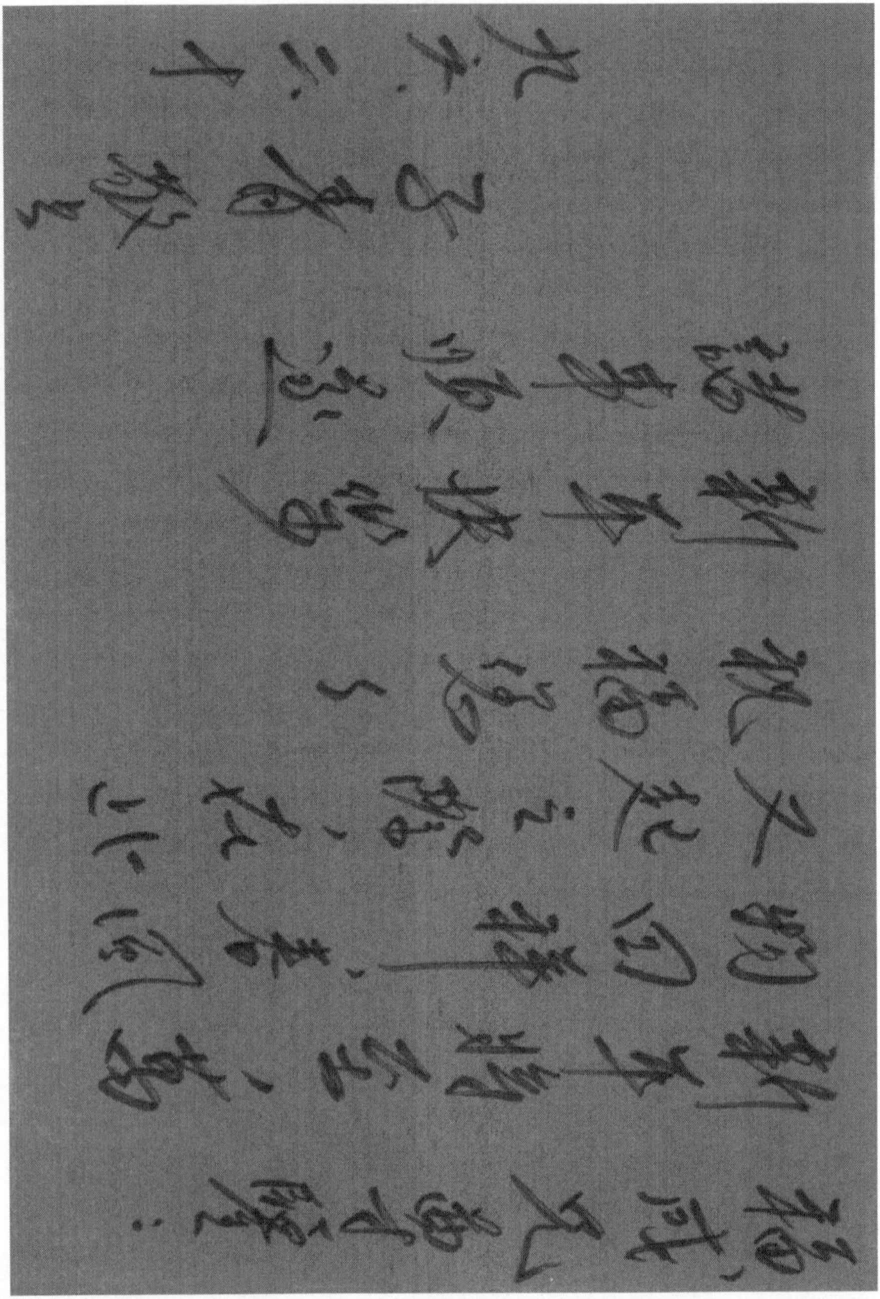

福成詩兄：您好！

大作《幻夢花開一江山》已收悉，感謝賜作。

佩服詩兄作品出入古今，今古詩體信手拈來皆是妙筆生花，令人驚豔其詩意的方，形獨風千古。

居士風範，果不落俗，是弟所當學習之處。再一次謝謝賜書！敬頌

吟安

弟子青敬上

於台中[illegible]

陈先生：

您好！

收到台湾先生寄来的多位台湾友人的爱心，感激之情，难以用语言表达，只能向您深深地道声：谢谢！谢谢您在我们危难之时给予我们的关爱和援助！

祝：新年愉快！
身体健康！

周淑敏

（周光春妻）　2008.12.6

燕山大学
YANSHAN UNIVERSITY　教师用纸　第　页

福成先生大鉴：

你的信几乎收不到，是一个偶然的机遇从邮局向我回来的。一是你写错了名字，那是我在信尾附言中写下的"高又及"把"及"写错为"案"。二是你也写错了学校名，陕西写成西安，此类学校如很多，也就不能确切地投递了。

早在《秋水》见到你的大名和照片了。故对你并不陌生，很愿结识你这位朋友。我写诗纯属业余，是一种消遣似的把玩而已，如果不嫌弃的话，愿给你交流诗集。

附上近作《一棵开花的树》二首，是按与你借我的"栗涅"命题而写的。友人还写了几句"笺注"，故奉你把玩并指正！

敬以握手礼并祝撰安

高璧
2008 10.3日

高璧

陈先生：您好。

有幸收到陈先生之来信，并得知您是同乡——成都人，非常高兴。今后您回成都时来简作客吧！

我曾常在有关报刊拜读到"陈福成"大名下的作品，印象很深，真想你是同乡人。如《葡萄园》诗刊176期刊发您的大作《寻找青春梓园》。在诗刊177期，又读到您的评论：读《陈晓昕抒情诗续集》有感"和创作诗歌：近作二首，等等。可想您是多产作家、诗人。可敬。

有幸之二是台客将我的拙作转给了你。恭请陈先生挤出万忙时间，对《拾蝉者之歌》诗集评析几句行吗？

汶川地震期，我写了几首旧体诗（新声韵），已分别在一些刊物见报，复印几首一并寄出，请您指正。

祝您创作丰收，

文安！

文友：[illegible]智祥

2008年10月25日

希多联系。

通讯：641416 四川省简阳市镇金镇政府

秋水詩刊創刊三十週年紀念稿紙

楊牧詩兄如晤：

大著《時情如異》收妥，謝謝。

吾兄誠情中人也，予前詩刊出版聚會，弟

與吾兄相會，並蒙贈書《春秋記實》一冊，返家

後詳細閱讀，深覺吾兄乃一真情中人也！

但真、口快，敢說敢言，反觀今日詩文界似兄之

樸實潤者，能有幾人？十之八九人都假假的！

今後只要有情如異之詩集與讀之，請信弟

之詩，請以情中人看，謂不虛也！

吾兄素雖之口，但所謂自己論其自謙

實，花草樹木皆與人有深情，讓人讀之難以釋手

其講哲篇珠璣之作，感人至深，特此奉函致謝，

並祝

吟安

弟 孫宗良（魯樹）敬上 二〇〇七.X

秋水詩刊社　敬贈　　社址：台北市郵政十四支五十七號信箱

福成詩友，

台灣風災，未能即時送上問候，罪甚！誠如風中之荷，縱已疲憊垂露，尚能屹立不倒！

千個祝福！

詩弟 曾[illegible]上
2009.8.18

福成詩弟：（容我如此稱呼）

上次才收到你的大作，此次又收到新出版大作「幻夢花開一江山」詩集，待翻至後面一頁，看到作品庫藏量、指賣及購買方法，洋洋大篇，知道你是軍事家，著作等身，各種軍事戰略、文藝、教科書⋯等無所不寫，出書之多，令我驚訝及讚佩。

我雖是秋水同仁，但寓居南部，台北同仁聚會較少出席，此次是一年一次秋水聯誼才北上參加，得以認識你，真是相見恨晚，不識廬山真面目，失禮之至，也在此致謝，讓我以虔誠、謹慎、恭敬的心情來拜讀品閱兩次贈送的大作吧！

詩姊 欣心上
2008.4.23

扬松先生诗友：

四月底就收阅你的"青春拼图"，也是先生的"诗的版图"，很有史论价值，且比我的水平高出一头。蒙你的器重，我准备写点文字，谈谈看，此文可能稍为推后（年底以前）奉上。

原因有三：① 五月家父去世，都归我一个料理，正编一本纪念诗集，② 我正将多年的"潜在写作"的抽屉诗稿，编辑成册，暂名《镂骨铭心的记忆》，收诗三百，工作量较大，③ 是我年事已高，每日工作时间很少，而且写作是我的业余（我是油画专业，七十后才写点诗文什么的。）

早闻君等大名，是在《葡萄园》编刊名单上读到，印象深者4人：范扬松、子青、王碧仪和赖益成，均诗风诗观接近，令我多有崇敬之心。

我非常同意你的"以系统理论研究现代诗"，因新诗的成长，不足百年，多吸收了世界各国成功诗学理论的，而中国诗学全靠零碎的历代"诗话"为依据，常有削足适履之感。其关键在于以系统理论去针对现代（新）诗。特别是以小见大，从具象到抽象，从一首诗谈到诗学之根底，尤为重要。

另：为你撰写《从春桃看后提笔》的陈福成先生，早蒙"秋水"主笔大力推荐，其诗文早已慕名，我闻他有诗教之事，盼赐予文阵的通信详址为荷

前面文字

我也设想对你的创作历程也"通述"一下，不知能否再旸寄点80-90年代的作品等(或论文资料)来，如《木偶剧团》之类的材料。(如果手头欠缺就不必勉强)。

今年以来，"葡萄园"刊的电子信箱受阻，转了好几次也未如愿。加之我也不会用电脑，只好作罢。有时打给洄曲和涂静怡过目并送去一点。《秋水》这期(七月)准备要介绍我的《人生风景》，届时盼过目。《门外》也有几首还登，可惜该刊出版不定期。(然之托人传送，也)

另，特欣赏你的序诗：《屈原，投江前的犹疑》立意和形式均有创举。(新)。

致以兄弟般地握手礼
并向劳苦功高的任翠莲夫人致意，祝好

2008 6.28

只因信封太空，奉上拙作一首供你见为参考！
该首诗与你倡议的"一首诗完成的心智模式"有关，是受《乾坤》刊"一诗多解"之约而写的。葛乃寄于邮局

敬祝陳福成先生
新春佳節　快乐

黄中模　贺、
二〇〇九、春節

江陳兩会新風開盛世、
海峡三通春景丽神州。
——欢迎光临巴渝大地

福成同學：你好，本黨中央舉辦七十五年度三民主義論文競賽，荷承參加，非常感謝。你豐富的學養、精闢的見解、與純熟的寫作技巧，令人欽佩。　大作得獎，實至名歸，可喜可賀。頒獎當天奉贈本會印製的「聽聽我們說道理」彩色摺頁乙套，「蔣主席的話—國家是大家的國家、國事也是大家的國事」、「為了維護我們的自由，我們需要國家安全法」等資料三種，敬請批評指教，俾供改進參考。隨函寄奉領獎照片一幀，請存念。敬祝

健康愉快

戴　瑞　明　敬啟

七十六年六月十七日

附件如文

瑞明用箋

敬愛的同仁：

新春愉快！

謹訂於本月27日（星期六）上午11:30於台北市長沙街一段20號(近捷運西門站)國軍英雄館軍友餐廳2樓牡丹廳舉行葡刊同仁新春餐敘 敦請閣下撥冗出席為禱 耑此敬頌

詩安

到訪人：我、白雲、賴益成、[illegible]、林[illegible]、[illegible]、台客、許其正、[illegible]、[illegible]

葡萄園詩刊發行人

賴益成 敬邀

2010年2月8日

Ps：煩請來電（0936-578-377）或 E-mail:lay009@gmail.com 告知出席與否，以便準備桌數。謝謝。

福成先生道鑒：薰風作拂，化日方長，敬維
文祉增綏，為學發軔為頌，渥蒙
賜贈「我所知道的孫大公」著作乙書，隆情盛意，感
篆良殷！
賢棣才華藝世，文采繽紛，長年以來潛心著作，作品
廣涉軍事、領導管理、小說、翻譯及現代詩等六十餘
冊，誠謂「軍人作家」，當之無愧！本書詳述
大公老師允文允武，無私無我之一生行誼，身在海外，
仍心繫國是，強烈國家民族情操，堪為革命軍人忠貞
典範。所贈鉅作，當珍藏拜讀，特虔函馳謝！適值國防事務變革之際，敬祈
時賜箴言，俾資借重，不勝企禱！耑此 順頌
近安

高華柱 敬啟
一〇〇年五月六日

華柱用箋

福成学弟：

知道你因经济因素不得不将「華夏春秋」停刊時，真是為你的雄心壯志抱屈，亦為島內正義之声減弱担憂，好在其他襍誌仍多，你的文采仍有園地可供发揮，希望你稟志堅持。

日本人從明朝開始就大举入侵中國，當時被稱為「倭寇」，「明治維新」後就企圖征服全世界，他們的路线是——攫取满蒙，佔領中國，征服全世界。自九一八始到無条件投降，倭寇殘殺了千百萬中國人，可是他們並沒有懺悔，祗認為輸在兩顆原子彈，有朝一日还是要佔領中國，所以現在日本的一切篡改歷史的举動，就是為未来再度殘殺中國人做準備。

我不願意中國人的後輩和世人喪失警覺，因此
非常贊成对日本人原始獸性的宣傳，特寄些剪
報給你，以及兩份「南京大屠殺」的DVD碟，作為你以
後為文的參攷，亦可多拷貝几份DVD碟送給有關單
位和人員用作宣傳，看看日本人的真面目有多凶殘!!
(只可惜沒有翻译成中文，同時不知此拷貝是否可
用作电視放映?)
祝你
新春愉快
再接再勵

孫大公
2007.02.15

福成学弟：

一、終於找到了几張清晰的日軍殘暴照片可供替換。

二、我的原稿纏雜紊乱，你能把它编得有條有理，真是不簡單。

三、因為我是原創者，比較了解它的來龍去脈，所以作了些先後秩序的調整，不知是否方便重排？以及頁次的重排？

四、調整之內容請看附件。

五、若有疑問請即通知。

六、待調整重印後，我將电彭先生詢問每本單價及每本海內外之邮費，然後決定印刷几本和寄書地址，並寄費用給他。

七、接到書後請即告知。

八、此事又要麻煩你。謝謝！

耑此 順祝

健康快乐。

小兄 大公

2013.08.18

福成学弟：

遺憾呀！感慨呀！憤恨呀！羞恥呀！

我國的富豪為求出名、趕時尚，大家都要「裸捐」「做善事」，但等到新聞見報之後就沒有了声息，因為要他（她）從根救國，那个太花錢太費時間，不如沿街派錢或是蓋兩間希望小学可以馬上見報，立刻出名！

我已經八十歲了，想趁有生之年还可以為國家民族做点事，可是限于財力無從做起，而所謂的富豪們对真正救國又無動於衷（連一封礼貌的回信都沒有），所以我才有前面的感言！

我現在只希望兩件事：

(一)希望媒体推動「恢復禮義廉恥」之風潮。

(二)希望媒体加強談論賭场「國有」「民營」，以特高的利润来補足「健保」「教育」等益民之大事。（附件）

即頌

撰祺

小兄 大公
2012.07.09

又及：媒体事請与王韻菁連絡。（0935309401）

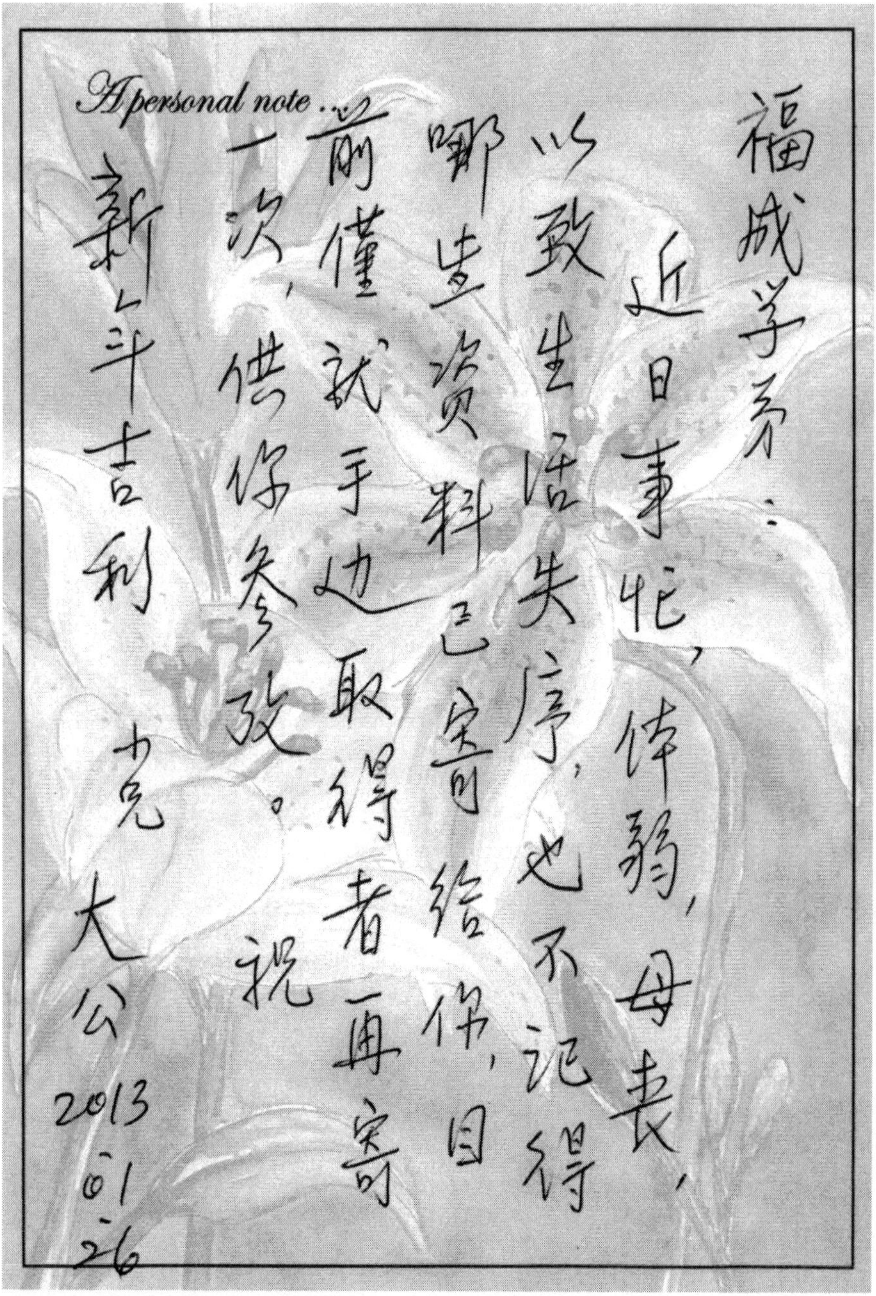
A personal note ...

福成学弟：
近日事忙，体弱，母丧，
以致生活失序，也不记得
哪些资料已寄给你，目
前僅就手边取得者再寄
一次，供你参考。祝
新年吉利 克
大公
2013.01.26

【恭贺新禧】 

Wish You A Happy & Prosperous New Year

福成同學：

感谢您寄来的大作，除了佩服外，讓我能從溫預備班时期的美好时光，真的值得回味：

很歡迎來嘉義玩：

祝 新春如意

張慶翔 贺

2013.12.11

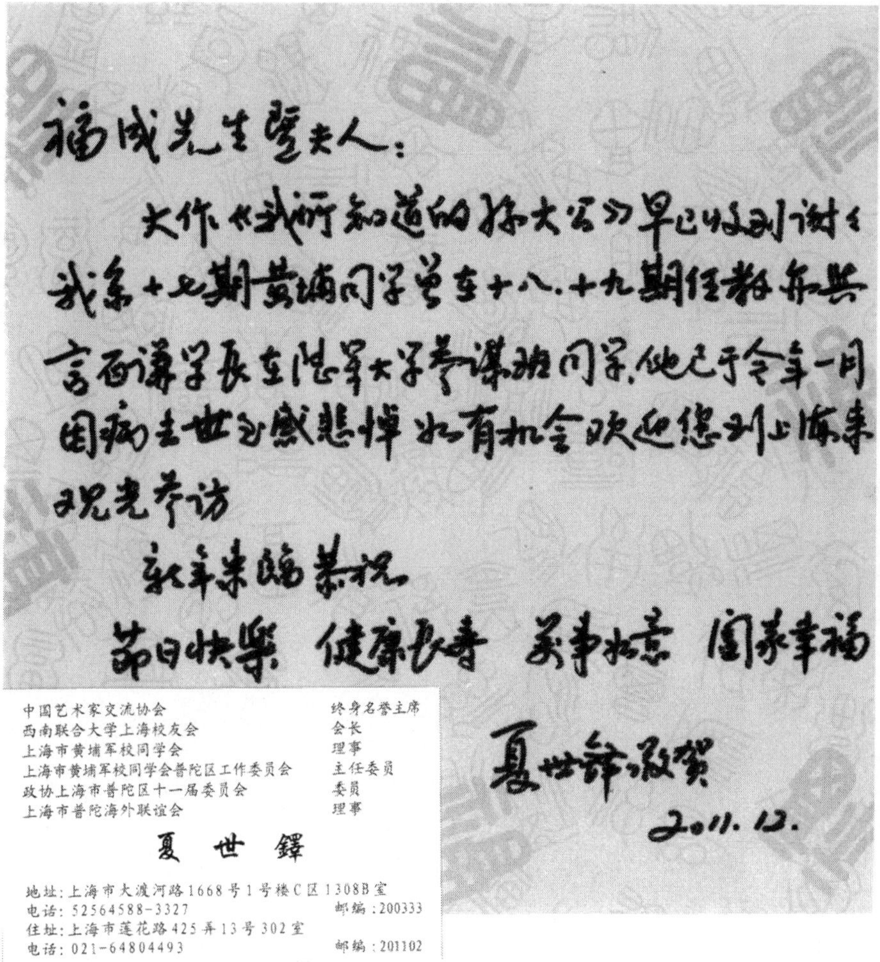
福成先生暨夫人：

大作《我所知道的孫大公》早已收到謝謝

我系十七期黄埔同学曾在十八、十九期任教你與

言西講学長在陸軍大学參謀班同学，他已于今年一月

因病去世，甚感悲悼。如有机会欢迎您到上海来

观光參訪

新年来臨恭祝

節日快樂　健康長壽　萬事如意　闔家幸福

夏世鐸敬賀

2011.12.

中国艺术家交流协会	终身名誉主席
西南联合大学上海校友会	会长
上海市黄埔军校同学会	理事
上海市黄埔军校同学会普陀区工作委员会	主任委员
政协上海市普陀区十一届委员会	委员
上海市普陀海外联谊会	理事

夏　世　鐸

地址：上海市大渡河路1668号1号楼C区1308B室
电话：52564588-3327　　邮编：200333
住址：上海市莲花路425弄13号302室
电话：021-64804493　　邮编：201102

江苏省黄埔军校同学会

福成先生大鑒：

首先感謝賜寄《我所知道的孫大公》大作，二〇〇一年　大公學長率「黃埔校友旅美訪問團」作「溯源之旅」來南京晉謁孫中山先生陵寢，由江蘇省黃埔軍校同學會接待，有緣相處交流數日，欽佩　大公學長愛國愛民族精神，惜時日匆匆未儘暢談，此後雖每年均互致年卡賀歲，今獲　先生大作，拜讀之餘得以全方位認識　大公學長不愧為副題：為中華民族再添一抹光彩。

弟為十五期第六總隊校友，抗戰爆發時在南京國立中央大學實驗中學讀書，為抗日救國投筆從戎。抗戰勝利后任職于國防部二廳。時代變遷，但堅持愛國愛民之心

地址：南京市北京西路 30 号宁海大厦 1910 室　　邮编：210024
电话：025-86631261（传真）　83321128-1910　86636376

江苏省黄埔军校同学会

未減。大可學長與弟所處有異，但家國愛民之心互通，親愛精誠校訓互遵。
世界潮流奔湧向前，順之者昌，逆之者亡，
馬英九執政以來，兩岸關係好轉，我黃埔校友流血換取台灣光復，豈容"獨立"?!
和平統一乃當今潮流，願我黃埔校友努力奮鬥以求早日實現。然否？

再次感謝！祝

安康！

學弟 張修齊 敬禮！

二〇一一年五月十四日于南京.

地址：南京市北京西路 30 号宁海大厦 1910 室　　邮编：210024
电话：025-86631261（传真）　83321128-1910　86636376

上海市黃埔軍校同學會

福成校友：謝謝您惠寄
大作《我所知道的孫大公》。
孫大公校友曾多次來訪，
我們還曾一起到莊行又見
了有紀念的大陸。收到大作，
使我感到很親切。我們
生活在我們黃埔的精神
是我們都熱愛祖國，把
致力於祖國實現和平統一。
歡迎到上海來走走。並請
多保重，祝
全家幸福

[illegible]
2011.5.7

福成弟如晤：

返美前我在電話中所談之理念，畧贅數語附上。

返美後整理存舊文件，又發現一些資料可供你參考：

1、民69年對蔣經國之建言及其民46年之贈言。

2、上書總統府秘書長張羣（岳軍）建言國事，獲手書嘉獎。

3、陳立夫伯之元旦贈言。

4、裝甲兵司令蔣緯國加賀我與羅之山赴美受訓。

5、警備總司令黃杰手書邀宴。

6、曾當選國民黨第八次全國代表大會代表。

7、民69年投稿報社兩則。

8、自抄之「大公定律」。（戲作）

9、剛入陸官校時之習作。

10、陸軍總部獎狀。

端此 即祝

讜言濟世

孫大公

2006.09.07

福成贤弟：

我是十一月七日返美，不知你已於月初回台，未能見面，可惜！

你寄来的贺卡信封，封得非常紧密，四个角都黏得毫無縫隙，不知是你的封信手法？还是偷看者的（邮检人员的）？好在我们胸懷坦蕩，做的都是為國為民的事。

我在台時獲馬英九先生授權，请我在美國動员黄埔校友成立後援会（附信），如今已成立五个（美东、美西、美南、舊金山、洛杉磯），还在继续努力。此次總统选举如再被狐羣狗党得勝，则台湾危矣！見着同学時请代我致意。

祝

為國盡心

小兄 大公

2007.12.19

福成学弟如晤：

阅读来信甚喜，因为你仍在你心爱的文藝圈内活跃，常与同好来往，遊歷佳山美水，人生若此，夫復何求？！

来信要我再寄些资料给你，可以让你多作些敘述，但不知你想写记事、评论、轶事、……、將来想登在何种刊物？若我能知梗概也便於收集资料。

我明年可能返台一行。見到同学请代致意。

最近我已迁址，見附件。

送你一份也是口足畫家畫的月曆。

祝賢伉儷

新年快乐

萬事如意

小兄 大公

2009.11.30

福成学弟：

歷来史書会受不同撰写人的影响，而有不实或被扭曲的現象。有一件深藏心底數十年的中國國民党秘史，如今因時过境遷，决予公開，以期畧補史頁之真实。現已刊登於美國世界日報，特寄影本以供参閱。耑此　敬頌

時祺

孫大公上
2012.03.30

又及：正整理其他资料将寄给你。

福成學弟如晤：

一、上次多虧你幫我寫了小傳，使我人生無憾！

二、不过有些資料在斯時过于敏感，不便登出，現在我统一给你，由你斟酌。

三、我把資料依時间順序及事件性质分成几类，但其内容需根据時空来瞭解。

四、看过我小傳之人，皆称许你的春秋生花之筆。（真不简單！）

五、這些資料我已有存底，不必还我。

小兄　大公

2012、07、04

崗安　順頌

健康快乐

又及：附序供参。

福成弟如晤：

最近身体欠佳，視力模糊，因此謄清之工作就误了時间。

我以前寄給你的資料現在記不清楚有哪些〃目前寄的有部份会重合，好在寄給你以由你来选擇。

附上的三百元支票是給你寄我校对稿用的。至於印刷裝订費用我会在寄回校对稿時附上。

尚此　順祝

撰祺

小兄　孫大公

2010、10、06

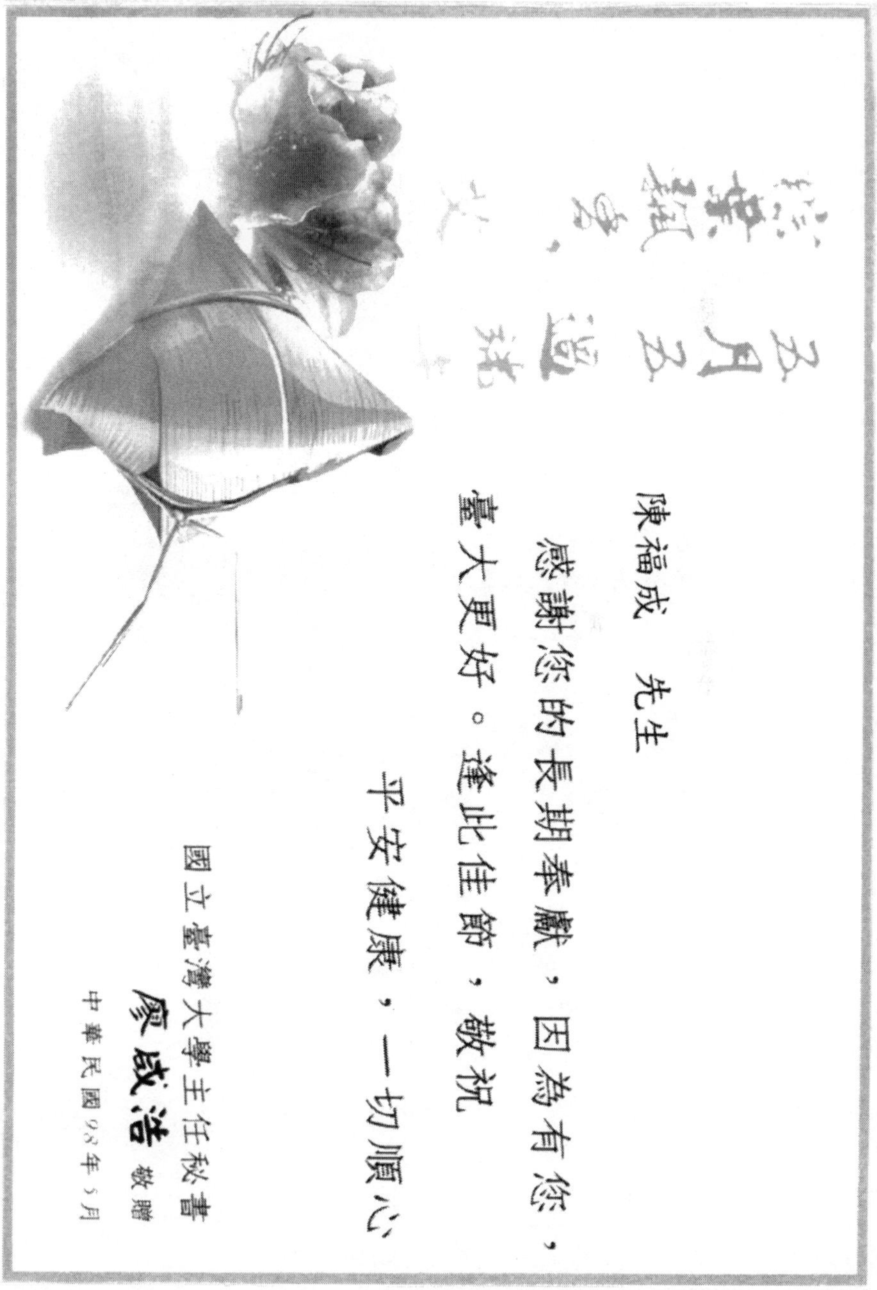
五月五過端午
粽葉飄香、艾
陳福成　先生
感謝您的長期奉獻，因為有您，
臺大更好。逢此佳節，敬祝
平安健康，一切順心
國立臺灣大學主任秘書
廖咸浩 敬贈
中華民國98年5月

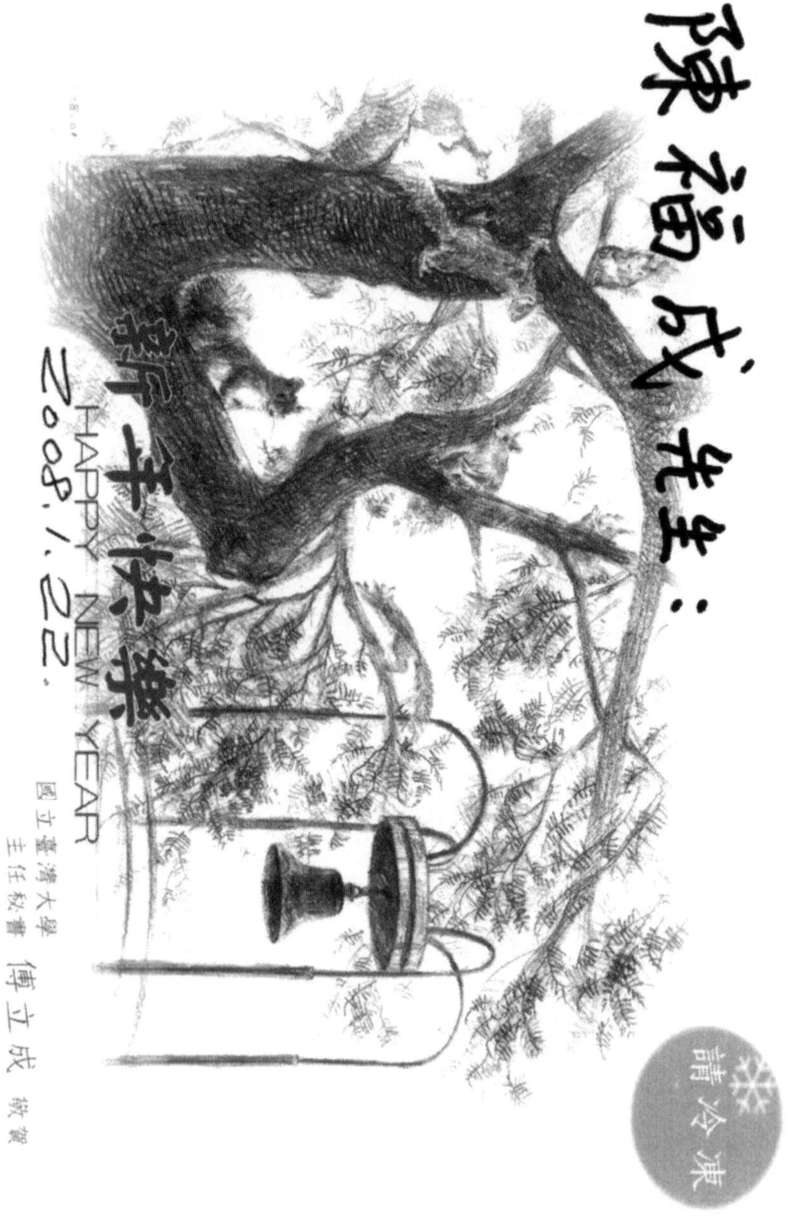
陳福成先生：
新年快樂
HAPPY NEW YEAR
2008.1.22.
國立臺灣大學
主任秘書 傅立成 敬賀
請冷凍

陳福成　先生：

您是否記得去年早春中綻放的杜鵑花、初夏傳鐘旁燃燒的鳳凰樹、微雨入秋的臺大 82 歲生日以及冽風中點亮校園的溫暖聖誕紅？時光荏苒，這些都成了您我共同的風景。

感謝您的一路陪伴，也請與我們一起盼望新的一年！

恭賀新禧

國立臺灣大學秘書室

主任秘書

作票、作弊的總統 〈自行取用、廣為散發〉

★陳水扁竊國，第三次革命開始了。

△一定要下台，歷史上有例子：袁世凱

△不被信任的政權就是「非法政權」

非法政權一定要下台。

△重辦公平選舉。〈★民進黨毀壞了台灣的民主、法治〉

★（最近陳水扁又在發表他的「善意」，企圖安撫我們，千萬不能呆呆又上當了。）

△國、親、新一定要合併，現在是機會。

★群眾運動要擴大、
堅持下去，絕不能退縮。

一群熱愛公平、正義、民主的人

陳福成

（請大家用FAX、TL、影印告訴大家）

★我已在總統府前分發數千份，已產生效果。

請與我同行

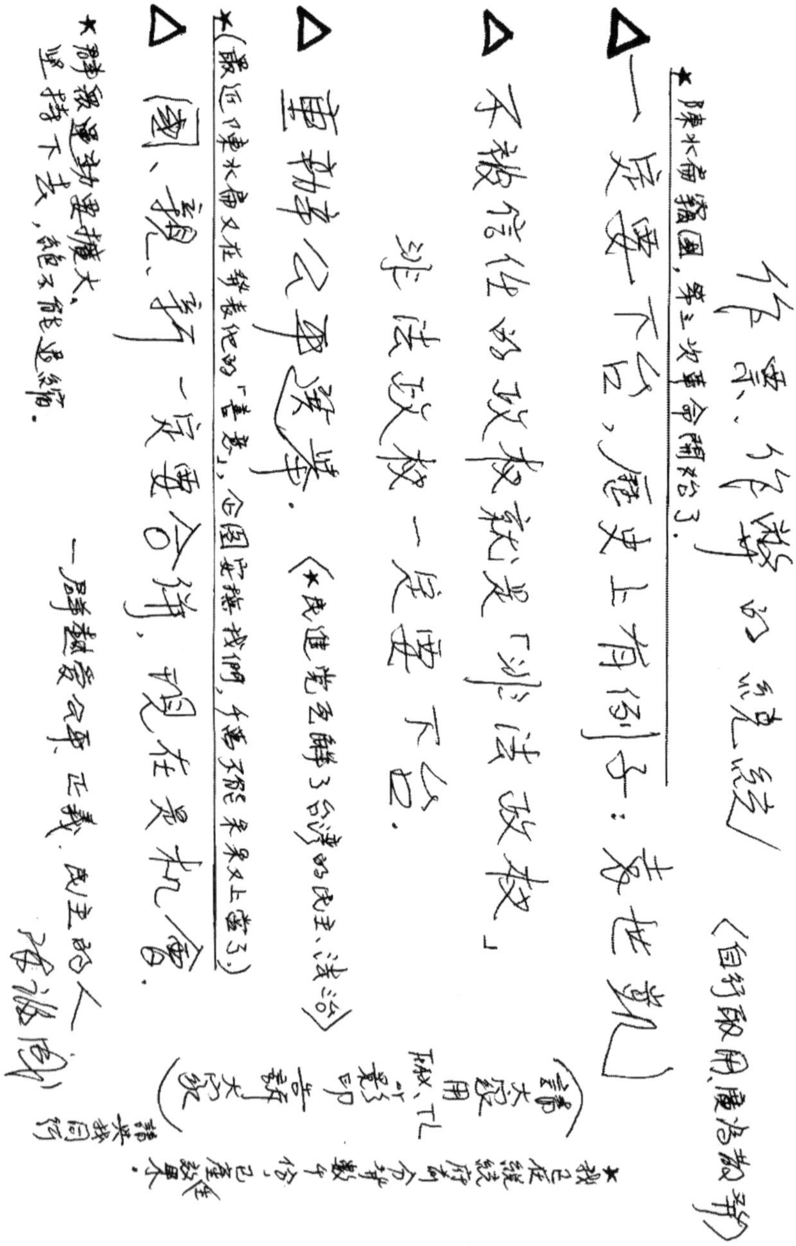

作業.貪污的陳水扁下台宣傳單標語

△全面驗票之外，有20多萬軍.公.教.警.情治.選務人員，被扁營黑手操作，不能去投票.一定要用協商方式，補投票.有15萬以上是藍營的票.

△非法競選.非法政權一定要下台.歷史沒有例外.袁世凱就是例子.

△他不下台，就要罷免他下台.

△人民不該姑息非法競選.起來吧！有良知.血性的人.

△陳水扁不下台，藍營一定要走回革命路線.

非法總統 非法政權 一定要下台

→ 應補投票

1. 有大量軍、公、教、警、情治、選務人員，總數約20萬人，被扁營刻意操弄，不能去投票。這些人有七成以上是藍營的票，因此這是不公平選舉，是竊盜偷的行為。選舉理應無效。
2. 槍擊案疑點太多，自導自演，操作的也太粗陋。雖公布一些資料，但奇美醫院、檢調、司法已全是扁營人馬，不可信、不可信！
3. 作票、作弊的總統是一定要下台，歷史上沒有例外，袁世凱就是例子。面對非法總統、非法政權，藍營一定要爭下去，拼下去！即使要和綠營對決，也一定要拼，爭天理、公理。
4. 藍營動起来！熱愛公理正義的先生、小姐們動起来，主婦動起来。連宋王馬及藍營公職人員要團結，大家把非法政權趕下台。我親自来總統府參加活動，有一半年青人，可喜！
5. 驗傷、驗票、罷免總統，法律途径、群衆運動双管並行，把運動擴大成全國、全世界的規模。
6. 最後，國親要做合併的努力。

台灣大學一群熱愛公理正義的藍天使

★絕不能讓「非法政權」再惡搞下去。

★這張資料請儘可能傳閱，TL. or FAX 給親友，發揮影响力。

★正義、權利是自己爭来的，不是坐等天上掉下来的

作票、作弊的總統

△一定要下台，歷史上有例子：袁世凱！

△不被信任的政權就是「非法政權」。
非法政權一定要下台。

△別睬了！証據早消滅了。重辦大選吧！

△李登輝、陳水扁這群人「騙死人不賞命」。

△「第三次革命」机制啟動了：捍衛 RoC

△國、親、新一定要合併，机會來了！

△朋友們！堅持下去、擴大運動

◎告訴親友們來參加！

★那群「綠毒」騙死人不賞命。

△泛藍朋友們，別又上當了！

民主總部支持者.

呼籲藍營現階段努力方向

——向藍營的領導階層建言——

1. 法律途径、群衆運動要双管並行.

2. 群衆運動要擴大成全國性規模、增强压力，但須和平理性、才能擴大戰略優勢.

3. 連宋王馬及全体公職人員應齊一行動，統一操盤，給馬英九最大的「角色調整空間」.

4. 大家弄清楚最高的战略目標是甚麼？拼下去.

4. 做票、做弊的總統是不能當了，一定要下台，袁世凱就是例子.

5. 驗票、驗傷、罷免總統，現在的陳水扁是「非法總統」，他的政权是「非法政权」.（搞台独的政权本来也是非法政权）

6. 國親要做合併的努力.　　台灣大學連宋後援会的一群藍天使

這張請儘可能傳閱、FAX給親友、或凡告知親友

藍營要利用這次机会學習如何搞群眾運動，在大陸輸共党，現在輸綠營，遜也！

選舉無效　總統下台

★請儘可能傳閱這份資料，FAX或TL給親友，大家告訴大家。

1. 20萬軍、公、教、警、選務人員，被綠營刻意操弄，不能投票，這是不公平選舉，所以選舉無效。這其中有六成以上是藍營的票。

★全面驗票前，這些人
要透過政治協商，補
重新投票。

2. 綠營作票、作弊，「非法總統」、「非法政权」一定要下台。袁世凱就是例子。

3. 連宋王馬齊一腳步，藍營公職總動員，擴大战線，持續加压。

4. 國親要做合併的努力。

台灣大学連宋後援会的一群藍天使。

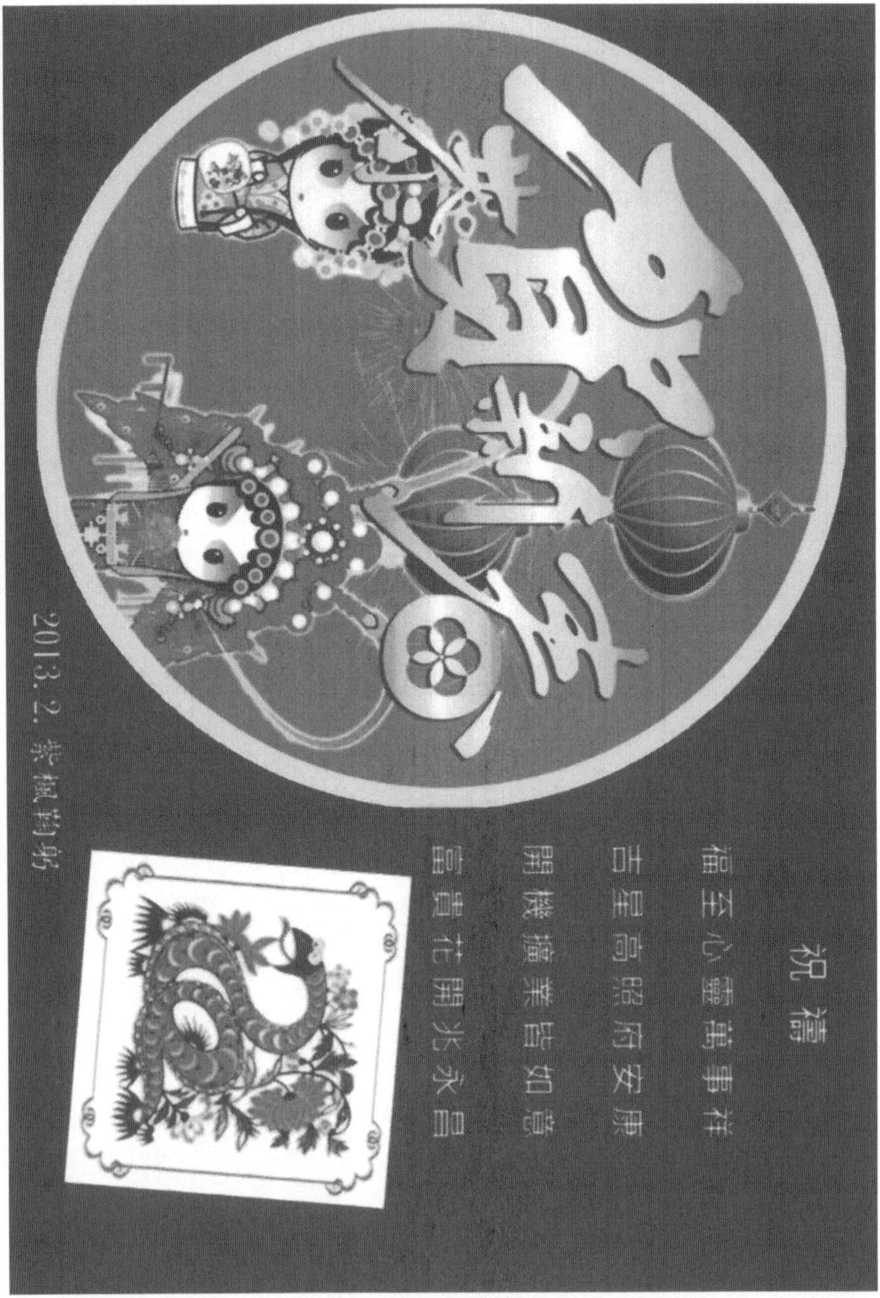
祝福
福至心靈萬事祥
吉星高照府安康
開機擴業皆如意
富貴花開兆永昌
2013.2. 紫楓鞠躬

小萱、見光嫂：

劍素無恙，橫山的天空料也不同於大屯山下的，或許你已調適了吧！

上回「中橫」之遊相片等已洗出，擇寄尊府上聊做長途跋涉光臨寒舍之補償。紀而無甚何其樂之，這些相片說不定竟是日後追憶快樂生平之源泉！

即頌

儷府平安：

（覓回信）

建民上

08.08

福成学弟：

人生苦短，我们要尽量活得健康愉快！

此卡封面是一个手残的人用嘴含筆畫的，是否给了我们一些啟发和鼓勵？！

祝你

健康快乐

兄

大公

2013.08.31

福成先生
女士：

6月15日，欣逢華誕，光輝燦爛。

太陽為您昇起，百花為您開放。

特函祝賀，並頌

福壽康寧

闔府歡愉

國立台灣大學退休人員聯誼會　敬賀

93年5月26日

福成先生/女士：

6月15日，欣逢華誕，光輝燦爛。

太陽為您昇起，百花為您開放。

特函祝賀，並頌

福壽康寧

闔府歡愉

國立台灣大學退休人員聯誼會　敬賀

114年5月31日

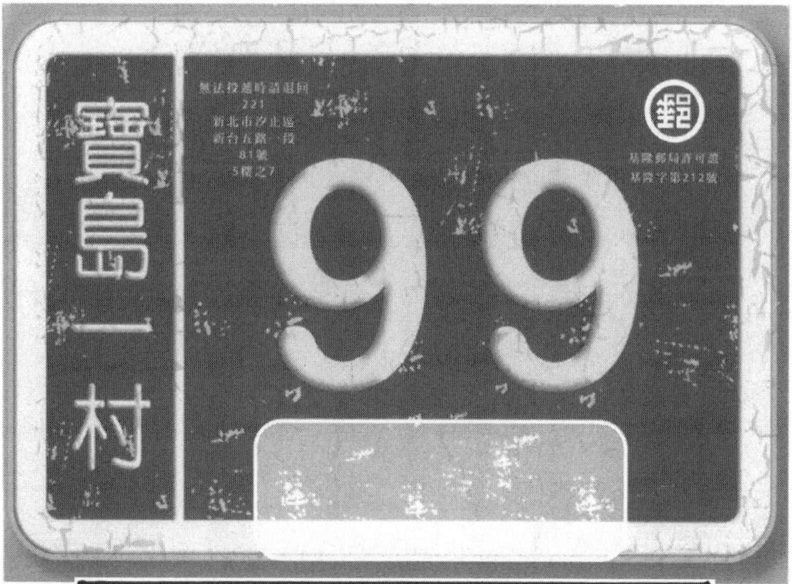

以本書獻給
廿一世紀的中國人
世世代代生生世世的
炎黃子孫

陳福成
台北

《「日本問題」的終極處理》一書獻詞

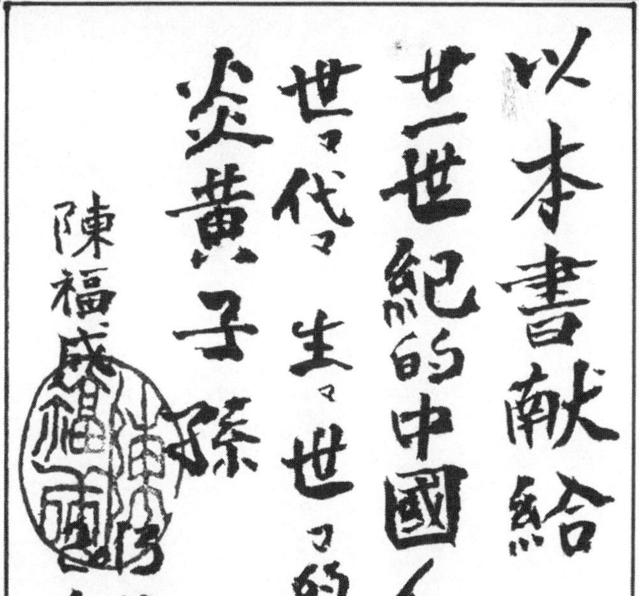

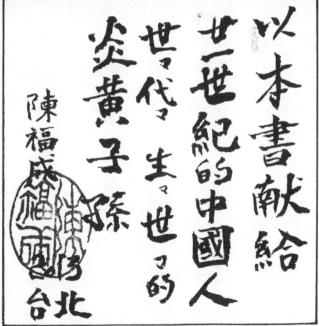

～ 傳奇的身分，歷史的色澤，時代的珍藏 ～ －陳浩
《寶島一村》再創紀錄，世界巡迴123場！
2012年成功挑戰高雄萬人戶外大型公演，吸引近5萬觀眾
臺北第6輪演出，再現「寶島傳奇」！
時代珍藏
票價：假日票價（五、六、日）：500、1000、1500、2000、2500、3000
平日票價（一、二、三、四）：500、900、1300、1800、2300、2800

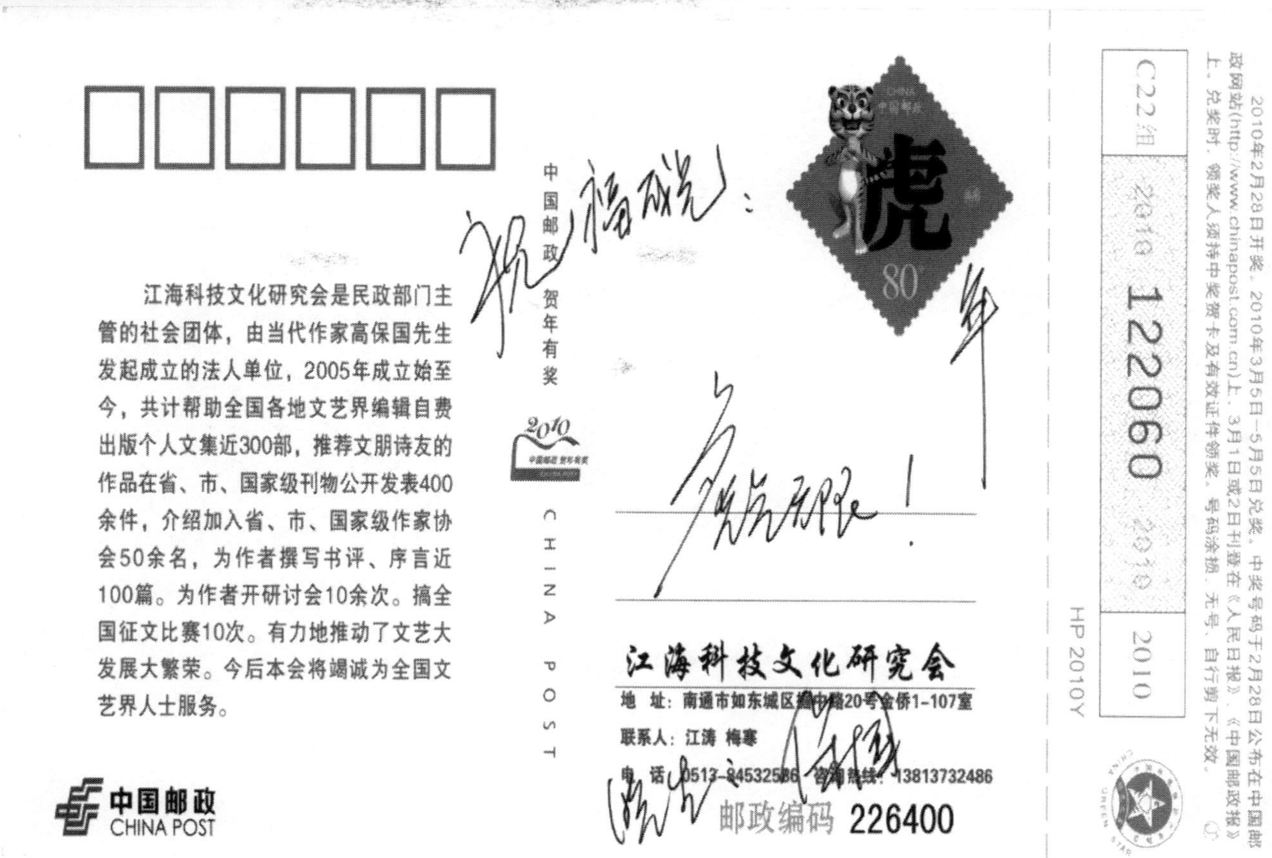
江海科技文化研究会是民政部门主管的社会团体，由当代作家高保国先生发起成立的法人单位，2005年成立始至今，共计帮助全国各地文艺界编辑自费出版个人文集近300部，推荐文朋诗友的作品在省、市、国家级刊物公开发表400余件，介绍加入省、市、国家级作家协会50余名，为作者撰写书评、序言近100篇。为作者开研讨会10余次。搞全国征文比赛10次。有力地推动了文艺大发展大繁荣。今后本会将竭诚为全国文艺界人士服务。

中国邮政 CHINA POST

中国邮政 贺年有奖

CHINA POST

江海科技文化研究会

地　址：南通市如东城区[illegible]中路20号金侨1-107室

联系人：江涛 梅寒

电　话：0513-84532586 [illegible]：13813732486

邮政编码 226400

C22组 2010 122060 2010 2010

HP 2010Y

2010年2月28日开奖，2010年3月5日—5月5日兑奖。中奖号码于2月28日公布在中国邮政网站(http://www.chinapost.com.cn)上，3月1日或2日刊登在《人民日报》、《中国邮政报》上。兑奖时，领奖人须持中奖贺卡及有效证件领奖。号码涂损、无号、自行剪下无效。

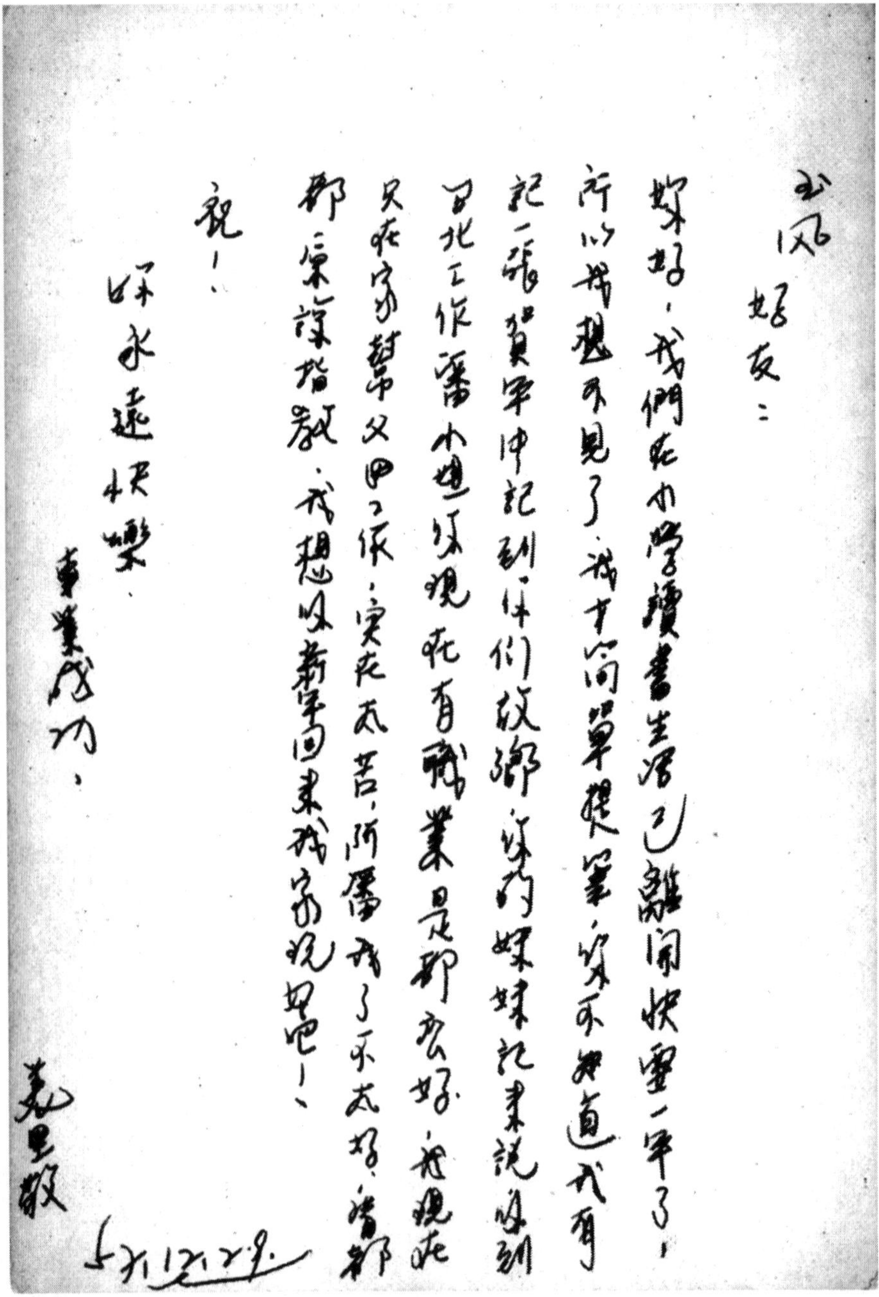

玉凤
好友：
妳好，我們在小學讀書生活已離開快要一年了，所以我想不見了，我才簡單提筆，卻不知道我有記一張賀卡中記到，你們故鄉，你的妹妹說你到台北工作，當小姐，現在有職業是那家好，我現在只在家幫父母工作，實在太苦，所以當我了不太好，請那那家請指教，我想以前學同來我家玩好吧！
祝
妳永遠快樂、
事業成功、
義里敬
57.12.29.

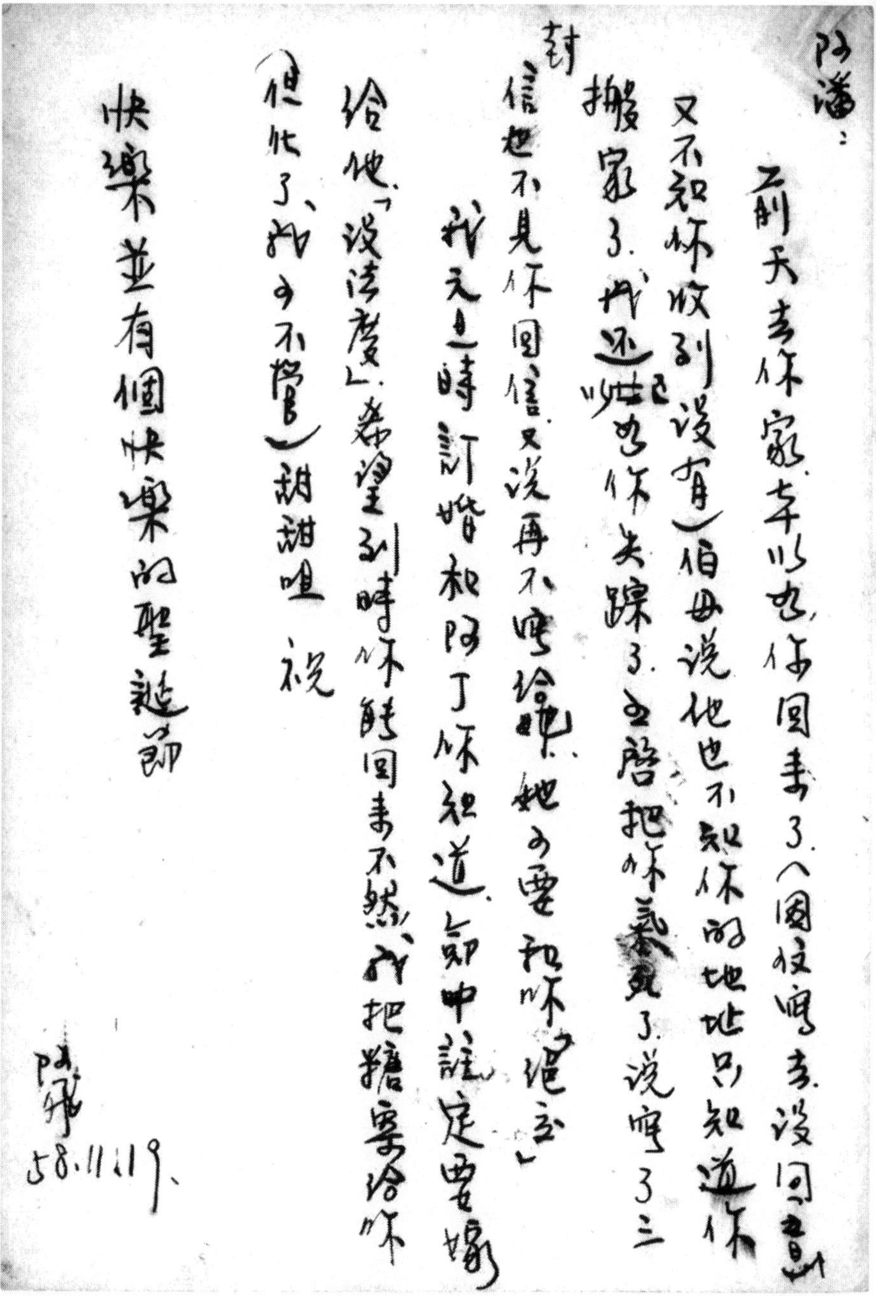
阿潘：
前天去你家，本以為你回來了。（因我寫去沒回音，又不知你收到沒有）伯母說她也不知你的地址，只知道你搬家了。我還以為你失蹤了。立啓把你氣煞了，說寫了三封信也不見你回信。又說再不寫給她，她就要和你「絕交」。
我大三時訂婚和阿丁你知道，命中註定要嫁給他。「沒法度」。希望到時你能回來，不然，我把糖寄給你（但忙了，就可不管）甜甜咀
祝
快樂並有個快樂的聖誕節
阿飛
58.11.19.

福成仁兄 鈞鑒：

久仰兄台大名，承蒙賜寄成梅人研究論文巨著，如獲至寶。雖已在陸報看過連載六期，但是看到先生實著前所未聞，閱讀之下特別對孫老人一段。何況戰亂中曾去成都住過多年，又曾在成都女中讀書出生，所以對於這個成都就感到十分親切了。

因為我們都要愛國有文化，尊崇儒家精神，志同道合，尤其先生為宣揚成梅人大師精神在參加湖北大學傳播論壇研討會中報告，我這裡特別代表孫先生鄉友對你表示萬分之敬意。謝謝！順頌

撰安

弟
石麟生敬上

2010.10.12

福成兄：

最近常有些感悟：

印刷精美的文字背後，

究竟隱藏些什麼呢？

他們不懂。

而每個人仍在擠命：

祝

平安

愚弟

楊文捌　敬拜

總統府用牋

大公先生台鑒：

日前承由陳福成先生代轉《我所知道的孫大公：黃埔28期孫大公研究》乙書致贈 總統夫人，業奉 閱後交下，特囑代申謝忱。耑此奉復，順頌

時祺

總統府第二局

中華民國100年5月6日

福成先生大鑒：

大函敬悉，遲覆乞諒！

您所贈「我所知道的孫大公」乙書，已轉呈委員；委員親閱後，對您關切國家未來之熱忱極為敬佩，特此致謝！今後您若還有任何建議，歡迎隨時與我們聯繫。

耑此　敬頌

時祺

林郁方國會辦公室　敬上

中　華　民　國　一　百　年　七　月　十　四　日

福成先生：

6月15日，欣逢華誕，光輝燦爛。

太陽為您昇起，百花為您開放。

特函祝賀，並頌

福壽康寧

闔府歡愉

國立台灣大學退休人員聯誼會 敬賀

96年6月15日

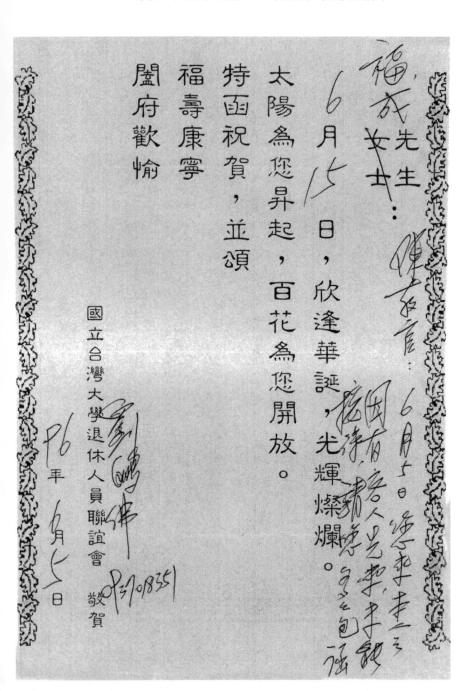

用核武消滅倭國，中國承担得起

以核武消滅日本倭國，中國承担得起，也值得承担，為何？這當然和中國立國數千年來的立國精神、人口、資源，以及廿一世紀特定任務有關；這也是一種被迫的反應，對數百年來，日本民族以「消滅中國」為其民族天命的反應！中國若不能先下手消滅日本，收其領土為「中國扶桑省」，必將面臨倭國更大規模的「第四次侵華之戰」！

第一、中國幾千年立國精神，除確保自身和平安全，也要負責確保周邊國家地區的和平安全。故，先下手以核武滅倭，要承担，也值得承担。

第二、以中國的人口、領土及資源，就算不以核武滅倭，打十年傳統戰也足以拖垮倭人。亡中國，不可能；亡日本，並不難。只要中國人自覺、覺醒，用傳統戰、核武，都能消滅小日本鬼子。故說，中國承担得起！

第三、面對廿一世紀地球村的來臨，小日本又成全村婦女唯一的禍害，若不除害，全村如何安寧？全村婦女那能用心？中國人有責任

、有義務為全村除害，中國永担得起，使得永
担！
　第四、以核武消滅倭種最便宜、最經濟，
也不會無限期拖下去。以第二次世界大戰為例，
美國考量若不用核武，美軍在日本本土登陸，
傷亡恐要增加一百萬人，倭人數百萬民眾也得
陪葬，故丟下兩原子彈快速結束戰局。故核武
消滅倭國最合算、也合人道！
　第五、或許有人質疑，難到一定要消滅倭
國嗎？有這種疑問的人，應該看看日本史，倭
人從四百年前就以「消滅中國」為其民族之天
命，第一次亡華之戰是明萬歷的「朝鮮七年戰
爭」，第二次是滿清甲午之戰，第三次是民國
的八年之戰。現在，第四次亡中國之戰，早已
啟動戰爭機制，準備、待機中……
　廿一世紀的中國人，必須自覺、覺醒，徹
底理解沒有所謂「中日友好關係」，中國人若
不先下手以核武消滅倭國，以其領土建設「中
國扶桑省」，必將面臨倭人第四次侵略中國，
到時中國人要死多少人？
　以核武消滅倭國的時機，至少不能晚於廿
一世紀五0年代，要早、儘早，才有和平安全

維

祭先父潘公於中華民國一〇二年十二月十七日吉時

兒女親人率孫輩克表於靈前

先父潘公翔皋，浙江省東陽縣人。誕生於時局動盪的民國九年元月二十九日，成長於國難當頭，家、國均受無窮烽火之際。

不久日寇侵華，毅然從戎，隨軍征戰，且於民國二十七年十月在「康頭山戰役」，奮勇作戰負傷，獲第九戰區第一兵團總司令部特給獎狀，以褒忠勇救國之功。

抗戰勝利後，是年十二月，入防空學校就讀，此後始終服務於空軍，直到退伍。

啊！父親！從大陸到台灣，從對日抗戰到剿共，再到復興基地，您一生獻給國家，出生入死，功在國家。

您一生從未停止工作，退伍後仍在民間任職，做到不能做為止。是您和母親用一生的心血，給我們的家打下小康的基礎。您一生堪謂，俯仰一世而無愧。

於國家 軍職其間

民國五十二年，國防部長俞大維、空軍總司令陳嘉尚頒「空軍乙二懋績」獎章一座；總統蔣公、國防部長俞大維頒「空軍楷模乙種二等」獎章一座。

民國六十一年，總統蔣公、國防部長陳大慶頒「壹星忠勤勳章」，以昭懋賞。

於中國國民黨，您是終身忠誠黨員，台南市委員會主任委員林武俊、退除役人員黨部主委許歷農，均頒給您榮譽狀。

於家庭，畢生勤儉敦厚，卓立家風，一門

博碩學士，各方讚好，家庭美滿，這都是您和媽媽立下的楷模而以致之．啊！父親，您一生嚴謹樸實畢其志業，兒孫賢孝，可謂福壽雙全．蔭庇子孫於久遠，德澤沛綿然，無可遺憾矣！天不假年，相見無期，克表靈前，以誌哀忱．

補註：本文是我代妻及內弟們所寫的祭父文．岳父雖是一介士官，對國家還是有貢獻的，後面是他留下的成績．

他是好軍人、好父親、好岳父！

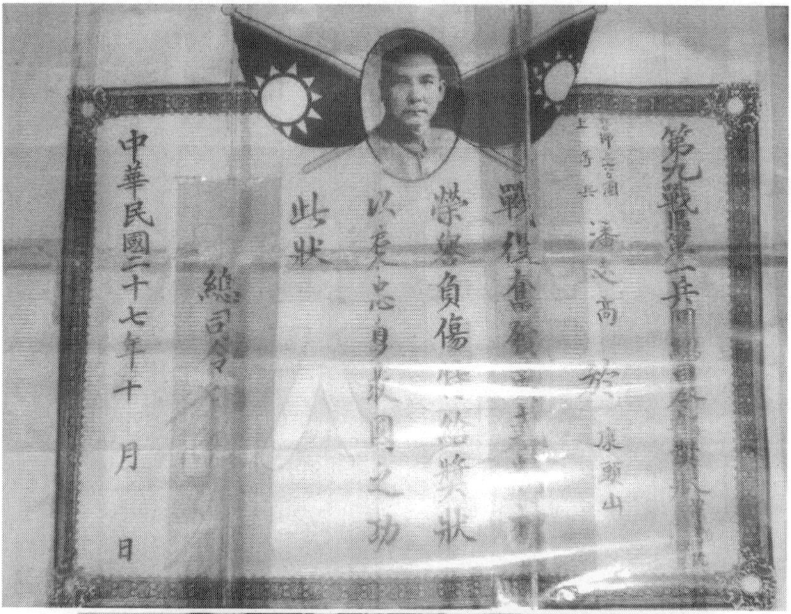
第九戰區第一兵團總司令部獎狀
上等兵　潘之高　於　康頭山
戰役奮勇
榮譽負傷特給獎狀
以彰忠勇衛國之功
此狀
總司令
中華民國二十七年十月　日

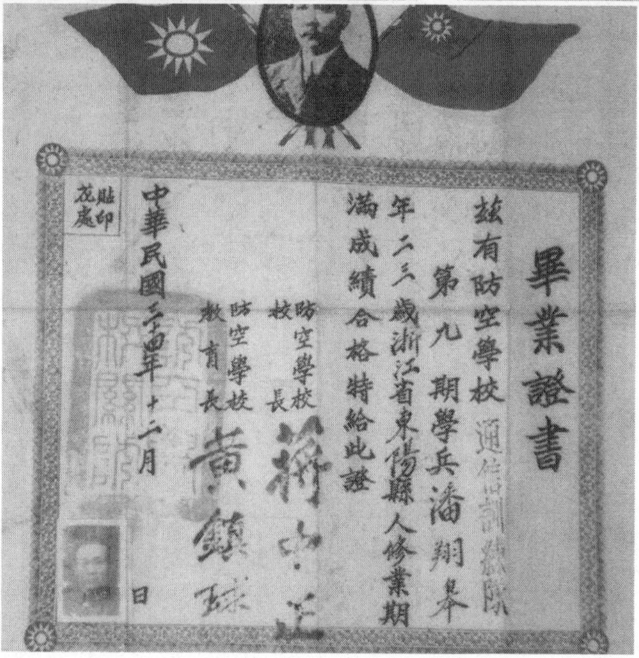
畢業證書
茲有防空學校通信訓練隊
第九期學兵潘翔現年二十三歲浙江省東陽縣人修業期
滿成績合格特給此證
防空學校校長　蔣中正
防空學校教育長　黃鎮球
中華民國二十四年十二月　日
貼印花處

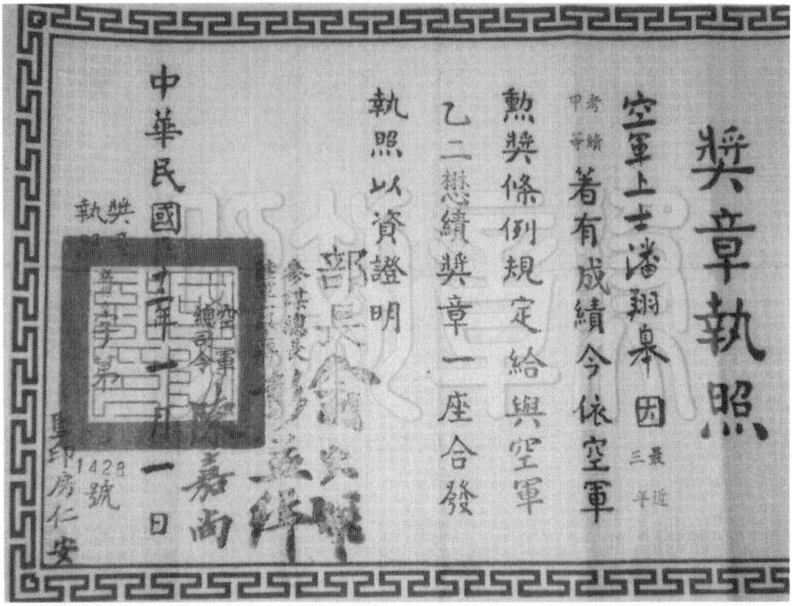
獎章執照
空軍上士潘翔皋因
著有成績今依空軍
勳獎條例規定給與空軍
乙二懋績獎章一座合發
執照以資證明
部長
中華民國 年 月 一日
獎章執照 字第1428號

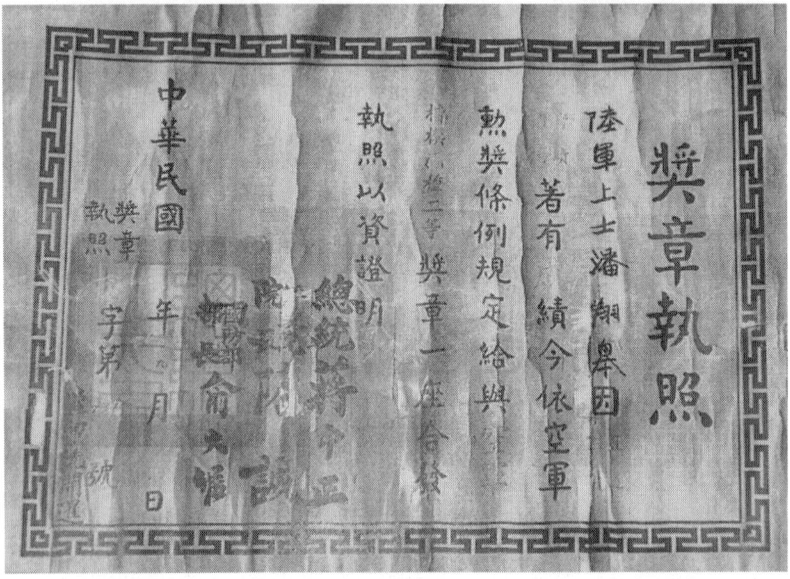
獎章執照
陸軍上士潘翔皋因
著有 績今依空軍
勳獎條例規定給與
獎章一座合發
執照以資證明
總統
中華民國 年 月 日
獎章執照 字第 號

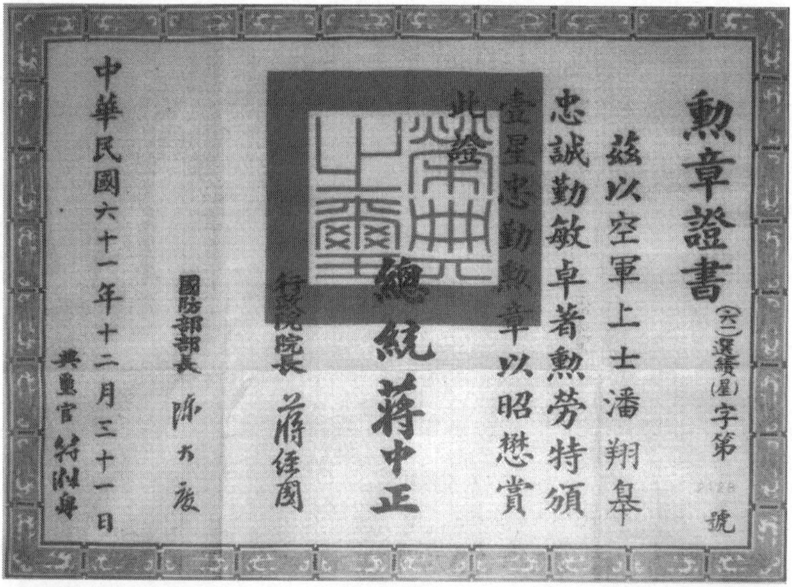

勳章證書　(六二)選績(星)字第 [illegible] 號

茲以空軍上士潘翔皋
忠誠勤敏卓著勳勞特頒
壹星忠勤勳章以昭懋賞
此證

總統　蔣中正
行政院長　蔣經國
國防部部長　陳大慶
典璽官　符湘舟

中華民國六十一年十二月三十一日

中國國民黨台灣省台南市委員會　獎狀

潘翔皋同志於七十二年增額立法委員輔選期間，盡力支持本黨提名候選人，愛國愛黨，忠忱感人，特贈本狀，用示嘉勵。

主任委員　林[illegible]俊

中華民國 [illegible] 年 [illegible] 月 [illegible] 日

潘翔泉同志奉行三民主義，獻身革命大業，已滿四十年，忠貞愛國，足資楷模，特頒發獎狀以資激勵。

主任委員　許　農

中華民國　月　三十一日

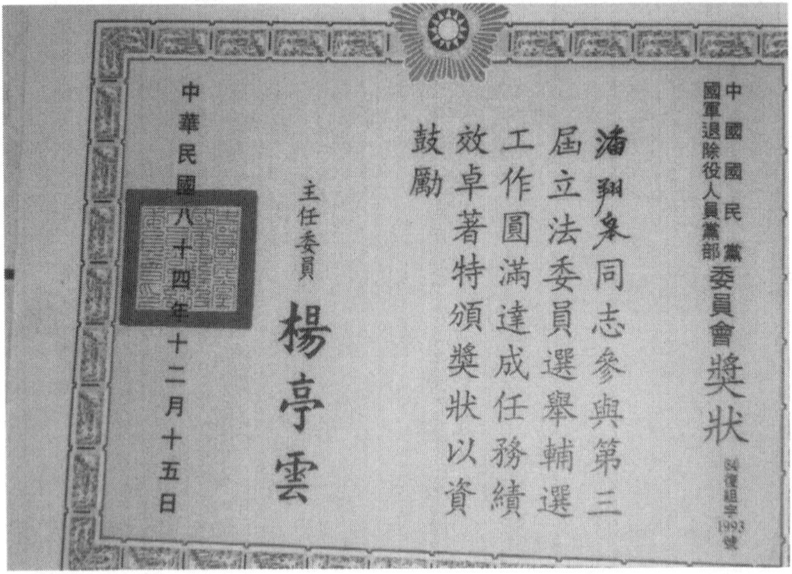
中國國民黨國軍退除役人員黨部委員會獎狀

84復組字1993號

潘翔泉同志參與第三屆立法委員選舉輔選工作圓滿達成任務績效卓著特頒獎狀以資鼓勵

主任委員　楊亭雲

中華民國八十四年十二月十五日

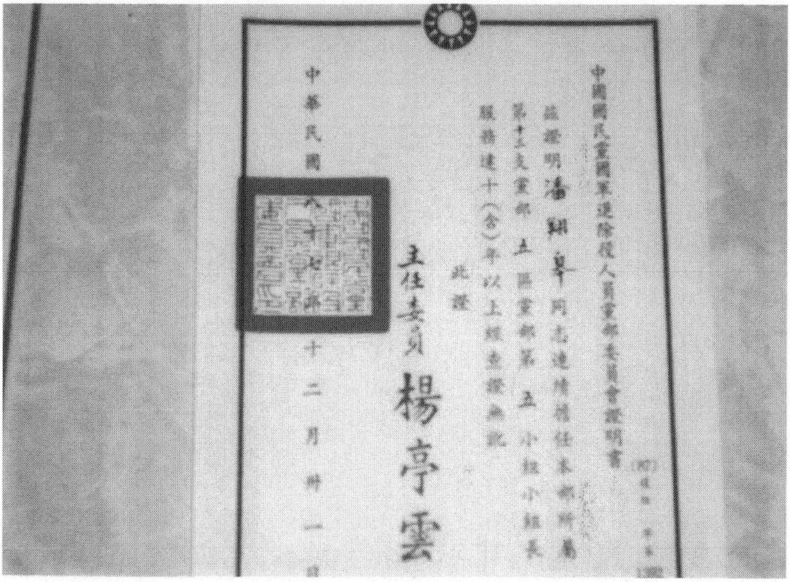
中國國民黨國軍退除役人員黨部委員會證明書
茲證明潘翔華同志連續擔任本部所屬
第十五支黨部五區黨部第五小組小組長
服務達十(含)年以上經查證無訛
此證
主任委員 楊亭雲
中華民國
十二月卅一日

八二三砲戰全体官兵合影